Saggi

MASSIMO FRANCO

SECRETUM

INTERVISTA CON
MONS. SERGIO PAGANO

SOLFERINO

SOLFERINO

www.solferinolibri.it

ISBN 978-88-282-1329-1
Prima edizione: febbraio 2024

Secretum

Introduzione

Questo libro arriva dopo un inseguimento durato alcuni anni. Può apparire una durata di tempo eccessiva, ma braccare un uomo-ombra non è facile: esiste anche il rischio di non raggiungerlo mai. Tanto più quando si tratta di un sacerdote-ombra, sconosciuto ai più. Bisogna aspettare che sia lui a decidere di materializzarsi, sedere davanti a un microfono e parlare. A quel punto, ci si rende conto che valeva la pena attendere e insistere discretamente, perché si possono scoprire e condividere le storie più intriganti di un'istituzione avvolta in un alone di riserbo e di silenzio quasi per antonomasia: quello che fino all'ottobre del 2019, per oltre quattrocento anni, è stato l'Archivio Segreto Vaticano. Adesso è stato rinominato «apostolico» da papa Francesco, con un aggettivo più rassicurante e meno suggestivo. Ma l'atmosfera di segretezza è rimasta intatta. E monsignor Sergio Pagano, che ne è il prefetto, e dunque il numero uno, dal 1997, dopo esserne stato viceprefetto nel biennio precedente, alla fine ha accettato di narrare la sua esperienza straordinaria. Ha lavorato all'Archivio Segreto per quasi mezzo secolo. E sotto i suoi occhi e tra le sue mani sono passati tutti i dossier più delicati e scottanti della storia vaticana.

È stato lui, giovane «scrittore», nemmeno archivista nella gerarchia tutta particolare dell'istituto, a ricevere nel 1979 da Giovanni Paolo II il compito di studiare le carte del processo a Galileo Galilei per prepararne la tardiva riabilitazione. Ancora lui ha scoperto, vagando nel labirinto degli scaffali, un dossier volutamente dimenticato da decenni che rivelava l'esistenza di una rete di spie papali contro i fantasmi dell'eresia modernista, all'inizio del Novecento: una pagina imbarazzante per la Chiesa, che Pagano ha portato alla luce senza remore. E ha gestito accortamente, senza reticenze né spinte iconoclaste, il capitolo forse più ingombrante per il Vaticano: il fondo che raccoglie tutta la documentazione su Pio XII, il «pontefice dei silenzi» sui campi di sterminio nazisti. D'altronde, quando iniziò a indagare su Galilei e un vecchio cardinale gli intimò di distruggere le carte che fossero apparse compromettenti per la Chiesa, Pagano ne fu raggelato ma non cambiò atteggiamento: tirò fuori tutto.

Per questo sacerdote schivo, e poi vescovo, la storia è verità, e a differenza dei vivi con tutte le contraddizioni della loro umanità, le carte dei morti, lette criticamente, non mentono. Forse anche per questo il prefetto preferisce «dialogare» con i documenti del passato. Non dà l'impressione di avere grande fiducia nelle capacità dell'uomo di migliorare. Continua a confidare nella Chiesa cattolica e nel ruolo della Provvidenza, questo sì. E rivela nei pochi passaggi in cui ha parlato della propria fede una concezione tradizionale, qualcuno potrebbe dire tradizionalista, del ruolo dei religiosi e della corruzione che l'esercito ecclesiastico avrebbe subìto cedendo parte della propria identità e della propria missione sull'altare tentatore della modernità o, meglio, della mondanità. Eppure, monsignor Pagano è stato un innovatore dell'Archivio Segreto. E ha incontrato resistenze da quando, agli inizi, dovette combattere contro la vecchia guardia curiale che in quelle sale felpate, isolate come certi ambienti monastici, con i soffitti altissimi, accolse l'arrivo delle macchine da scrivere elettriche quasi come strumenti del diavolo.

Pagano ha trasformato l'Archivio Segreto da sonnolento e polveroso deposito di documenti, senza gioco di squadra, a centro studi rispettato e ambito anche nel mondo non ecclesiastico; e tuttora mitico, nel bene e nel male. Per questo ligure dai modi asciutti e lo sguardo apparentemente distratto, in realtà attento e penetrante, il lavoro fatto in questi anni al vertice è motivo di orgoglio. Nasce dalla consapevolezza di essersi costruito la vita che voleva senza scorciatoie: con un lavoro tenace, continuo, duro. Se fosse nato negli Stati Uniti, direbbero che è l'emblema del «self-made man»: una storia di autoaffermazione possibile solo in certe istituzioni e in certe nazioni; e nella Chiesa cattolica, dove la selezione non avviene con criteri aristocratici. Pagano, figlio della Liguria povera, di un muratore e di una casalinga che non disdegnava di fare la contadina per arrotondare il magro bilancio familiare, grazie alla Chiesa e all'ordine dei Barnabiti ha potuto studiare dopo che i genitori si erano separati: studiare e fare ricerca, e cioè quello che più gli piaceva. Il prefetto ricorda quel periodo di apprendistato con una gratitudine inspessitasi e radicatasi col passare del tempo. Ne parla con una punta di candore che tradisce tuttora un'emozione ben controllata. E l'impressione è che abbia deciso di esporsi, di alzare parzialmente il velo sulle attività dell'Archivio, di rivelarne i meccanismi, di rendere pubblici alcuni dei segreti racchiusi in quell'oceano di faldoni, proprio per ripercorrere un tratto decisivo della sua vita: quasi per lasciarne traccia.

È la prima volta che un ecclesiastico con il suo ruolo unico e delicatissimo accetta di aprire, sotto la sua guida diretta, le porte dei sotterranei a un giornalista: quello che per tutti nel gergo del Vaticano è «il bunker». E soprattutto di mettere a disposizione la sua conoscenza e la sua memoria per divulgare e far capire alcune delle storie straordinarie imprigionate in quei contenitori di cartone custoditi, come neonati millenari, in un'immensa incubatrice di aria condizionata a temperatura costante; di condividere i suoi amati studi. È indicativo che l'ultimo appuntamento con lui sia stato proprio il pellegrinaggio, durato oltre tre ore, nei locali del «bunker»; e che sia diventato il primo capitolo di questo libro-intervista. Era come dare prove e conferme di quanto ci si era detti per mesi, mostrando i documenti, le pergamene, le ceralacche imperiali, le bolle di scomunica, i verbali dei processi, i sigilli d'oro e d'argento donati da antichi re e regine, da zar e califfi a pontefici del passato remoto e recente.

Prima di quella visita finale, per circa otto mesi, tra la fine del 2022 e il 2023, ci sono stati trentadue colloqui di più o meno un'ora ciascuno, con un iPhone davanti come registratore. A queste conversazioni ne sono seguite molte altre, più informali, per rivedere alcuni punti, approfondire e avere chiarimenti su episodi, personaggi, intrecci di questa ricostruzione senza fine. Il libro ha preso forma così, volta per volta, con un patto tacito di fiducia reciproca. L'idea iniziale era di raccontare l'Archivio Apostolico, ex Segreto, e la vita di monsignor Pagano. Poi, ci si è resi conto che non era possibile prescindere dalla miniera di informazioni da scavare, raccogliere e levigare per renderle più leggibili e ridurne la complessità.

Lentamente, è emersa la volontà di rivelare alcuni passaggi che hanno avuto l'Archivio come epicentro: a cominciare dalla genesi del processo a Galileo Galilei, uno degli esempi più incredibili ed emblematici dei tempi della Chiesa. Poi siamo passati alla grande razzia dell'Archivio Segreto compiuta da Napoleone Bonaparte e dalle sue truppe: una violenza che non si è più ripetuta, ma si è impressa nella memoria della Roma papale. Anche perché si è sommata alla deportazione del pontefice di allora a Parigi, e con lui di tutta la documentazione degli Archivi del tempo, su carrozze trainate da buoi lungo l'Italia del Nord e la Francia. È stata un'epopea drammatica, che ha traumatizzato lo Stato pontificio a lungo dopo che i documenti, rimaneggiati e smembrati, sono stati riportati in Vaticano in seguito alla sconfitta di Napoleone.

Almeno fino all'Ottocento, l'attenzione si è concentrata soprattutto su un mondo eurocentrico: un universo costellato da giochi di potere temporale, manovre diplomatiche, conflitti, spie dei nemici dei papi e reti spionistiche create dagli stessi pontefici contro eretici veri o presunti. Ma dalla metà dell'Ottocento, e soprattutto dopo la Prima guerra mondiale, quello racchiuso nell'Archivio è diventato sempre più un affresco del mondo intero. Emerge prepotente il rapporto tra la Roma papale e gli Stati Uniti cementato da un cattolicesimo del Nuovo Mondo in crescita impetuosa, a volte quasi incontrollabile nella sua diversità, e nutrito da fiumi di dollari: quelli che furono indispensabili per celebrare il Conclave del 1922, e che hanno poi alimentato una santa alleanza contro il comunismo tra Pio XII e prima il presidente Franklin D. Roosevelt, poi Harry Truman, con un ruolo di raccordo cruciale del cardinale Francis Spellman. Si rivela una convergenza di interessi strategici rispetto alla Cina comunista e, dopo la Seconda guerra mondiale, contro l'Urss. Ma affiorano anche le distanze culturali con un'America protestante e capitalista, fautrice della libertà religiosa, tollerante con le sette, pragmatica, che i papi hanno continuato a guardare con una miscela di ammirazione, diffidenza e fastidio.

Anche di questo rapporto ambivalente i documenti dell'Archivio offrono una testimonianza inconfutabile e preziosa, che monsignor Pagano propone a chi legge come spunto di riflessione. Senza tralasciare un giudizio articolato ma fermo che il prefetto dà sui silenzi di Pio XII a proposito della Shoah; e, offrendo documenti che riportano episodi inediti, analizzano il disprezzo e insieme il timore nei confronti del nazismo, la relazione ambigua col regime fascista, e le ragioni della reticenza di Eugenio Pacelli a parlare in modo esplicito dei campi di sterminio messi in piedi da Adolf Hitler e dai suoi accoliti criminali. È qualcosa che continua a pesare come una macchia indelebile, e frena probabilmente il processo di beatificazione di Pio XII, aperto da tempo ma come sospeso. Pesa per quanto non è stato detto non solo durante il conflitto ma soprattutto dopo la fine della Seconda guerra mondiale. Pagano tenta di spiegare le ragioni profonde di quei silenzi, che a suo avviso hanno a che fare con il carattere di Pacelli ma anche con fatti e circostanze tedesche ed europee che a mano a mano stanno affiorando dalle nuove ricerche archivistiche su Pio XII.

In certi passaggi, la storia diventa tragedia, in altri quasi romanzo popolare. Fa emergere personaggi che nella loro grandezza e nella loro mediocrità offrono un'idea purgatoriale dell'umanità. Anzi, a ben vedere l'Archivio Segreto si potrebbe definire una sorta di sconfinato Purgatorio cartaceo, nel quale bene e male convivono, toccandosi e incrociandosi in continuazione nel corso dei secoli. L'immagine che emerge dal racconto di monsignor Pagano, che di questo simbolico Purgatorio è attento e insieme disincantato governatore e custode, è quello di una Chiesa proiettata e immersa nel mondo fin dal Medioevo; e al centro di alleanze e conflitti che la documentazione arrivata nel suo Archivio Segreto ha permesso di analizzare, studiare ed elaborare, affinando una conoscenza e una sapienza che la rendono una centrale di fatto dell'intelligence mondiale.

Con uno sguardo retrospettivo, viene naturale chiedersi se l'autorità morale e il prestigio della Chiesa cattolica e del Vaticano, seppure intaccati negli ultimi decenni dagli scandali della pedofilia e da ombre finanziarie, risiedano solo nell'ambizione di possedere la Verità su bene e male, su vita e morte. Oppure se accanto all'aspetto religioso, della fede, del soprannaturale, non ci sia ben nascosto o mimetizzato anche il possesso di verità meno eteree, con la «v» minuscola: quel giacimento sterminato di informazioni sull'umanità dei potenti e degli umili, sulle loro miserie e sui loro eroismi, sulla santità e la dannazione, custodite nell'Archivio Apostolico. Informazioni in gran parte ancora sconosciute, ma esistenti, quasi vive e pronte a sorprendere, a spiazzare; e a spazzare via luoghi comuni, come alcune delle storie rivelate nelle pagine che seguono da monsignor Pagano, il prefetto-fantasma che ha accettato di uscire dall'ombra, e di lasciare filtrare qualche raggio di luce nel «bunker» dei segreti vaticani.

Massimo Franco

Gennaio 2024

Capitolo I
Nel bunker

NEI SOTTERRANEI DELLA MEMORIA DEL MONDO

L'unico rumore è il ronzio dell'aria condizionata, che non è al servizio dei vivi: di vivi non si vedono tracce. Il getto accarezza e protegge la memoria d'inchiostro dei morti: milioni di fogli imprigionati in faldoni con le copertine marmorizzate, e le scritte che rimandano a calligrafie da amanuensi. Ma per paradosso quel fruscio che serve a tenere fuori l'umidità e gli insetti, nemici di quella storia collettiva, rende ancora più surreale la fuga dei corridoi senza fine, e più incombente il silenzio che sovrasta la teoria di documenti allineati sugli scaffali di ferro; circondati e ingabbiati dal grigio di pavimento, pareti e soffitto in cemento armato. È un mondo senza luce naturale, senza persone, senza presente; perfino inodore. Percorrendolo si ha la sensazione di essere entrati in un universo atemporale, che solo i sacerdoti e custodi del mistero possono attraversare senza esserne storditi e intimoriti. Siamo in quello che per tutti, in Vaticano, è «il bunker»: il deposito inaccessibile delle carte, che fino all'ottobre del 2019 è stato l'Archivio Segreto Vaticano, voluto da papa Paolo VI e inaugurato il 18 ottobre del 1980 da Giovanni Paolo II.

A guidarci in questo labirinto è uno dei vescovi vaticani meno conosciuti dal grande pubblico ma più rispettati e temuti: monsignor Sergio Pagano, classe 1948, figlio di una famiglia umile di Terrusso di Bargagli, un paesino dell'entroterra di Genova, in Liguria: un padre barnabita dai modi asciutti e informali, e un linguaggio ironico, diretto, a tratti tagliente; il contrario di quello aulico e curiale di molti dei documenti che maneggia da quasi mezzo secolo. Prefetto dell'Archivio dal 1997, dopo esserne stato per due anni viceprefetto, membro di molte istituzioni ecclesiastiche, ma anche della laicissima quanto prestigiosa Accademia dei Lincei, ha accettato dopo un lungo inseguimento, durato anni, di accompagnarci in questo viaggio nell'istituzione più segreta del Vaticano; e di dischiudere, se non aprire, le porte su un mondo sotterraneo che viene percepito come uno dei bastioni più impenetrabili del potere e del sapere della Chiesa.

«Lo chiamiamo bunker» spiega aggirandosi in corridoi tutti uguali dei quali conosce ogni anfratto «perché sta sottoterra. Ci fu detto dagli ingegneri che lo hanno costruito e terminato, ingegneri del Governatorato vaticano, che nei palazzi gli spazi non erano più sufficienti per creare nuove sale di depositi, e quindi qualcosa si doveva fare. Ma non si poteva costruire alla luce del sole, e dunque lo si è fatto scavando sotto tutto il cortile della Pigna. Ecco perché si chiama bunker: doveva essere un archivio sotterraneo in cemento armato, in una struttura sommariamente quadrata, semi-portante. Ci fu spiegato che in caso di guerra, anche di bombardamento sul Vaticano, noi non avremmo perduto i documenti perché il bunker è costruito in maniera tale da avere intercapedini molto grandi, doppia struttura armata tutta collegata, per cui se una bomba cadesse farebbe spostare il cubo ma non lo frantumerebbe. Questo è stato detto, ma speriamo di non far mai la verifica...» Sono trentunomila metri cubi di superficie, distribuiti su due piani, che ormai ospitano l'ottanta per cento dei documenti archiviati in secoli di vita della Chiesa cattolica.

È una mattina tiepida della primavera romana, ma dentro il bunker potrebbe essere gennaio, o agosto: fuori si sarebbe potuta consumare addirittura la fine del mondo, e qui non ne sarebbe arrivata l'eco. Gli «Archivi del Cielo» sono costruiti sottoterra: forse anche perché lì dentro convivono Paradiso, Inferno e Purgatorio, miracoli di santi e crimini demoniaci; l'impasto immutabile dell'umanità. L'Archivio aveva fino a cinquant'anni fa quarantatré chilometri di scaffalature, distribuite su tre o quattro piani. Oggi sono quasi raddoppiati, e stipati in gran parte nel «bunker». Il resto della documentazione è distribuito in depositi all'ultimo piano del Palazzo, accanto ad alcuni locali dei Musei Vaticani: la zona soprannominata del «Piano Chigiano» e dei «Soffittoni». Monsignor Pagano si muove in queste catacombe cartacee con la confidenza di chi le considera parte della sua vita. Osservandolo mentre sistema i faldoni, apre i contenitori sciogliendo i nastri di fettuccia o di spago, legge le iscrizioni in latino, francese, spagnolo e le traduce con rapidità e naturalezza, come se fossero in italiano, si capisce che egli non è stato solo prefetto. Dal 22 ottobre del 2019, in realtà, l'aggettivo «segreto» è stato sostituito con quello più rassicurante di «apostolico», per volontà di papa Francesco e forse su pressione di qualche benefattore spaventato dalle leggende nere sui suoi tesori nascosti. Questa preoccupazione filtra dal *motu proprio* con il quale Jorge Mario Bergoglio si rassegnò a un cambiamento lessicale che rompeva con una tradizione di oltre quattrocento anni. «Il termine *secretum*» spiegò monsignor Pagano, «entrato a formare la denominazione propria dell'istituzione, prevalsa negli ultimi secoli, era giustificato, perché indicava che il nuovo Archivio, voluto da Paolo V verso il 1610-12, altro non era che l'archivio privato, separato, riservato del papa. Così intesero sempre definirlo tutti i pontefici e così lo definiscono ancora oggi gli studiosi, senza alcuna difficoltà. Questa definizione, del resto, era diffusa, con analogo significato, presso le corti dei sovrani e dei principi, i cui archivi si definirono propriamente *secreti.*»

2019: L'ARCHIVIO SEGRETO DIVENTA APOSTOLICO

Il *motu proprio* di papa Francesco faceva capire che lo strappo lessicale dipendeva dall'esigenza di scacciare ombre e diffidenze inspessitesi negli ultimi anni. «Finché perdurò la coscienza dello stretto legame fra la lingua latina e le lingue che da essa discendono» diceva infatti papa Francesco, «non vi era bisogno di spiegare o addirittura di giustificare tale titolo di *Archivum Secretum.* Con i progressivi mutamenti semantici che si sono però verificati nelle lingue moderne e nelle culture e sensibilità sociali di diverse nazioni, in misura più o meno marcata, il termine *secretum* accostato all'Archivio Vaticano cominciò a essere frainteso, a essere colorato di sfumature ambigue, persino negative. Avendo smarrito il vero significato del termine *secretum* e associandone istintivamente la valenza al concetto espresso dalla moderna parola *segreto*, in alcuni ambiti e ambienti, anche di un certo rilievo culturale, tale locuzione ha assunto l'accezione pregiudizievole di nascosto, da non rivelare e da riservare per pochi...» Dunque, «da ora in poi l'attuale Archivio Segreto Vaticano, nulla mutando della sua identità, del suo assetto e della sua missione, sia denominato *Archivio Apostolico Vaticano*».

Ma un papa può cambiare una denominazione, non un'atmosfera e una percezione che si sono radicate nei secoli. Il fatto stesso che il deposito inaugurato nel 1980 sia, per tutti in Vaticano, «il bunker», trasmette e perpetua la sensazione di una segretezza antica e come immutabile: coltivata, protetta, vissuta come l'identità vera della potenza sacrale, benigna e insieme quasi minacciosa, della Chiesa cattolica. Per mesi, dopo la sua inaugurazione, i montacarichi da una tonnellata hanno spostato migliaia di casse dalla Torre dei Venti e dagli altri palazzi vaticani che ormai scoppiavano di documenti. Si pensava che il bunker bastasse ad assorbire e radunare i documenti per un secolo, ma dopo cinquant'anni già si ripropone un problema di spazi. Perfino monsignor Pagano, uno dei pochi a considerare quel carico di storia qualcosa da non temere, ma solo da studiare, analizzare e mettere in ordine, appare assillato dalla mancanza di metri quadri, di soldi. E soprattutto di tempo. Sa bene che il suo ruolo e il suo prestigio sono soprattutto il riflesso di quello dell'istituzione plurisecolare che guida. Veste in abiti talari un po' stazzonati, senza pretese di eleganza: un clergyman con la giacca nera sotto la quale spunta una camicia grigio ferro, come se la sua principale preoccupazione fosse quella di stare comodo alla scrivania per aggirarsi tra quei fogli e studiarli meglio.

A questi documenti Pagano «parla» da decenni, e loro «comunicano» con lui. Nella sua percezione, sono più vivi che mai perché raccontano la storia del mondo, o almeno del mondo cattolico. E continuano a sorprenderlo sempre. Alcuni, come la rete di spie messa in piedi da un monsignore reazionario fedele a Pio X, agli inizi del Novecento, li ha scoperti quasi per caso il futuro prefetto in uno degli angoli più dimenticati del bunker. Seguendolo per quasi tre ore in un tratto degli ottantasei chilometri lineari che nel 2023 compongono l'Archivio, salendo scale di ferro, entrando in minuscoli ascensori ottocenteschi, attraversando passaggi invisibili a occhio nudo mimetizzati tra pareti di legno, si ha un vago senso di vertigine. A un tratto, ci si trova in un grande spazio interno, chiuso, che è quello attraverso il quale arrivano i furgoni con il materiale da archiviare.

UN CICLOMOTORE BIANCO CON TARGA SCV

E colpisce un ciclomotore bianco, moderno, parcheggiato in un angolo, con la targa SCV 0198: dove SCV sta per «Stato della Città del Vaticano». «Lo usiamo quando bisogna fare delle commissioni urgenti» spiega Pagano. «Sa, a volte Roma diventa impercorribile in auto...»

Ma forse perfino nel traffico della capitale non si perde il senso dell'orientamento come in questo dedalo.

Deve avvenire qualcosa di simile in certi giardini labirintici: il loro ordine disorienta, nella monotonia, negli spazi tutti apparentemente uguali. Se è vero, come sosteneva il Nobel portoghese per la letteratura José Saramago, che «il caos è un ordine da costruire», lo spettacolo uniforme delle scaffalature, l'archiviazione maniacale, le schedature, il tentativo di abbracciare tutta la geografia terrestre appaiono il massimo, disperato sforzo di dare ordine al caos della storia dell'umanità. L'Archivio è un monumento non al sapere e alla potenza della Chiesa, ma alla volontà di capire oltre le apparenze; di trovare in quanto accade una ragione recondita, sconosciuta ai più, che quelle carte rivelano solo ai pochi eletti che sono in grado di consultarle e comprenderle. È un labirinto che sembra strutturato e organizzato in modo tale che soltanto chi lo ha messo in ordine può ritrovare un nome, un fatto, un gesto santo di carità e di pietà, o un crimine orribile.

Gli inventari disposti in modo impeccabile fuori, nell'area aperta al pubblico ristretto dei ricercatori, nella sala accanto a quella dove essi siedono a visionare i documenti, non rendono l'idea di quello che c'è «dentro»: oltre la porticina attraverso la quale fanno la spola i quattro giovani (due laureati) incaricati di cercare e portare ai ricercatori gli incartamenti richiesti. Si passa da ambienti luminosi a un buio catacombale, quasi carcerario, con gli avvisi di «Vietato fumare» che rimandano a remoti ma vivi ricordi di incendi devastanti, e a carteggi cercati a lume di candela fino a cinquant'anni fa per paura di qualche cortocircuito. Il filosofo e matematico tedesco Gottfried Wilhelm von Leibniz, che pure ci svolse delle ricerche, nel 1702 scrisse che l'Archivio Segreto Vaticano poteva considerarsi in certo modo «l'Archivio centrale dell'Europa». Circa un secolo e mezzo dopo, nel 1848, un senatore statunitense dell'Indiana, Edward Hannegan, disse qualcosa di simile: a suo avviso il Vaticano era «l'emporio dell'intelligence d'Europa». Ma scorrendo le diciture dell'infinita teoria di contenitori si capisce che quelle definizioni sono riduttive. L'«emporio» è mondiale, abbraccia tutti i continenti: oggi si direbbe che sia globale.

Seguendo i passi brevi e rapidi di Pagano si ha proprio questa impressione. Sa dove andare, che cosa cercare. E semmai colpisce l'impazienza con la quale reagisce quando si accorge che un documento non si trova nel posto dove pensava. Ricordare esattamente anche il percorso di questa visita più unica che speciale, invece, è meno facile perché il prefetto segue una traiettoria che privilegia luoghi insieme fisici e mentali: anche perché si dovrebbero percorrere ottantasei chilometri lineari di scaffali. «Il bunker è disposto su questi due piani enormi. Il vecchio Archivio, invece, è sistemato su alcuni piani del Palazzo Apostolico che vanno fino alla Cappella Sistina, a cominciare dal Nicchione della Pigna: sono disposti su cinque-sei piani del Palazzo Apostolico. L'ala sud, diremmo, è la nostra, perché dalla parte corrispondente c'è l'ala della Biblioteca Apostolica. Alcuni piani sono più modesti, altri sono più lunghi. E dovunque sono archiviati documenti preziosi. Oggi questi documenti in gran parte sono stati spostati dentro al bunker, ma allora non c'era ancora e si aveva paura del passaggio dei cavi elettrici...» Per questo, fino agli anni Settanta del secolo scorso gli archivisti percorrevano questi corridoi a lume di candela o con le torce a pila.

Seduto nel suo ufficio, il prefetto illustra il percorso

che ogni studioso ammesso all'Archivio deve fare: sala di accettazione, armadietto per lasciare borse o valigie, fotografie per tessere temporanee di riconoscimento. Poi il piccolo ascensore che arriva al terzo piano, dove sono disposti in perfetto ordine gli indici e c'è la sala dove chiedere i documenti da analizzare. Lui lavora nei locali sopra, in un salone ampio, avvolto da un'eterna penombra. Un tempo lì erano depositate le pergamene più antiche. E dietro la sua scrivania, sulla parete di fondo, spunta una porta sempre chiusa: oltre quella soglia c'è una stanza con la cassaforte riservata del prefetto. Dalle grandi vetrate a mezzaluna protette dalle inferriate, si scorgono giardini immacolati e, tra gli alberi, la casina cinquecentesca dell'Accademia Pontificia delle Scienze. Alle pareti dello studio sono esposti dipinti della scuola di Caravaggio, attinti ai depositi inesauribili dei Musei Vaticani. Un tavolo di legno lungo e largo evoca riunioni e spazi riservati a libri voluminosi. Ma la sorpresa è racchiusa nel grande armadio anonimo, di legno, appoggiato al muro accanto all'ingresso. Prima di scendere nel bunker, si discuteva col prefetto delle razzie dell'esercito napoleonico, che trasferì tutto l'Archivio Segreto a Parigi come bottino di guerra. Da quella razzia non si salvò proprio niente?, abbiamo chiesto. «Tante cose sì, per fortuna» ha precisato monsignor Pagano.

L'ARMADIO CON DENTRO OTTANTACINQUE SIGILLI PER ENRICO VIII

Si è alzato dal tavolo, ci ha girato intorno e ha aperto l'armadio alle nostre spalle. L'interno ha rivelato una pergamena del 1530: la richiesta fatta a papa Clemente VII da duchi, marchesi, conti, visconti, baroni, vescovi, arcivescovi, abati e teologi inglesi, affinché dichiarasse l'annullamento del matrimonio tra Enrico VIII e Caterina d'Aragona: approvazione che non ci fu, dando inizio allo scisma anglicano. Appesi alla pergamena scritta in latino con toni «supplici e insieme intimidatori», Pagano ha fatto notare gli ottantacinque sigilli di ceralacca che pendono dal documento, legati ad altrettanti cordini. «Sono le sottoscrizioni dei richiedenti corredate dai loro sigilli.» In realtà, alcuni sigilli sono vuoti. «Sono di quelli che si sono rifiutati di avallare la richiesta di Enrico VIII.» E il re come reagì? «Li mandò al patibolo o li fece carcerare.» Come si è salvata la pergamena dalle truppe napoleoniche? È grande circa un metro per mezzo metro, vistosa: non era facile da nascondere. «È stata piegata e nascosta in una cavità segreta dentro quella specie di trono di legno che si trova fuori da questa stanza, in anticamera. Nella parte posteriore c'è uno sportelletto quasi invisibile.» Quando la principessa Margaret d'Inghilterra visitò lo studio con monsignor Pagano e le fu mostrata la pergamena, reagì «con sovrano distacco» ricorda il prefetto.

Chissà se fingeva, perché è quasi impossibile muoversi in questi ambienti senza essere contagiati dalla curiosità. Nella grande stanza che ospita la segreteria di monsignor Pagano, oltre la porta automatica del piccolo ascensore, i due collaboratori Francesco Lippa e Marco Grilli sono costantemente chini su antichi manoscritti, divisi tra leggio e computer. Oltre le loro scrivanie si apre lo studio del viceprefetto, professor Paolo Vian. Nessuno di loro è un religioso. E scendendo due rampe di scale, sotto i soffitti con l'affresco dello stemma papale di Leone XIII, altri archivisti preparano e ordinano come loro gli indici: un lavoro che non finisce mai. I più antichi sono scritti ancora a mano. E ogni fondo dell'Archivio ne ha diversi. «Per salvare gli originali li abbiamo tutti riprodotti in forma elettronica e abbiamo stampato soltanto le copie, ma erano scritti tutti a mano. Naturalmente gli indici più recenti sono tutti in formato anche digitale. Lo studioso trova qui la descrizione dei pezzi o unità d'archivio, indicazione dei fogli, del numero di protocollo ecc., e ha tutto quanto occorre per giudicare se tale o tal altra unità documentaria serva o meno alle sue ricerche. Però, questo è un lavoro immane, ecco perché si sono aspettati tanti anni per aprire il pontificato di Pio XII. Quando lo studioso ha cercato ciò che gli serve, passa nella sala di lettura. Sceglie un posto che vuole, e poi fa la richiesta al banco di consultazione dei documenti che desidera visionare. Normalmente si concedono tre pezzi al giorno, ma si fa eccezione fino a quattro o cinque se lo studioso viene dall'estero.» Sui banchi c'è una targhetta con le istruzioni in sei lingue: latino, italiano, francese, spagnolo, inglese e tedesco.

«Lo studioso si ferma su questa soglia» dice il monsignore indicando la piccola porta aperta dietro il banco. «Noi, invece, adesso andiamo a vedere il vero Archivio. Di qui si va ai depositi...» Pagano varca senza esitazione quella soglia proibita ai comuni mortali, ed entra in un corridoio buio, con pareti per metà bianche, per metà verde oliva. Accende una luce giallastra che fa risaltare i segnali con la scritta «Vietato fumare» e parecchi allarmi collegati con la piccola stazione dei pompieri del Vaticano. «Il regolamento dell'Archivio prevede che chi fosse trovato a fumare venga subito licenziato. Ma non è mai successo, anche perché si può fumare nei cortili esterni alle sale di studio.» L'ampia intercapedine offre qualche sorpresa. «Noi la chiamiamo Vestibolo, e in questo periodo lo spazio è occupato da tecnici che stanno digitalizzando tutti i documenti della "Commissione soccorsi 1939-1958", ovvero la documentazione dell'enorme carità di Pio XII verso i bisognosi d'ogni genere durante e dopo la Seconda guerra. Qui invece ci sono i nostri restauratori, quella è una macchina per la depolveratura dei volumi dell'Archivio. Più in là vi sono i locali dei nostri laboratori fotografici, che non abbiamo il tempo di visitare.» Al primo piano del bunker c'è il fondo sterminato della Segreteria di Stato Vaticana otto-novecentesca: arriva fino al papato di Giovanni Paolo II (ancora chiuso). Quello delle nunziature, e cioè delle rappresentanze diplomatiche papali nel mondo, comincia con l'Albania e arriva allo Zambia (disposte in ordine alfabetico delle nazioni).

Ma ci sono anche i dossier delle antiche nunziature soppresse, come a Napoli, Malta, Venezia ecc. «Qui c'è la radiografia della Chiesa cattolica nel mondo» spiega il prefetto. «Ogni nunzio versa qui il suo archivio dopo trenta, massimo trentacinque anni di attività.» Sono mai venuti a visitare il deposito i papi? «Sono venuti, che ricordi io, Giovanni Paolo II, Benedetto XVI e papa Francesco, ma sono arrivati fino a questo punto, non siamo andati oltre. L'Archivio è sterminato. E poi, analizzare tutte le nunziature è impossibile. Le carte sono organizzate bene, numerate tutte. Ma per alcune si deve ancora lavorare. Questo materiale che ci è arrivato dagli Stati Uniti, ad esempio, è tutta documentazione da sistemare, perché la nunziatura americana purtroppo segue il sistema americano. Creano un titolo, "papa", ad esempio, che va dal primo nunzio fino a oggi. Ciò comporta che il versamento per nunzi avvicendatisi è impossibile; devono versarci a poco a poco col corriere diplomatico buste e buste di una singola voce; ma noi non abbiamo ancora la nunziatura negli Stati Uniti completa. Si tratta di materiale da ordinare: circa venti scaffali. Le altre nunziature versano tutti i carteggi di un singolo nunzio e l'ordinamento è più coerente. Gli Stati Uniti no, come dicevo, perché un determinato titolo abbraccia il periodo in cui hanno lavorato cinque o sei nunzi, e quindi prima di finirlo tutto... Dal punto di vista archivistico si complica il lavoro, però se hanno adottato questo sistema! Vede l'intestazione dei versamenti? "Files for the Vatican Archives from Washington"...»

LA BENEFICENZA DI PIO XII

È un lavoro quasi da archeologo. «Si scava sempre» ammette Pagano. «E con una squadra di valore. Questo settore, ad esempio, l'ho ordinato io coi ragazzi delle sale di studio che mi hanno aiutato molto in due estati. È un grande fondo della beneficenza pontificia di Pio XII. Tutte le buste che lei vede, alla fine saranno duemilacinquecento. Con l'aggiunta delle varie diocesi, supereranno i quattromila faldoni. È la beneficenza che Pio XII, prima della guerra, durante la guerra e dopo, dal 1939 in poi fino al 1958, ha fatto a privati, istituzioni religiose, comunità, clero e laicato; ed è schedato tutto. È un lavoro poco valutato e poco consultato. Eppure, trasmette uno spaccato formidabile della povertà dell'Italia nel dopoguerra. Ci sono richieste di sussidi, di abiti, di cappotti per l'inverno, di breviari, di Bibbie. I sacerdoti chiedono libri di studio o finanziamenti per la parrocchia, ma le famiglie domandavano pane e ogni tipo di sussidio. Ecco qui (Pagano apre una busta a caso), Domenica Russo dal Friuli. Chiede "due vestiti bianchi, due paia di scarpe, due mutande, due cappotti... madre di due bambini uno di dieci anni, l'altro di nove rivolgo al vostro cuore generoso". Scrive: "Aiutatemi attendo con ansia perché l'inverno è arrivato"... Insomma, c'è la vita. E poi, viene annotato quanto il papa concede previe le informazioni dei vescovi e dei parroci. Poi alla fine viene registrata la cifra dell'assegno. "Un assegno di lire tremila." Tremila è tanto, eh? Siamo nel 1954. Ce ne sono a centinaia di questo tenore.»

Monsignor Pagano si ferma di fronte a un'ala dell'Archivio sbarrata da una parete di grate. Dietro, altre centinaia di faldoni, ordinati senza indicazioni precise. «Queste sono le parti riservate ancora non aperte alla consultazione. Quindi i papati di Paolo VI, Giovanni Paolo II, e Benedetto XVI. Sappiamo sommariamente che cosa c'è lì dentro, ma saranno aperte alla consultazione quando il papa deciderà.»

Seguiamo la linea gialla che sul pavimento indica la direzione. Il corridoio è relativamente largo, ma quelli laterali con gli scaffali che si irradiano per centinaia di metri sono strettissimi. «Il problema è che gli accessi al bunker sono stati costruiti, io penso per necessità logistiche o strutturali, al contrario» confessa Pagano. «Le porte di ingresso dovevano essere là, non qui dove stanno adesso. E noi siamo costretti a passare in questi corridoi stretti perché all'ultimo momento gli ingegneri devono essersi accorti che il terrapieno da scavare era troppo difficile per crearvi accessi adeguati, e la cosa era troppo dispendiosa di denari e di tempo, e hanno cambiato il piano di accesso e le porte e le hanno messe da questa parte. Così che i corridoi del bunker sono oggi disposti al contrario.»

Affrontiamo i quindici gradini della scala di ferro che porta al secondo piano del bunker. E si spalancano altre fughe di faldoni e incartamenti con le intestazioni a mano, vergate con l'inchiostro vegetale. Sfilano i nomi delle famiglie «papaline» romane: sono i fondi donati ai pontefici nei secoli dai Borghese, dai Ruspoli, dai Marescotti. E poi dai Boncompagni e dai Ludovisi. «Questo enorme Archivio apparteneva alla famiglia Boncompagni, che era poi quella di Gregorio XIII. Lo hanno donato al papa, anche perché le famiglie della nobiltà romana, che pativano anch'esse sugli inizi del Novecento varie crisi economiche, non riuscivano più a mantenere archivi così ingenti.» Da alcuni contenitori spuntano fogli con i bordi bruciacchiati: il ricordo di un deposito andato a fuoco. L'Archivio Borghese è forse il più imponente. «Comincia con Paolo V, è il più grande, però non riusciamo a trovare soldi per finire l'inventario, siamo circa a metà. Sappiamo cosa c'è nelle numerosissime buste: beni, feudi, amministrazioni, patrimoni, ma tutte le singole pratiche o fascicoli non li abbiamo ancora potuti ispezionare. Bisognerebbe bloccare tre o quattro persone per due o tre anni, e io per i miei ufficiali non posso. E questo vale anche per altri depositi. Vede, qui ci sono le bolle di Paolo V. I sigilli fuoriescono, e non dovrebbero essere conservate così, dovremo rifare tutte le buste. Sono sigilli legati alle bolle di pergamena. Vede quante? Questo è un fondo cospicuo.» Accanto all'Archivio Borghese si scorge quello della Guardia Nobile Pontificia: presenza, servizi di guardia, carteggi, disegni. «La collezione di queste carte appartiene all'esercito pontificio, e venne eseguita proprio prima della presa di Roma dal principe Luigi Massimo Lancellotti.» Si scorgono altre etichette con nuovi nomi di fondi, però... il tempo per visionare tutto non c'è.

UNA LETTERA DI GIACOMO LEOPARDI PER NON PAGARE LE TASSE

Ma al cuore prezioso dell'Archivio bisogna ancora arrivare. Si trova dietro una porta bianca di metallo, anonima, al secondo piano del bunker. «Qui neanche il papa è mai venuto. È un'area della quale ho la chiave soltanto io, perché contiene la più grande collezione del mondo di sigilli d'oro e d'argento.» Monsignor Pagano apre la serratura a doppia mandata. Si avvicina a un cancelletto bianco di ferro che protegge tre piccole grate. Dentro, allineati su una sorta di scaffale con i piani estraibili, si intravedono dei cassetti senza sportelli, né indicazioni. Nessuno potrebbe immaginare che in questo minuscolo ambiente rarefatto siano racchiusi i documenti più preziosi e invisibili di quello che fino al 2019, per quattrocento anni è stato l'Archivio Segreto Vaticano. Il prefetto li estrae a uno a uno. Legge le didascalie in latino. Estrae i privilegi regi e imperiali dalle protezioni in plexiglas che impediscono spostamenti e danni. E snocciola i nomi: Federico I Barbarossa, Federico II, Ottone IV di Brunswick, Bela IV di Ungheria, Carlo I d'Angiò, Giovanni VIII Paleologo, Filippo II, Filippo III, Filippo IV di Spagna, Carlo VI d'Asburgo, Carlo VII di Borbone re delle Due Sicilie del 1759... e via discorrendo.

Sono pergamene originali. «Questo è il giuramento di fedeltà di Filippo II, Infante di Spagna, anno 1555. Giura fedeltà come dovevano fare tutti i re spagnoli investiti del regno di Sicilia, ma acclude un sigillo d'oro impressionante, esteticamente pregiato e del peso di 806 grammi. Allora i reali spagnoli erano ricchissimi grazie ai guadagni che garantiva lo sfruttamento delle colonie americane... E questo è il giuramento di fedeltà di Filippo III, del 1600, con sigillo d'oro ancora più pesante (mille grammi circa). E qui abbiamo, per fare dei casi, il documento molto decorato di Pasquale Cicogna, doge di Venezia sulla fine del Cinquecento, con il quale dona a Sisto V nel 1586 il Palazzo Gritti di Venezia: diventerà la sede del nunzio apostolico; vi è appeso il piccolo sigillo d'oro. Molto bello, eh? Un'eleganza veneziana.»

Accanto alla collezione assai protetta dei sigilli d'oro scorgiamo altre collezioni di pergamene disposte su scaffali rotanti, con aria condizionata, numerate cassetto per cassetto. Sono pergamene del fondo Veneto, alcune molto antiche. Il fondo parte dall'879, e va al 1000, al 1200, al 1300, e arriva fino al 1797, quando la nunziatura a Venezia venne soppressa per opera dei napoleonici. E ci sono i documenti di grandi e ricchi monasteri dei quali la Repubblica di Venezia incamerò i beni per finanziare la guerra di Candia contro i Turchi, a metà del Seicento. Oltre a quelli d'oro, spuntano sigilli d'argento, teche d'argento dorate, sigilli di ceralacca rossa e nera, con immagini di papi e di re cesellate e tuttora conservate e ben visibili.

Scendiamo alla sala delle pergamene del primo piano, sottostante quella dove siamo stati finora; altri scaffali e altre pergamene, ordinate in tanti cassetti e scatole di cartone neutro, tutte numerate. Di colpo, tra le mani di monsignor Pagano spunta un documento scritto a caratteri grandi, elaborati, eleganti: è l'editto di Worms col quale nel 1521 Carlo V dichiarò Martin Lutero fuorilegge e lo bandì dalle sue terre. «C'è il sigillo in cera dell'imperatore, bellissimo. Ed è in lingua fiamminga; ovviamente il testo è stato già pubblicato. E il documento si legge come fosse stato scritto oggi. E queste sono le lettere credenziali con le quali Filippo II di Spagna e Maria I Tudor d'Inghilterra accreditano i loro ambasciatori alla corte papale nel 1555. È un testo scritto in latino. Nella P iniziale di "Philippus" guardi i sovrani: sono disegnati benissimo e con i veri loro tratti; vi è appeso un sigillo bruttarello, perché è andato un po' rovinato, schiacciato con il tempo e i vari trasporti.» Il prefetto apre un cassetto, poi una scatola di cartone alla ricerca di un vecchio documento dell'epoca di Carlo Magno. E invece spunta nella ricerca un faldone che contiene una lettera del 14 settembre del 1836 del poeta italiano Giacomo Leopardi. «Leggo l'intestazione: Conte Giacomo Leopardi, 14 settembre 1836. Scrive a monsignor Ferretti, nunzio apostolico presso Sua Maestà Siciliana. *Io dimoro, come Vostra Eccellenza sa, a Napoli e per errore mi hanno compreso tra i contribuenti alle spese per la guardia civica di questa capitale...* Sì, era un po' tirchio» chiosa Pagano. E continua a leggere: «*Inoltre sono venuti i gendarmi. Ma io sono di Recanati, sto qui per caso*. Non voleva pagare le tasse, Leopardi. Curioso».

Uscendo, si ha l'impressione di avere annusato e magari indovinato qualcosa in quei corridoi inodori, con le pareti di cemento a vista e i soffitti bassi, proprio da bunker bellico; ma senza riuscire a metterla a fuoco e afferrarla. E il senso di inadeguatezza di fronte alla grandezza della Storia si approfondisce. Ma la marcia del prefetto Pagano non è finita. Attraverso un dedalo di corridoi che disorientano, ci si trova di fronte a un ascensore di legno, minuscolo. «Questo è il primo ascensore che fece costruire Pio XI, è ancora rimasto così: il primo ascensore dell'Archivio. Ci possono entrare solo due persone. Serve per arrivare alla Torre dei Venti. Ma prima vorrei farle visitare il piano nobile dov'è nato l'Archivio Vaticano.» Entriamo in tre magnifiche stanze affrescate: «Questi sono tutti scaffali fatti fare da Paolo V. E affreschi con scene di donazioni al papa, sempre con documenti, perché siamo nell'Archivio. Paolo V l'ha fatto affrescare e nel 1611 l'Archivio Vaticano stava tutto qui. In queste tre sale. Abbiamo tutte le finestre chiuse per evitare che la luce rovini gli affreschi. E da questa porta si va al Salone Sistino dei Musei Vaticani. Sono collegati, ma per l'accesso bisogna avere le due chiavi. Devono aprire i custodi dei Musei di là e noi dell'Archivio di qui (questa chiave l'ho io, ma la loro non ce l'ho). Si è posta qui una tela raffigurante Paolo V, vede là in alto, proprio perché è il fondatore del nostro Archivio. Nel 1611-12 l'Archivio stava tutto qui: da allora è cresciuto più di cento volte. Adesso questi armadi sono vuoti, perché a causa degli insetti rischiavano di deteriorarsi le carte che contenevano, e dunque le abbiamo portate al bunker. Ma se troveremo i soldi e faremo le finestre nuove nelle tre sale, i documenti li rimetteremo qui, dov'erano originariamente. Almeno così penso io».

UNA FONDAZIONE USA PER FINANZIARE L'ARCHIVIO

Il problema dei finanziamenti all'Archivio fa capolino a intermittenza. Si capisce che è un capitolo delicato e incombente. E spiega almeno in parte anche la decisione di non chiamarlo più «segreto» ma «apostolico». «Forse» ammette monsignor Pagano «senza quel cambiamento di un aggettivo non avremmo avuto i due milioni di euro per il nuovo deposito che si sta progettando vicino al lago di Bracciano, nella villa pontificia di Santa Maria di Galeria. E forse non sarebbe nata neanche (chi lo può dire?) la fondazione *Treasures of History*, che dagli Stati Uniti finanzia i nostri progetti di ricerca. D'altronde, erano vent'anni che un certo monsignore insisteva: "Ma Sergio, cambia, fai in modo di cambiare il nome all'Archivio". Mi sono sempre rifiutato, perché allora era cambiare per cambiare. Adesso, almeno, è subentrata la volontà del papa e c'è anche un motivo alla larga economico. E pensare che quando sono entrato all'Archivio Segreto Vaticano c'erano soldi sufficienti per ogni iniziativa e anche più.»

Il prefetto sterza su un altro pianerottolo che si materializza all'improvviso. «Prendiamo l'altro ascensore che è più veloce, e saliamo al piano che ci ha dato Alessandro VII quando qui lo spazio non bastava più. E allora Alessandro VII ci ha regalato un piano limitrofo a una galleria dei Musei, per depositarvi quello che fu detto "Archivio diplomatico". Siamo verso il 1660.»

Colpisce la familiarità con la quale Pagano parla di pontefici di mezzo millennio fa. E come mentalmente lega la sua storia a quella dei suoi predecessori alla guida dell'Archivio. In quel «ci ha regalato» si indovina il senso della continuità e l'identificazione con l'istituzione che guida dal 1997; e che prescinde da chi si trova al vertice e chi sia papa.

Al Piano Chigiano, come viene definito (perché Alessandro VII, il donatore, era Fabio Chigi), scorrono le porte di legno degli armadi che contenevano tutti i documenti delle nunziature, le ambasciate pontificie nel mondo. «Ora i documenti non ci sono più, li abbiamo portati al bunker perché erano infestati o minacciati dagli insetti. Ma quando riuscissimo a fare le finestre nuove, le zanzariere e tutto il resto, io li rimetterei qui, perché guadagniamo tanto spazio nel bunker. In queste sale lavorano alcune borsiste: ragazze preparate, che si sono diplomate alla nostra Scuola Vaticana, molto brave.» Nelle prime sale lavora parte del personale scientifico dell'Archivio, intento in studi e inventari.

Altro scarto improvviso nel percorso. Pagano sterza a destra e va verso una piccola porta a due ante, in un angolo accanto ai finestroni del Piano Chigiano. «E qui c'è una curiosità» esordisce. «Da questa piccola porta si accede a un locale che era l'Archivio che Pio IX si era fatto costruire in vita. Aveva voluto gli armadi con il suo stemma, se li è fatti fare, ed è venuto due o tre volte prima di morire a visitare questa stanza: voleva che fosse conservata qui la sua documentazione, sia da papa sia da cardinale. E la chiave di questa porta l'aveva solo il papa, neanche il prefetto. Era una specie di forziere di Pio IX, dove però anche alcuni successori mettevano le carte davvero riservate. Benedetto XV fece riporre qui un certo processo canonico di beatificazione di un cardinale, processo poi da lui fermato; carte che non voleva cadessero sotto occhi altrui.» «E chi era il cardinale sotto processo?», «Non posso dirlo» replica il prefetto. «Era un cardinale dell'Ottocento.»

Se non fosse nota l'idiosincrasia che monsignor Pagano nutre verso libri come quelli di Dan Brown, che a suo avviso hanno contribuito ad alimentare la leggenda nera anche dell'Archivio Segreto, verrebbe da dire che l'atmosfera è proprio quella. E salendo di un altro piano, la sensazione diventa ancora più incombente.

«Qui siamo nella Torre dei Venti. E questa è la Sala della Meridiana, che una volta aveva la banderuola sul tetto, quando ancora il tetto era spiovente e a tegole, e serviva per misurare i venti. In questa sala, nel 1582, nacque la riforma del nostro calendario gregoriano. Papa Gregorio XIII venne qui e gli astronomi della Specola Vaticana gli fecero vedere che l'equinozio di primavera (25 marzo) non corrispondeva più ai segni della meridiana tracciata sul pavimento della sala. Vede, attraverso quel piccolo foro in alto, posto sulla bocca del Padre Eterno nel grande affresco della Tempesta Sedata, dal racconto evangelico, penetra, come filtrato, un raggio di luce del sole. Oggi non c'è, ma se ci fosse il sole, penetrerebbe un raggio nettissimo e colpirebbe la meridiana in tanti punti, spostandosi poi anche sulle pareti, secondo la rotazione della terra rispetto al sole. Ora, il raggio del sole doveva essere in quell'anno e in quella stagione in un determinato punto, mentre risultò molto più spostato. E gli astronomi fecero capire al papa che di necessità il calendario giuliano andava riformato, perché ormai disallineato di dieci giorni solari. Allora il papa diede ordine che fosse pubblicato un "Lunario Novo" (Roma, 1582) e che al mese di ottobre fossero tolti quell'anno dieci giorni. Quindi in un primo tempo si pensò di togliere i giorni dal primo al 10 ottobre. Apriti cielo. Sono insorti tutti i francescani, perché il 4 ottobre era la festa di san Francesco, che non si sarebbe potuta celebrare in quell'anno.»

LA TORRE DEI VENTI DOVE NEL 1582 NACQUE IL NOSTRO CALENDARIO

E che cosa accadde? «Il papa ha dovuto tornare sui suoi passi e furono tolti dal mese di ottobre 1582 i giorni dal 5 al 14, e così si trova nel Lunario Novo. Ma accadde un fatto di risalto; nella notte fra il 4 e il 5 ottobre 1582 moriva la grande santa Teresa d'Avila. Però il 5 ottobre quell'anno non esisteva. E allora la festa di santa Teresa fu fissata al 15, anche se in realtà la santa era morta il 5 di quell'anno (si celebra sempre, per i santi, la loro festa nel giorno in cui morirono, ovvero salirono al Cielo, il *dies natalis*). Abbiamo giù in Archivio la stampa originale del Lunario di quell'anno, tipografia di Vincenzo Accolti, in cui quei giorni di ottobre mancano. Ovviamente l'anno successivo i giorni di ottobre furono rimessi, perché avendo fatto quella correzione rispetto al sole si erano tolti i giorni necessari per equipararci all'equinozio. È una storia intricata, e sanguinosa: per la riforma gregoriana si sono fatte vere e proprie guerre. I Drusi del Libano non hanno mai accettato il calendario gregoriano, hanno fatto strage di cristiani per il calendario, perché toccava la Pasqua. E in Russia non hanno adottato il calendario gregoriano per molto tempo. E tutto è stato deciso tra queste mura, collocate in una posizione strategica per studiare i venti.»

L'ultima tappa della nostra visita sono i cosiddetti «Soffittoni» fatti costruire da Pio XII per dare spazio all'Archivio Segreto. Ai suoi tempi non esisteva ancora nemmeno una idea o progetto di bunker. I «Soffittoni» occupano un'altra area vastissima del Palazzo Apostolico, sotto i tetti fatti rialzare proprio per accatastare i faldoni dell'Archivio, ai quali mancava ormai spazio. Ospitano il grande archivio della Congregazione dei «Vescovi Regolari». «Questa Congregazione nasce dal Concilio di Trento e in pratica fu istituita da Clemente VIII nel 1601. Quando Alessandro Manzoni nei suoi *Promessi Sposi* dice di aver trovato spunto per la sua storia da "un dilavato e graffiato autografo", questo poteva trovarsi in carte simili a queste. Qui c'è più di una storia simile a quella della monaca di Monza. Noi ci stupiamo oggi, giustamente, degli abusi sui bambini, un crimine odioso. Ma da questi faldoni emergono storie che fanno impallidire i misfatti recenti. Sono rimasto senza parole quando mi sono reso conto dell'esistenza di alcuni processi a frati e monache che uccidevano i feti e li sotterravano nei monasteri o nei conventi: anche se a me risulta che fossero casi rari. Si trovano pratiche diverse, processi, contese, litigi, proprietà di tutti i generi. Si tratta di una miniera di storie studiate abbastanza, ma credo che non sia stata ancora capita la loro rilevanza.»

«MI TROVO MEGLIO A PARLARE CON I MORTI CHE CON ALCUNI VIVI...»

Dalla descrizione pur sommaria di monsignor Pagano sembra che questa parte dell'Archivio racchiuda una galleria degli orrori della Chiesa del passato remoto. Custodisce peccati e crimini sconvolgenti di uomini e donne di Chiesa. E nonostante il tentativo di mostrarsi il più possibile distaccato, si capisce che quella sorta di «scatola nera» custodita nei «Soffittoni» turba profondamente il prefetto, lacerato tra l'identità di archivista e quella di sacerdote. Per questo sottolinea anche quanto di positivo emerge da quelle carte. «Però c'è anche tanto bene. Emergono tante persone sante, buone, che facevano la carità, che soccorrevano i bisognosi, che predicavano al popolo, che suscitavano la fede in Cristo e la pietà: c'è di tutto, un po' come nella vita» corregge Pagano. «Certo, allora la vita dei monasteri non era quella di oggi. Fino a qualche tempo fa e anche oggi, chi si faceva frate o suora era per seguire una vocazione. Ma nel passato remoto le regole delle famiglie erano altre. Non sai o non puoi maritare la figlia? Mandala in convento. Povere donne! Era una vita costretta e amara. Ci sono fra queste carte cause di monache che ammazzarono la badessa, d'intesa con altre monache, e si mettevano d'accordo per far sparire il corpo. I gendarmi andarono al monastero ma non trovarono niente. Sa, essere costretti a vivere insieme tutto il giorno, quando non c'è vocazione, deve essere stato quasi un inferno...»

Si arriva all'ultimo lunghissimo corridoio, quello degli «scaffali di ferro», dove, anche qui su due piani, sono custoditi, fra altri fondi, anche i faldoni con nomi e notizie su due milioni e mezzo di prigionieri cercati dalla Santa Sede durante e dopo la Seconda guerra mondiale: soldati di tutto l'Occidente. «Laggiù in fondo» mi indica monsignor Pagano «ci sono i nostri laboratori di legatoria e restauro, dove cerchiamo di salvare, ma con scarso personale, i pezzi d'archivio più antichi o più danneggiati. Ma anche qui ci vorrebbero maggiori risorse. In altri locali c'è il nostro Centro elaborazioni dati (che chiamiamo Ced), la parte informatica di rete interna dell'Archivio, che immagazzina a tutt'oggi oltre dieci milioni di immagini.»

E improvvisamente, la visita è finita, lasciando un sapore di incompiutezza, di curiosità insoddisfatta. Ma probabilmente sarebbe così anche dopo avere percorso quei corridoi e quelle sale per giorni, per mesi. Ma monsignor Pagano la chiude con una sorta di ritorno alle origini: il terrazzo in cima alla Torre dei Venti, accanto al quale aveva l'ufficio all'inizio del suo lavoro. «Quando sono stato assunto, i primi anni mi diedero un ufficio in fondo agli scaffali in ferro, isolato. Poi il cardinale Samorè mi disse: "Senta padre, nessuno dei vecchi archivisti vuole andare alla Torre dei Venti, vuole andarci lei?", "Subito!", "Guardi che ci sono scale da fare a piedi, dove non arriva l'ascensore." "Cosa interessa a me? C'era una vista..."» E dicendolo, spalanca la porta-finestra che dà sul terrazzo della Torre, dal quale si vede il sottostante Cortile della Pigna e poi gran parte di Roma fino ai Castelli, da Monte Mario a sinistra, fino ai Giardini Vaticani a destra, inclusa la Basilica Vaticana e il Palazzo Apostolico. Davanti, verso sud, si vede nitidamente il profilo delle colline dei Castelli romani. E a sinistra, verso est, la neve sugli Appennini abruzzesi.

Giù, nel cortile, i visitatori dei Musei Vaticani sciamano nei giardini, sotto l'enorme pigna di bronzo che si trova nella nicchia a nord del cortile. L'opera, alta quattro metri e larga due e mezzo, risale al II secolo d.C. e simboleggia immortalità e rinascita; è ricordata da Dante, quando ancora si trovava al centro della piazza prospicente la basilica costantiniana di San Pietro in Vaticano («come la pina di San Pietro a Roma»). I turisti riposano e chiacchierano sulle panchine. O cercano di far girare il gigantesco mappamondo di bronzo, la *Sfera con sfera* dello scultore Arnaldo Pomodoro, troneggiante dal 1990 tra la ghiaia dei vialetti e le aiuole ben curate. Ignorano di camminare sopra archivi leggendari e misteriosi, scavati a una decina di metri sotto i loro piedi. «Guardi, qualcuno gioca perfino a pallone. Se li beccano i gendarmi!» sorride con ironia Pagano. Alla fine, mentre usciamo da quel viaggio nella storia, viene spontaneo chiedergli se non si senta schiacciato da tutte le carte del suo Archivio. «No, a me non fanno nessuna impressione. La pena è di non poterle ordinare tutte. E poi...» esita qualche secondo prima di continuare «e poi, mi trovo meglio a parlare con i morti che con alcuni vivi nostri contemporanei. Perché prima di tutto le carte dei morti sono molto più interessanti di tanti vuoti colloqui dei vivi, poi perché sono ben scritte, sia in latino che in italiano, e si leggono con quel gusto della parola che oggi si è perso, mi pare, nella lingua quotidiana che impera e che è standardizzata; poi ancora perché le carte del passato non mentono, mentre i vivi tendono spesso a cambiare opinione e a nascondersi dietro paraventi fittizi.»

Capitolo II
Il prefetto dei segreti

E IL CARDINALE DISSE: «MONSIGNOR PAGANO "È" L'ARCHIVIO SEGRETO VATICANO»

«Monsignor Pagano non è il prefetto dell'Archivio Segreto Vaticano. È l'Archivio Segreto Vaticano.» Attribuiscono questa frase a Jorge María Mejía, cardinale argentino scomparso nel 2014, archivista e bibliotecario: prima naturalmente che l'Archivio diventasse per ordine di papa Francesco «apostolico». Lei è lì da quasi quarantacinque anni. Viceprefetto per due anni e prefetto per ventisei anni ormai, e cioè custode massimo delle carte più riservate e misteriose della Chiesa, per un quarto di secolo: un record nell'era contemporanea. Ricorda il suo arrivo all'Archivio Segreto Vaticano?

Mi permetta di partire dalla frase del compianto cardinale Mejía, che una volta ascoltai anch'io (ma solo una volta), e che mi pare ovviamente troppo esagerata, dettata più che altro dal buon cuore del cardinale. Anche se uno lavorasse in Archivio cento anni, dubito che si potrebbe dire di lui che «è» l'Archivio Vaticano!

Quanto al mio ingresso in Archivio ricordo che fui proposto, da quanto seppi, dal cardinal Antonio Samorè, archivista e bibliotecario di Santa Romana Chiesa. È morto esemplarmente, io ero presente, nel 1983. Samorè era stato segretario agli Affari Pubblici. Era di un paesino in diocesi di Piacenza, Bardi. Aveva frequentato l'Accademia Pontificia in piazzale della Minerva, a Roma, fucina dei diplomatici della Santa Sede, ed era della stessa scuola del cardinale Agostino Casaroli; fu poi nunzio in Colombia e creato cardinale nel 1967. Ho qui davanti a me la minuta con la quale chiese al Segretario di Stato cardinale Agostino Casaroli la mia assunzione. Il superiore generale dei Barnabiti, la mia Congregazione, aveva dato parere favorevole e quindi l'11 settembre del 1979 entrai ufficialmente nell'organico, ma ancora in prova. Fui formalmente assunto il 26 gennaio 1981 come scrittore.

Lei proveniva dal Real Collegio Carlo Alberto di Moncalieri, vicino Torino. Ma molto presto decise di lasciarlo. Perché non voleva stare lì? È vero che non le piaceva una vita troppo agiata, un ambiente troppo elitario?

Sì, dal punto di vista dei comportamenti e del livello economico non si adattava molto né al mio carattere, né al mio campo di interessi, né al mio stile di vita. Era anche un ambiente molto libero, diciamo, spiritualmente. Per me, dal punto di vista religioso, non era molto adatto. Gli alunni provenivano quasi tutti da famiglie della borghesia piemontese, e i miei confratelli che insegnavano loro si erano abituati a una vita agiata: troppo, per i miei gusti. Ricordo la prima volta che entrai in comunità, ero appena arrivato. Il padre superiore, padre Federico Franchi, che mi conosceva, mi disse una sera: «Ecco, questa è la chiave della tua macchina», «Ma non ho chiesto una macchina, non mi serve» risposi. «Ma tutti noi abbiamo una macchina, col garage interno.»

Quindi era un ambiente...

Non voglio dare giudizi troppo generalizzati. Per la gran parte, i religiosi del Collegio erano sacerdoti ottimi, sant'uomini, alcuni molto dotti e di vita esemplare e da loro ho imparato anche tanto in poco tempo. Ma per un altro verso l'ambiente non mi convinceva. Padre Franchi, tra l'altro, morì poi in un incidente stradale. Io vengo da una famiglia povera dell'entroterra ligure, la mia mamma e il mio papà erano lui un muratore e lei una casalinga e all'occorrenza anche contadina. Nacqui in casa, non in ospedale. E ricordo quanto era dura la vita della mia famiglia. Gente che lavorava, che aveva faticato tanto: soprattutto mia madre, povera donna.

Eppure, si sono sacrificati e lei ha potuto studiare.

Sì, mi hanno fatto fare le scuole elementari dalle suore di Santa Marta a Genova, le medie alla scuola pubblica, poi sono andato a lavorare, perché c'era la necessità della famiglia che non aveva soldi a sufficienza. Mia mamma si era separata e già non vivevano più insieme con mio padre: una storia triste come tante. Successivamente sono entrato nei Barnabiti e gli studi li ho fatti tutti grazie alla mia Congregazione.

Perché proprio nell'ordine dei Barnabiti? Può rispondere? E all'Archivio fu assunto stabilmente?

Sono entrato fra i Barnabiti per aver conosciuto due sacerdoti giovani di tale Congregazione a Genova: esprimevano gioia ed entusiasmo nella loro vocazione. Si è attratti sempre dagli esempi: *exempla trahunt*.

Sono stato assunto in ruolo in Archivio Vaticano, con la qualifica di scrittore nel 1981, ma come ho ricordato, entrai per fare le prime esperienze d'archivio nel 1979. Scrittore era allora il primo grado degli ufficiali, cioè il personale scientifico dell'Archivio Segreto Vaticano.

«LA PRIMA VOLTA TROVAI UN BRUTTO CLIMA»

Ricorda la prima volta che entrò? Era in questo edificio?

Sì, l'Archivio è tutto nell'edificio in cui ci troviamo, ma il primo ufficio che diedero a me era in fondo in fondo, vicino alla Torre Borgia; un ufficio dove oggi lavora un nostro bravo archivista, il dottor Luca Carboni. Era un po' buio ma grande, comunque si stava bene, era molto isolato, io ho potuto lavorare bene. Ma l'impressione dell'ambiente umano fu negativa. Fu come entrare in contatto con un istituto vecchio, non molto pulito, polveroso e se non oso troppo mi pareva pure sonnolento, e abitato da persone caratterialmente difficili. Non le conoscevo, mi sono state presentate piano piano, e con gli anni ho imparato a valutarle, almeno dall'esterno. Basti dire che al piano nobile attuale, che oggi è il primo piano superiore, c'erano quattro cattedre sotto le finestre per questioni di luce, per poter compiere i duri lavori di archivio. Ora, due di queste erano occupate da monsignori toscani, uno di Lucca e uno di Pescia, monsignor Luigi Nanni e monsignor Carlo Natali. Questi due monsignori lavoravano avendo sulla propria scrivania, intorno alla scrivania, tutto un cumulo di libri per non essere visti da chi passava e per non vedere nessuno. Niente di male, però mi pareva una nicchia dentro la nicchia.

Come se lavorassero in trincea...

Erano due sacerdoti solitari, due persone che non volevano essere viste da nessuno, né loro vedere alcuno. Io rimasi stupito, quando andavo a cercare negli armadi i registri papali, dovevo per forza passare di lì come tutti, e ogni volta mi stupivo per il loro atteggiamento...

È vero che non fu accolto benissimo perché troppo giovane, e che i suoi colleghi più anziani, tutti ecclesiastici, ironizzavano su di lei?

Quando io entrai in Archivio c'erano il cardinal Samorè, il prefetto Martino Giusti, lucchese, che mi diede subito molta confidenza e il viceprefetto Terzo Natalini, un romagnolo che era alla Segreteria di Stato come archivista e poi venne qui. Anche lui non fu accolto bene, perché c'era già un viceprefetto anziano, monsignor Hermann Hoberg, diventato poi viceprefetto emerito. Hoberg era un uomo di studio, molto bravo, è stato viceprefetto emerito per anni, l'ho conosciuto, mentre Natalini non era uno studioso, piuttosto un burocrate, ma con doti umane apprezzabili. Gli ufficiali hanno storto il naso e si creò subito un forte attrito: si percepiva immediatamente, quasi si tagliava col coltello, un conflitto tra il viceprefetto e gli ufficiali.

Ufficiali in che senso?

Nel senso che presiedevano degli uffici: si chiamano ufficiali nel linguaggio dell'Archivio. Dunque, allora gli ufficiali erano il professor Lajos Pásztor, un ungherese, Luigi Nanni, archivista già nominato, il dottor Germano Gualdo, un vicentino molto colto, anch'egli archivista, monsignor Charles Burns, erudito scozzese, monsignor Ottavio Cavalleri, un bravo sacerdote bresciano, di ottimo carattere, morto purtroppo di tumore prematuramente, monsignor Carlo Natali, scrittore già incontrato, padre André-Jean Marquis, religioso svizzero delle Missioni Estere, il dottor Luciano Seganti, anch'egli scrittore. Alcuni di questi archivisti e scrittori di matura età ed esperienza qualche volta facevano battute su noi giovani, soprattutto su me e monsignor Aldo Martini, assunto poco dopo di me.

Battute di che tipo?

Io e monsignor Martini, i più giovani in organico, eravamo bersagliati di continuo come ignoranti, come gente pressapochista, presa dal nulla... Ma questo credo che capiti in ogni ambiente per chi arriva nuovo. E poi un po' era vero: di fronte ai vecchi ufficiali noi eravamo davvero ignoranti, alle prime armi, sommersi da un mare di documenti storici che è l'oceano dell'Archivio Vaticano.

Era uno scontro generazionale, culturale o di potere?

Direi soprattutto caratteriale. Tutti questi ricercatori per lo più erano tristi, sempre in lotta con i superiori e con sé stessi. Io ho trovato un clima brutto, di tensione, di non collaborazione, ognuno si faceva gli affari suoi, se ci si poteva incontrare poco era meglio. Questo l'ho notato subito. Poi ho avuto le confidenze del prefetto del tempo, monsignor Martino Giusti, che quel clima lo soffriva, ma non aveva fegato di affrontarlo. Io ho aiutato monsignor Giusti, per quel che potevo, anche a fare alcuni lavori; benché giovane si fidava di me per le sue ricerche sui registri vaticani. Io avevo fatto la Scuola di Paleografia quindi sapevo leggere le scritture. E mentre eravamo a lavorare si lasciava andare anche a confidenze. Molte cose personali su questi miei colleghi del tempo le ho apprese da lui, che era superiore e li conosceva bene.

«C'ERA ANCHE IL NIPOTE DI PIRANDELLO...»

Quindi lei, quasi senza accorgersene fu in grado di fare una radiografia delle gerarchie anche non scritte dell'Archivio Segreto, e dei rapporti umani.

Soprattutto li toccai con mano di persona, ma è bene che mi soffermi su qualche aneddoto solamente. Al piano nobile c'era monsignor Natali. Uomo di poche parole, faceva colazione con un lungo tovagliolo che si metteva davanti. Il cardinale Samorè era solito dire: «Io non passo in quel piano per non vedere monsignor Natali che fa colazione». Pensi che clima c'era; da fuori non si sospettava. E poi c'era il povero padre Marquis, che era uno scrittore svizzero, malato e incline ai liquori; veniva la mattina un po' alticcio, ma qualche lavoro l'ha fatto. C'era monsignor Raffaele Volpini molto bravo, che era stato mio professore alla Scuola di Paleografia. Lavorava nel piano in cui poi andai io; da lui imparai moltissimo sulla Diplomatica.

Ricordo che per un poco di anni lavorò in Archivio anche don Nicola Storti, ma con scarsi interessi archivistici; era stato «sistemato» per intercessione di qualcuno, ma non era al suo posto. Stava qui, e perorava soprattutto la causa di beatificazione di una sua sorella che diceva santa: tipo strano. Di monsignor Storti, il prefetto Giusti mi diceva: storto di nome e di fatto. C'è tutto un dossier su di lui nell'Archivio riservato della prefettura. Poi ricordo il dottor Antonio Pirandello, figlio di Fausto Pirandello e nipote del grande drammaturgo Luigi. Era stato fatto assumere qui da Paolo VI col grande merito che suo padre, che era un bravo pittore, aveva donato al papa alcuni quadri che ora sono ai Musei Vaticani: alcune Crocifissioni. Pirandello non dava fastidio a nessuno, seguiva i propri compiti nella segreteria del prefetto e non faceva molto altro. Tutti dicevano che fosse stato assunto in Archivio Vaticano perché Paolo VI aveva voluto beneficare la famiglia di suo padre Fausto.

Fausto Pirandello è stato un pittore apprezzato...

Fausto sì, grandi quadri, grandi tele che stanno in vari musei. E poi c'erano persone, diciamo, di livello diverso: capisala, uscieri... Me li ricordo tutti; ma il quadro e l'idea che mi feci rapidamente fu che vi fossero diversi attriti che si vedevano bene tra il prefetto e gli ufficiali, fra gli ufficiali stessi, chi invidioso di quello. Ma soprattutto colpiva una quasi assenza di governo dell'Archivio, perché gli uscieri, in pratica, facevano quel che volevano. Si appoggiavano tra loro, uscivano senza permesso, entravano, mi dicono che almeno uno di loro facesse il trasloco di casa durante le ore d'ufficio. Senza che il prefetto si accorgesse di niente, perché si giustificavano l'un l'altro.

Successivamente, quando è diventato prefetto, quanto questa situazione ha condizionato il suo governo dell'Archivio?

Moltissimo! Perché, e questa è la fortuna che ho avuto, conoscendo tutti dall'interno, sapendo quasi tutto di tutti quanto al lavoro, quando divenni superiore non ci fu bisogno di «guidarmi». E ho potuto cominciare a prendere provvedimenti, anche grazie al cardinale Luigi Poggi, anch'egli archivista e bibliotecario, che mi appoggiò molto: prima per mandare in pensione la vecchia guardia e gradualmente sfoltire una classe che aveva solo rancori, inimicizie e che lavorava poco. Mi aiutò la Divina Provvidenza perché erano tutti già prossimi alla pensione. Quindi andò in pensione prima l'uno, poi l'altro, poi l'altro ancora e a me riuscì di sostituirli con persone giovani e preparate.

Sacerdoti o laici?

Ho scelto quasi tutti laici, perché i sacerdoti davano un brutto esempio, lavorando poco e credendo che la tonaca li rendesse intoccabili. Aspettavo che raggiungessero il limite d'età per il cambio di una intera classe. Ma nel frattempo ebbi un po' da soffrire, perché guerra me ne hanno fatta.

Non assunse nemmeno suore?

No, nemmeno suore. Una volta un cardinale molto potente, al quale avevo chiesto di assumere quattro ufficiali, mi rispose che me li avrebbe dati se in cambio avessi assunto anche alcune suore indicate da lui. Chiesi se fossero laureate e specializzate nel lavoro che avrebbero dovuto fare. Mi disse di no. E dunque non credetti bene di presentarle per l'assunzione.

Come si esprimeva l'ostilità verso di lei?

Riuscivo a collaborare abbastanza con i nuovi, ma con i vecchi mi era difficile. Anche per rispetto all'età io non andavo a dire a un professor Gualdo, o a monsignor Burns, a monsignor Cavalleri, cosa fare. Speravo che capissero da soli. Ma poi anche loro andarono piano piano in pensione, e il povero Cavalleri morì anzitempo. L'unico che mi dimostrò parecchia ostilità fu un monsignore straniero che credeva di essere lui il futuro prefetto. E quindi quando fecero me prefetto si scandalizzò, andò dal cardinal Poggi: «Come sarebbe? Anche le guardie svizzere mi dicono "Ma ora tocca a lei"!». E il cardinale: «Non saprei, vada a chiedere al Santo Padre com'è la cosa». Però capì che ormai il sostegno nei suoi confronti stava diminuendo, e quindi quando vide che io prendevo possesso, ero sicuramente appoggiato dai superiori e facevo già qualche riforma sostanziosa, lui ne ha preso atto. E senza che né il cardinale Poggi né io sapessimo nulla, un pomeriggio sparì. Venne a caricare i libri che aveva qui senza dirmi niente, e non è più tornato. Quel problema si è risolto così.

È vero che quando lei arrivò l'Archivio era più un luogo di deposito che di ricerca di documenti? E che lei invece si mise a girare per gli ottantatré chilometri dell'Archivio per cercare dei faldoni che le interessavano?

L'Archivio era anzitutto poco pulito. Poi, poco illuminato, e i depositi, per lo più scaffali in ferro, avevano scarse luci. Tra l'altro la luce elettrica era stata messa da poco, per cui si era andati avanti con le candele per molto, per timore che l'elettricità potesse bruciare i documenti.

UN DEPOSITO POLVEROSO SENZA LUCE ELETTRICA

Quando lei è arrivato, alla fine degli anni Settanta del secolo scorso, si usavano ancora le candele per illuminare i documenti dell'Archivio Segreto?

No, per fortuna quando sono arrivato io nell'Archivio era stata messa la corrente elettrica. Ma mi risulta che dieci anni prima la luce elettrica non ci fosse ancora. Credo che l'impianto elettrico sia stato fatto solo nel 1971. Quindi, si vedeva anche poco, non avevamo personale per le pulizie, perché le pulizie si facevano fare al personale che avesse il primo, il secondo, il terzo e il quarto livello, cioè uscieri. Ma questi erano tutti assunti chi per una raccomandazione chi per una determinata presentazione e chi per un'altra, pulivano poco e male. L'Archivio era in parte sporco, buio. Basti dire che la portineria aveva un bancone alla parete di destra; quindi, chi entrava non vedeva nessuno e doveva a volte faticare a trovare il portiere. Assistevo a scene imbarazzanti. Entravano i ricercatori, grandi nomi di studiosi e docenti universitari; questi davano la tessera al portiere, mentre egli mangiava la mela, o beveva il vino al fiasco. Rimanevo esterrefatto, mi chiedevo: questo è l'Archivio Segreto Vaticano?

E i documenti che arrivavano come venivano ordinati e archiviati, allora?

Facevano un po' di tutto gli uscieri, e qualche volta anche con buona volontà. Arrivava un fondo da sistemare, ed erano loro a mettere a posto i documenti: li impacchettavano, li legavano. Il risultato è che abbiamo avuto dei fondi smembrati in tre parti. Ma lei mi dica: che può sapere un usciere dell'ordinamento archivistico? Non può, poveretto. E se sbaglia non è colpa sua. L'Archivio era un po' in balia della buona volontà degli uscieri più intelligenti e invece della furbizia di quelli che non volevano lavorare.

Allora non c'era ancora il bunker?

No, si stava costruendo ma non era ancora finito. Quindi mi stupivo di questo. In altri locali c'erano persone che chiudevano la porta, difficilmente davano accesso a qualcuno; insomma, io trovai tante ritrosie, compartimenti stagni, difficoltà di rapporti. E presumo che lo stesso prefetto, monsignor Giusti, che era un uomo molto erudito, avesse difficoltà di rapporti. Con qualcuno si era scontrato. Questo l'ho saputo dopo, piano piano che ho appreso che c'era un'ostilità sorda di alcuni ufficiali che non andavano mai dal prefetto, né lui andava da loro. In pratica era un *quieta non movere*, non abbiamo fastidi, fate il vostro lavoro, io non vi do fastidio, voi non date fastidio a me. Questa era l'aria che si respirava.

Dalla sua descrizione, l'atmosfera non era quella più favorevole a un lavoro di squadra. E l'Archivio forse era visto più come un deposito di documenti che come un centro di ricerca...

Ricerca, da parte nostra dell'Archivio quasi non ce n'era; semmai si trattava di un lavoro abitudinario di redazione di inventari, *sic et simpliciter*. Ma l'Archivio nelle sale accoglieva fior fiore di studiosi, forse i migliori d'Europa e del mondo, parte dei quali oggi non ci sono più. Gli studiosi non erano molti, forse una ventina, una trentina al giorno, ma erano molto colti. Gli ufficiali dell'Archivio però si limitavano a un tran-tran stanco. E infatti si facevano pochi passi avanti, si creavano pochi strumenti per migliorare le ricerche. Magari personalmente un ufficiale studiava per sé, ma non c'era una crescita corale del corpo scientifico dell'Archivio, degli ufficiali dell'Archivio. Questo io l'ho notato e basta, non avevo nessuna voce in capitolo. Lo notavo mentre compivo i miei studi e inventari secondo quello che il prefetto mi affidava. Ma vedevo come si comportavano tutti: passando per le sale ho conosciuto gli uscieri, gli assistenti, gli ufficiali e il portiere, l'economo, e tutta la struttura. Quando fui fatto viceprefetto nel 1995, ci fu un'accoglienza molto buona, e ancora di più quando fui fatto prefetto. Perché venivo dall'interno, e quindi avevo questo vantaggio, di conoscere le persone e la «macchina». Ho cominciato a fare le riforme per alzare un po' il livello dell'Archivio verso il mondo scientifico esterno, che allora era poco e niente considerato. L'ho fatto gradualmente, ma ho registrato comunque le prime resistenze. È logico che la gente abituata a far poco, quando le si chiede di più, reagisce resistendo. Ebbi la fortuna che quanti non capivano le nuove esigenze dell'Archivio Segreto erano per lo più persone avviate alla pensione, come dicevamo. Quindi in poco tempo queste persone lasciarono l'Archivio, e io ho potuto assumere giovani maggiormente qualificati e soprattutto più entusiasti del nostro lavoro.

Per parlare di cose più prosaiche, è vero che quando ha cominciato a riorganizzare l'Archivio Segreto ha incontrato resistenze perfino sull'introduzione delle macchine da scrivere elettriche?

Non solo su quelle. All'inizio, quando fui nominato viceprefetto, le resistenze, com'è logico, venivano dagli archivisti più anziani, abituati un po' a un regime di lavoro vecchio stile: si può dire quasi ottocentesco. Ciascuno nel suo ufficio; non ci si incontrava mai, non si aveva una visione di quel che facevano i colleghi ecc. Non c'era nessuno spirito di squadra, anzi: il prefetto stava anche lui chiuso nel suo ufficio perché, nel frattempo, essendo una prefettura molto lunga quella di monsignor Giusti, aveva avuto difficoltà, qualche scontro con qualcuno. Ripeto: c'era un'aria di stasi.

Io, con il vecchio prefetto mio predecessore, che mi ha proposto per viceprefetto, padre Josef Metzel, che era un sant'uomo, succeduto da pochi anni a monsignor Giusti, avevamo tutt'altre idee. Lavorare più in gruppo, far sapere a tutti cosa si faceva, e soprattutto dare una nuova impostazione al lavoro di archivio, e cambiarlo. Da un lavoro meramente erudito, di puro elenco dei fondi, trasformarlo in qualcosa di più scientifico a vantaggio degli studi, degli studiosi.

Per tornare alla sua domanda, un giorno il cardinale Samorè mi chiese se avessi voluto una macchina elettrica – era una IBM – che era stata regalata all'Archivio. Ne fui ben contento, ma i colleghi quando videro che usavo questa macchina elettrica cominciarono a dire in pubblico: «Sia ben chiaro che se padre Pagano vuole usare la macchina elettrica, libero di farlo, ma noi no! Perché per contratto, noi siamo entrati quando le macchine elettriche non c'erano». Questa era la mentalità.

LA GUERRA CONTRO MACCHINE DA SCRIVERE ELETTRICHE E COMPUTER

Considerarono lei e l'innovazione come una sorta di eversione...

Un'eversione dell'ordine costituito. E quindi si può capire che, quando io poi sono divenuto viceprefetto e ho cominciato a introdurre i vecchi computer di una volta, quelli a torretta, ricordo, molto scomodi ma molto necessari, perché si sa che si lavora ormai così, anche allora ci fu una levata di scudi. Difficoltà a non finire, gente che ha detto che non li avrebbe mai accettati, che loro non avevano fatto addestramento per usare questi mezzi; insomma, io ho dovuto usare, come credo tutti in Vaticano, molta pazienza. E tolleranza. Per dare questi mezzi ai giovani e lasciare i vecchi con le consumate macchine da scrivere. Fino a che questi fossero andati in pensione, sostituirli poi con giovani bravi, valenti, già di questa nuova aria buona, di servizio, e sono riuscito, con l'aiuto dei superiori della Segreteria di Stato, in questo piano di cambio del personale, quindi anche a introdurre i computer. Allora, semplicemente, computer da tavolo: quelli per lavorare e scrivere. Poi, gradualmente, con gli anni siamo passati alla rete informatica interna, con lavori molto lunghi, e oggi siamo tutti collegati in rete, c'è un server centrale, abbiamo sviluppato diversi servizi, in pratica è diventata, come in tutti gli uffici, una normalità.

Da come ne parla, sembra sia stata una rivoluzione tipo mettere l'illuminazione elettrica nell'Archivio nel 1971.

In effetti le somiglia. Quella fu un'altra vicenda singolare. Solo nel 1971 il prefetto, monsignor Giusti, fece una richiesta all'APSA, l'organismo che deve pagare i lavori in Archivio, per portare la luce elettrica al secondo piano dell'Archivio che ancora non l'aveva: si lavorava con la candela.

Perché si lavorava con la candela?

Perché si aveva timore dei cavi elettrici. Si temeva che potessero provocare cortocircuiti e incendi. Su tutti i piani sono sistemati documenti molto antichi e in armadi di legno.

Quante persone ha assunto da prefetto?

Durante gli anni della mia prefettura fino a oggi ho presentato per l'assunzione circa quarantacinque persone su un totale di cinquantacinque dipendenti. Ho rinnovato, di fatto, tutto il corpo degli ufficiali e degli inservienti: tutti quelli che sono necessari alla macchina per funzionare. Mi è anche riuscito, grazie a Dio, di alzare molto il livello culturale del personale; ad esempio, ho assunto sempre più persone qualificate, laureati, tecnici diplomati, restauratori, mentre quando sono entrato qui i laureati erano pochissimi. Anche quei due sacerdoti toscani che sopra ho menzionato non erano laureati.

Laurea in che cosa?

Scienze umanistiche, letteratura, storia, soprattutto, e poi alcuni anche scienze sociali.

Erano tutti italiani?

Quelli che ho proposto per l'assunzione sì, tutti italiani. C'è stato un tentativo di assunzione di un diacono della diocesi di München, ma non mi fu concesso dall'arcivescovo; la cosa non andò in porto. Quindi, il personale cambiò, aumentò sempre di più il numero delle persone preparate. Oggi in sala studio ho quattro ragazzi giovani che portano i documenti ai ricercatori, fanno un lavoro molto umile, sono al secondo-terzo livello, ma due di loro sono laureati. Hanno la laurea breve, ma pur sempre una qualifica. Quindi, ne ho potuto far laureare ventotto, in questi anni, e questo ha elevato molto il livello di tutto il personale.

Forse la cosa che colpisce di più è una marcata apertura all'esterno. Da che cosa dipende?

Facendo questo lavoro di qualificazione dell'Archivio, le persone hanno lavorato sempre di più e sempre meglio. Quindi, se lei va in sala e confronta gli inventari che erano fatti nel 1950 con quelli di oggi, trova un abisso. Quelli là erano semplici elenchi, questi hanno introduzione storica, note, descrizioni particolari, dicono molto di più. E questa è un'apertura ai fondi perché, se uno studioso che viene dall'America o dalla Francia, mette piede qui, l'unica via per sapere cosa c'è è il vaglio degli inventari che descrivono i vari fondi dell'Archivio. Ma se l'inventario è cieco o troppo generico, non aiuta.

Quindi il primo lavoro è stato sugli inventari...

Sì, e i nuovi inventari sono aumentati e migliorati, grazie ai giovani miei collaboratori. E questo ha avuto un effetto positivo sul mondo culturale esterno, che ha sempre ringraziato l'Archivio Vaticano per il servizio che presta. Non solo quello di accoglierli, ma anche di assisterli e di agevolarne il lavoro con questi nuovi inventari. Anche in vista della recente apertura di Pio XII è stato fatto così: gli strumenti di ricerca nostri guidano lo studioso verso tutta la gamma dei diversi fondi. L'ultimo inventario di questo genere è quello che ha fatto il dottor Giovanni Coco sulle carte del sostituto della Segreteria di Stato, molto particolareggiato. E il riscontro dal mondo accademico e scientifico è stato molto positivo. Dopo di che, a parte le opere murarie che abbiamo fatto, nuove sale, nuove illuminazioni eccetera, mi è riuscito di qualificare anche le pubblicazioni. L'Archivio ha una collana di pubblicazioni (*Collectanea Archivi Vaticani*) che è iniziata verso gli anni Sessanta del Novecento, ma era ferma al numero 10. Oggi siamo al numero 125, mi pare. Un bel cammino.

Titoli pubblicati dall'Archivio Apostolico Vaticano? Ne è parte anche il suo libro Conversazioni quotidiane *in due volumi sui fogli di udienza tra Pio XII e Giovan Battista Montini?*

Fa parte di questa collana, a cui sono riuscito a dare un impulso notevole, grazie all'aiuto dell'intera squadra di assistenti, scrittori e archivisti che abbiamo radunato. E fra gli autori della collana ho accolto studiosi esterni, cosa che prima non si faceva: specialisti indipendenti dall'Archivio. Italiani, francesi, austriaci, tedeschi, olandesi, hanno pubblicato da noi, la collana si è arricchita, ha cominciato a essere conosciuta in tutte le università, nelle biblioteche; abbiamo diversi scambi di pubblicazioni con Archivi di Stato e con istituzioni culturali. È un lavoro che mi è riuscito grazie a Dio e grazie alla collaborazione di tutti, e non ho ancora smesso. Perché dai miei ufficiali continuo a esigere inventari e lavori di questo genere e li ottengo con questo meccanismo di progresso, e naturalmente anche di riconoscimento perché, se un ufficiale lavora bene, è sempre riconosciuto. Naturalmente ho cercato di promuovere e favorire la carriera di tutti gli ufficiali che ho potuto e che fossero meritevoli, sia con gratificazioni, sia facendoli pubblicare nelle nostre collane.

Quando sono venuto a studiare da voi per il libro Imperi paralleli *sui rapporti storici tra Vaticano e Stati Uniti, si faceva ricerca in una sala studio molto grande. L'avete rinnovata?*

È stata fatta con la mia prefettura, sì. Prima avevamo solo una sala, quella antica (approntata sotto Pio XI), quella di destra, che ha oggi circa quarantotto posti; poi ho fatto costruire la sala nuova degli indici, dove un tempo c'era la prefettura. Io avevo l'ufficio lì. Divenuto prefetto non potevo sopportare di avere un ufficio enorme quando gli studiosi erano tutti bloccati nell'altra sala. Quindi mi sono trasferito qui, dove c'era un deposito di pergamene, spostate altrove, e dove noi ci incontriamo.

«LE CHIAVI DELL'ARCHIVIO LE HA SEMPRE IL PREFETTO»

Una domanda che riguarda la sua vita da prefetto. Lei ha dovuto prendere delle precauzioni per quanto riguardava la sua vita qui in Vaticano? Lei racconta di avere la chiave della cassaforte del bunker. Chi le ha dato la chiave? Da chi le arriva?

Le chiavi le ha sempre il prefetto. Chiunque diventi prefetto, quando entra in carica, ha la consegna delle chiavi dell'Archivio.

E lei prende delle precauzioni per conservare queste chiavi?

Le ho solo io, ma sono le chiavi di accesso ai portoni, diversi ingressi dell'Archivio. Ma sono tranquillo: il mio personale sa come chiudere, come aprire, spegnere le luci, assumere cautele.

Lei non prende precauzioni particolari...

No no, il personale in questo è qualificato molto bene. Stacca sempre la luce generale. Comunque, per regolamento, il prefetto ha l'appartamento attaccato all'Archivio. Proprio per questo il mio appartamento sta laggiù, alla piazza della Fontana del Sacramento, ma è attaccato all'Archivio. Se io apro una porta interna vengo direttamente in Archivio. Il motivo di questa vicinanza è che io vedo, uscendo dalla mia casa nei giardini, le finestre e le porte dell'Archivio e della Torre dei Venti. Se ci fosse una luce accesa o se si aprisse una finestra, cosa che è capitata con forti temporali, posso arrivare in pochi minuti. Una volta ci fu un temporale così violento che aprì le finestre della Torre dei Venti, dove abbiamo i soffitti in legno di Paolo V e Gregorio XIII, abbiamo alcuni affreschi, è rischiosissimo se entra acqua. Io venni in Archivio e chiusi tutto, ma era notte. Poi i gendarmi che passano durante la notte in tutto il Vaticano a fare l'ispezione, se trovano che una porta è aperta mi telefonano. A qualunque ora. E io devo essere disponibile a venire a vedere, se si è aperta per caso o per altri accidenti.

È successo una volta che la porticina della Scuola Vaticana chiudeva male, però...

La Scuola di Paleografia?

Sì, che è collegata con l'Archivio al piano terreno, della portineria, sul Cortile del Belvedere. La porticina della Scuola era aperta. I pompieri mi chiamarono, io venni e facemmo un'ispezione per vedere se c'era qualcuno. Ma probabilmente era stata spalancata dal vento, chiudeva male. I pompieri vaticani fanno un verbale nel quale si nomina la mia presenza: il prefetto è venuto, abbiamo constatato che è tutto a posto; si spegne la luce e tutto si chiude.

Com'è il suo appartamento, quanti metri quadri sono?

Qui abbiamo spazi enormi, lunghissimi corridoi, ma il mio appartamento è modesto, molto modesto, sta sul cortile della cosiddetta Fontana del Sacramento. È attaccato all'Archivio. Io entro da fuori per fare quattro passi, o se mi serve la macchina, ma se volessi potrei entrare anche da dentro.

Quale fu il suo primo lavoro?

Appena entrato, il prefetto mi disse, insieme con il viceprefetto: «Lei si occupi del censimento degli archivi ecclesiastici d'Italia». Che era una ricca documentazione in contenitori Buffetti, che stava al secondo piano, buio, completamente buio, polveroso; oggi vi sono le nuove sale Sisto V. E quindi andai giù, misi un tavolinetto e cominciai a vedere cosa c'era dentro quei contenitori; e c'era molto di interessante. Praticamente, il cardinale Giovanni Mercati, che era archivista e bibliotecario, nel 1942, per autorità del papa, fece un censimento mandando una circolare a tutti i vescovi d'Italia perché compilassero schede già predisposte e relative ai loro archivi diocesani, di parrocchie, di confraternite, di monasteri, conventi ecc. Perciò in queste schede compilate sul luogo e rispedite in Vaticano abbiamo la radiografia di tutte le diocesi d'Italia durante la guerra. Per cui, da quei moduli si apprende che molta documentazione poi è stata danneggiata, è stata perduta, ma noi sappiamo che c'era grazie a questo censimento, che era messo quasi in un angolo dell'Archivio e dimenticato. Perché? Questo censimento era stato fatto anche grazie all'aiuto del professor Giulio Battelli, che era un bravo diplomatista, paleografo, molto intelligente, che aveva lavorato in Archivio per tanti anni. Quando sono entrato io già era in pensione. Era un cervello valido, ma era una persona che voleva fare quasi tutto lui, e quindi si era inimicato il prefetto e il viceprefetto. Però Battelli aveva il merito, con il cardinale Giovanni Mercati, che di lui si fidava, di avere viaggiato anche con le SS per tutti gli archivi del Lazio, per salvare opere d'arte e manoscritti. Sotto i nazisti. Poi anche lui mi raccontò tante cose, ma la sua azione la vidi riflessa in quelle carte. Erano circa quaranta-cinquanta buste e conservavano tutti i moduli, diocesi per diocesi, parrocchia per parrocchia, di tutta Italia, isole comprese. Sistemare quelle carte, ordinarle, fu il mio primo lavoro.

CON UNA SCORTA DELLE SS PER RITROVARE I MANOSCRITTI

Accompagnato dalle SS? Strana scorta.

Lui aveva una macchina e il passaporto vaticano che gli permetteva di viaggiare per tutto il Lazio.

Per quale motivo lo scortavano le SS tedesche? Anche a loro interessavano i documenti?

Per proteggerlo. Credo che fosse Kesselring che ci aveva dato il permesso di recuperare dalle chiese bombardate o che fossero pericolanti sia le opere d'arte, sia, soprattutto, gli archivi. E qui, dal '42 al '43, si fece questo censimento. Questo fu il primo lavoro che feci: io schedai tutte queste buste, cosa contenevano, grossomodo eh, però quando stavo a metà dell'opera, fui chiamato dal viceprefetto, il quale mi disse, mi ricordo bene: «Monsignor prefetto è molto contento di lei, però raccomanda di andare adagio, di lavorare con calma». Perché in poco tempo io avevo quasi finito il lavoro, e questo non andava bene. Perché allora si sarebbe visto che i lavori, se si vuole, si possono fare in tempi non biblici. E siccome qui non si operava così, allora io avrei dovuto...

E lei ubbidì?

Per niente, sono andato avanti per la mia strada. Dopodiché sono entrato un po' più nell'ambiente, ho capito che bisognava guardarsi da certi personaggi, buongiorno e buonasera, tutto doveva finir lì. E poi mi diedero un ufficio giù in fondo, di fronte alla Cappella Sistina, dalla parte del Cortile della Sentinella, un po' buio ma molto buono, e là cominciai a proporre io stesso possibili lavori, perché il prefetto, anche se io fossi stato lì a leggere il giornale non mi avrebbe detto niente. Ma siccome la coscienza ce l'ho e lo stipendio bisogna guadagnarlo, ho proposto alcuni lavori che poi ho fatto negli anni. Proposi allora un grosso lavoro sulla

Congregazione della visita apostolica a Roma. Perché le carte stavano negli scaffali vicini al mio ufficio; io ogni giorno passavo di lì, vedevo queste carte, vedevo i numeri delle buste ma non capivo cosa ci fosse dentro. Sono sempre stato curioso. Noti bene che, in pratica dopo un anno che io ero qui, chiesi al prefetto il permesso di venire anche alla domenica mattina, da solo.

Proprio il contrario di quello che le avevano chiesto, e cioè di non lavorare troppo e troppo in fretta.

... Perché la domenica il prefetto, che abitava dove abito io adesso, accanto all'Archivio, veniva anche lui per scrivere lettere, per cose sue e spesso ci incontravamo. Lui mi diede il permesso; io la domenica andavo alla stazione interna dei pompieri, prendevo le chiavi, venivo in Archivio e cominciavo a girare tutto, per rendermi conto di cosa c'era negli infiniti scaffali. Fino nei più piccoli meandri, nei fondi più lontani, nei cosiddetti «Soffittoni»; il tutto per farmi un'idea delle carte archiviate. Ma non era un girare per girare. Passavo intere mattinate a studiare i fondi. Aprire le buste, vedere cosa c'è dentro, leggere le pratiche.

Cosa sperava di trovare?

Tutto quello che c'era di interessante, e qui è tutto interessante. E uno di questi fondi, che ogni giorno vedevo, era quello della visita apostolica a Roma. Chiesi di fare l'inventario, che non c'era; si aveva un semplice elenco di buste. Mi diedero il permesso, cominciai a lavorare; ci ho lavorato per due o tre anni, perché il fondo era complesso. La Congregazione della visita apostolica era stata istituita da Clemente VIII verso la fine del Cinquecento, e aveva lo scopo di fare periodiche ispezioni a tutte le parrocchie e chiese di Roma. Quindi, proprio una visita che il papa, in quanto vescovo di Roma, mandava nelle varie parrocchie. E poi, leggendo i verbali delle visite che cominciano alla fine del Cinquecento e arrivano a tutto l'Ottocento lei capisce che si ha una radiografia delle chiese di Roma, con le opere d'arte, gli altari, le devozioni, le reliquie, perché il visitatore vedeva tutto e poi faceva una dettagliata relazione.

Preparai un repertorio, che poi pubblicai, della visita apostolica alle chiese di Roma. Con tutte le descrizioni che si trovano in questi documenti.

Era così importante?

Forse dall'esterno non si pensava che lo fosse. Ma per chi studiava la materia, lo era moltissimo. E infatti il fondo, specie dopo la mia pubblicazione, fu saccheggiato dagli storici dell'arte, perché non ne conoscevano l'esistenza. Si sapeva che in Archivio esisteva un fondo «Visite apostoliche» ma non si sapeva cosa contenesse. Ho potuto dimostrare che, chiesa per chiesa, abbiamo i verbali del visitatore che dicono lo stato di un determinato edificio sacro, fin nei dettagli materiali; ancora oggi è il mio lavoro più citato nei libri di storia dell'arte per Roma. Ma, girando come dico in tutto l'Archivio, feci la scoperta di tanti fondi che avrebbero avuto bisogno di inventari, di approfondimenti. Bisognava portare alla luce quelle che erano le ricchezze dell'Archivio, solo elencate nelle varie voci dell'*Enciclopedia Cattolica* e poco più.

LA LEZIONE DEI BARNABITI

Da dove le viene questa curiosità?

Dall'amore per la ricerca. Io sono sempre stato, già quando ero studente nei Barnabiti, una persona che amava studiare, ho sempre studiato. In più ero assistente dei chierichetti del Gianicolo, che servivano le messe ma avevano un'associazione; facevo loro lezioncine di liturgia, e mi ricordo che padre Umberto Fasola, che era un famoso archeologo e insegnava topografia romana all'Istituto di Archeologia Cristiana, mi prese a benvolere e mi volle suo assistente lì. Facevo lezione a tutti i chierichetti che adesso sono tutti sposati, mi ricordano, alcuni vengono qui a trovarmi; fu un bel rapporto. Per dire, quando padre Fasola compì forse i settant'anni io e un mio confratello, padre Paolo Rippa, gli regalammo un volumetto dattiloscritto. E siccome ero assistente di questa associazione che si chiamava «San Domenichino de Val», un martire spagnolo, feci uno studio su questo santo. La mia passione era sempre lì: non dare niente per scontato. Fare sempre ricerca. Che Carlo Magno sia stato incoronato tale giorno, dove lo si scrive, chi lo dice, che appigli documentali esistono? Ho sempre sentito quasi il bisogno di toccare con mano le fonti. Non fidarsi di quello che si dice, andare sempre a verificare.

Lei direbbe di avere un approccio alla ricerca storica non annebbiato da riserve clericali: un approccio laico?

Io sono convinto da sempre che la Chiesa cattolica non sia una società a delinquere ma una società che ha fatto del bene e ha portato alla civiltà, della luce, stante il suo fondatore che è morto sulla croce per la salvezza dell'umanità. Per questo non ho paura di dire anche le cose storte o negative, prima perché sono accadute, poi perché sono gli accidenti di una famiglia, in cui i figli non sono tutti uguali e tutti sempre buoni. Conosco dalle molte carte il bene che la Chiesa ha fatto. Conosco anche figure e periodi di decadimento e brutture nella sua storia. Ma non ho paura di parlare delle une e delle altre.

Non ha mai avuto paura nemmeno di trovare qualcosa di terribile sulla Chiesa?

No, mai. Si trovano i peccati degli uomini o degli uomini di Chiesa così come si trova il grande bene che questi uomini hanno fatto, perché c'è tantissima luce. Le ombre sono molto meno. Adesso si vuol far credere che la Chiesa sia fatta di pedofili, di gente squilibrata, illusa, ma non è vero per niente. È il rumore dell'albero che cade che oscura la buona crescita della silente foresta.

LO SCANDALO DEL CARDINALE BORGHESE

Quale scoperta le ha procurato maggiore sorpresa e sconcerto?

Non so se questo si può dire. Non trovo più il documento purtroppo. Il documento c'è, era nel fondo Borghese, mi ricordo bene.

Della famiglia aristocratica romana dei Borghese?

Del cardinale Camillo Borghese che poi divenne Paolo V. Quando io ero viceprefetto, avevo accesso alla documentazione un po' riservata che oggi sta dietro quella porta. E lì c'era anche, mi ricordo bene, il documento che mi ha impressionato di più: una denuncia in due fogli, che era stata appunto separata dal fondo Borghese, data la delicatezza, e collocata nell'Archivio riservato del prefetto; ma io l'ho rimessa a posto, perché non volevo che quel documento fosse ignorato dagli storici. Sta al suo posto nel fondo Borghese; in quale serie non lo so, nel fondo sono archiviate quattro serie. Il ricercatore potrà trovarla. In questa denuncia dei primi decenni del Seicento – lo capii dal tipo di inchiostro, dalla mano tipica del Seicento, ma la data non la ricordo –, che proveniva da una diocesi emiliana, probabilmente da parte di un sacerdote, si accusava un vescovo, e questa è la cosa che mi ha impressionato, perché il giorno delle Palme benediceva i rami d'ulivo e la notte andava a portarli a tre sue amanti. Le palme benedette. Forse faceva anche dell'altro, ma a impressionarmi fu il fatto che ci fosse un vescovo che nella Settimana Santa, dopo la benedizione delle Palme che rappresenta uno dei gesti più toccanti dell'ingresso di Gesù a Gerusalemme, si permettesse di fare questo gioco. Ne fui colpito negativamente e profondamente. Però non avendo approfondito la cosa non so se la denuncia fosse vera o non vera, però mi impressionò. Comunque, il documento è al suo posto ed è consultabile da chi fosse interessato a trovarlo.

Lei evoca una porta dietro la quale sarebbero conservati documenti compromettenti, «delicati», come dice. Perché, cosa c'è?

C'è l'Archivio riservato del prefetto. Non documenti, sono tutte le cartelle del personale, le cose che riguardano la vita amministrativa, oppure non so, delle lettere anonime che ogni tanto arrivano, ma documenti d'archivio no. Quella denuncia era una eccezione, e io l'ho rimessa al posto in cui stava.

Perché era lì allora la denuncia su un vescovo emiliano?

Perché avevano forse paura, in passato, che fosse trovata nel fondo, l'avevano levata e portata lì. Personalmente, non ho mai avuto paura di trovare qualcosa di enorme o troppo scottante. Il primo papa è Pietro, quello che ha tradito Gesù; quindi, non c'è da stupirsi di niente: ci sono i peccati ma c'è il grande bene che s'è fatto, c'è la grazia di Dio che opera nei buoni. E soprattutto, quello che impressiona me, è che se Virgilio nell'*Eneide*, designa la missione di Roma con le parole scultoree: «Ricorda, o Romano di dominare le genti; queste saranno le tue arti, stabilire le norme della pace, risparmiare gli assoggettati e debellare i superbi», anche nella Chiesa possiamo vedere una missione universale di civiltà, oltre che di fede: la missione di Cristo è quella di illuminare le genti con la luce del Vangelo.

Per me, come diceva Miguel de Unamuno, celebre poeta spagnolo, contemporaneamente la Chiesa è una società di fede e di civiltà. Perché, dato il fondatore che era uomo-Dio, che conosceva gli uomini, ha avuto un'eredità di luce. «Voi siete la luce del mondo», non si mette la lucerna sotto il moggio, si mette in alto perché faccia luce a tutti. Io ho sempre visto nella Chiesa il duplice aspetto di una società che porta il messaggio religioso, inevitabilmente fedele a questa sua missione, ma che, insieme al messaggio religioso, quasi per riflesso, porta la civiltà. Si può discutere, eccome, se la Chiesa abbia sempre agito in tale sua missione per interessi propri, di potere, di conservazione, oppure per il bene dei popoli, dei fedeli. Ma anche quando, tragicamente, la Chiesa ha imposto il suo messaggio con la forza ed è caduta nella tentazione di Cesare, non si può dire che perciò l'altezza della sua missione fosse neutralizzata; vi erano santi e forze interne che gridavano allo scandalo, semmai, e che lavoravano per una conversione.

«QUI SCOPERTE SE NE FANNO SEMPRE...»

Lei ha girato l'Archivio Segreto in lungo e in largo per quarantaquattro anni. Si sentirebbe di affermare che sa tutto quello che contiene?

No, sicuramente no, e spiego perché. Oggi sappiamo generalmente tutto quello che c'è, ma ogni tanto facciamo scoperte. Perché essendo fondi grandi, quattrocentocinquanta diversi archivi, potremmo dire, come fa lei a controllarli tutti? Solo che, quando noi andiamo a studiare, e facciamo inventari più aggiornati di quel tale determinato fondo, può capitare che nella congerie di carte ci si accorga che si tratta di due o tre spezzoni di archivi diversi, confluiti per diverse ragioni in un solo fondo. Quindi scoperte se ne fanno sempre.

I fondi provenienti dalle famiglie arrivano direttamente o attraverso gli ordini religiosi?

Quelli che abbiamo noi, di famiglie storiche come i Borghese, i Boncompagni-Ludovisi, i Ruspoli-Marescotti, i Della Valle-Del Bufalo, i Rospigliosi, i Colonna, almeno una parte dei Colonna, vengono direttamente dalle famiglie che li donarono al papa. E il papa li faceva versare subito qui, si capisce; è il suo Archivio.

È mai capitato di rifiutare fondi giudicati poco interessanti?

Nel passato è successo. Ricordo che erano state offerte certe pergamene a monsignor Mercati, sempre prima del 1955, pergamene che ora stanno a Gaida, vicino a Reggio Emilia. Erano pergamene certamente molto utili storicamente ma non direttamente riguardanti il papato e la Chiesa. E gli eredi che avevano avuto le pergamene per testamento chiedevano una somma alta per la loro vendita. Bisognava comprarle, ma la Santa Sede fu di avviso contrario: se fossero state pergamene papali, pontificie, di curia, allora sì, forse se ne sarebbe fatto l'acquisto. Ma per cose esterne allo stretto interesse curiale si credette che non valesse la pena.

E queste famiglie le regalarono, invece, al papa.

Le famiglie nobili, molto blasonate, che abbiamo menzionato sopra, regalarono i loro archivi quando ancora si poteva fare; non esisteva la legge sui beni culturali in Italia, che vincola i beni che insistono su suolo italiano; ora tali donazioni non sarebbero possibili.

Quindi fino...

Fino agli anni Settanta del secolo scorso. Poi subentrò la legge sui beni culturali dell'Italia come inalienabili dal territorio, per cui se anche una famiglia nobile volesse oggi donare il suo archivio al Vaticano, non potrebbe più farlo, perché la prelazione su quell'archivio, se notificato, la esercita lo Stato italiano, la Sovrintendenza archivistica. E penso che si tratti di una legge giusta.

Capitolo III

Processo a Galilei
La storia «purificata»

UNA FIRMA TAGLIATA

Quando cominciò a occuparsi del processo a Galilei?

Cominciai quando Giovanni Paolo II, nel 1979, radunò una commissione di studio per fare luce su quanto era accaduto nel famoso processo di Galileo. La commissione era composta dal cardinale Gabriel-Marie Garrone e dal cardinale Carlo Maria Martini, più alcuni studiosi, uno dei quali era monsignor Michele Maccarrone, che all'epoca era il presidente del Pontificio Comitato di Scienze Storiche, e l'altro il professor Mario D'Addio, che aveva già scritto sul processo di Galileo. La commissione si radunò molte volte, ma io non ne facevo parte. A me fu chiesto, da parte dei superiori dell'Archivio, sempre tra il '79 e l'80, di studiare il manoscritto del processo...

Lei era semplice archivista?

Scrittore, neanche archivista.

Che cosa vuol dire scrittore, scusi? E qual è la differenza?

È un titolo che hanno gli ufficiali dell'Archivio sotto gli archivisti. Perché il massimo vertice della gerarchia scientifica è l'archivista, e sotto ci sono gli scrittori, poi gli assistenti, viceassistenti ecc. Allora mi fu chiesto se me la sentivo di andare al Sant'Ufficio, con tutti i permessi del papa, per vedere se si poteva preparare un'edizione migliore degli atti del processo di quella che aveva fatto Antonio Favaro, editore di tutta l'*opera omnia* di Galileo: moltissimi volumi, molto ben fatti, fondamentali ancora oggi per chi voglia trattare di Galileo.

Ricordo che dissi: «Ma io non ne so nulla, so appena che la terra è rotonda, sì e no», ma mi dissero: «Non importa, lei veda il volume del processo che abbiamo qui, e intanto ci pensi».

Quello famoso che era stato portato in Francia da Napoleone con tutto l'Archivio Vaticano, e restituito solo nel 1843?

Esattamente. E poi aggiunsero i miei superiori: «Vada al Sant'Ufficio per vedere se trova qualcosa di nuovo, che magari possa essere utile a una nuova edizione del processo».

Quindi l'Archivio non aveva tutte le carte del processo.

Le aveva, ma non sapevamo se fossero tutte. Altri documenti potevano stare al Sant'Ufficio.

Sconosciuti...

Mah, sconosciuti sì e no. Si trattava di alcune censure di libri che trattavano di Galileo, ma veri documenti sul processo, inediti, non c'erano, perché in realtà Favaro aveva fatto una buona edizione degli atti del celebre processo; pubblicò nel 1902 un intero volume dedicato al processo di Galileo. Parlo di Antonio Favaro, uno studioso fiorentino molto, molto competente. Quindi io rimasi con l'impegno di studiare la cosa, anzitutto le carte del processo che sono in Archivio Vaticano e che contengono la gran parte degli interrogatori, degli allegati, la proibizione di Bellarmino ecc. Poi avrei dovuto andare al Sant'Ufficio (che aveva già mutato nome in Congregazione per la Dottrina della Fede) per vedere che cosa si trovava. Obbedii e feci questo lavoro tra l'80 e l'84.

Quindi quattro anni di ricerche.

Sì, quattro anni di ricerche perché l'archivio del Sant'Ufficio era chiuso, polveroso, buio. Io andavo ma di tanto in tanto, perché non potevo impegnare troppo l'archivista, che era padre Innocenzo Mariani, un sant'uomo, un religioso molto bravo. Però era un Archivio chiuso, nel quale si indagava tra molti disagi. Per poter cercare, dovevo andare sul posto, guardarmi tutti gli scaffali e vedere tutti i volumi che in qualche maniera potevano interessare Galileo, se non altro come epoca. E così ho fatto.

UNA COMMISSIONE PER «PURIFICARE LA MEMORIA STORICA»

Quale fu la ragione per la quale Giovanni Paolo II volle questa commissione?

La ragione per cui fu costituita questa commissione che ha dato poi origine ad alcuni volumi, nasceva dall'esigenza – così disse il papa – di purificare la memoria. Inoltre la commissione voleva riprendere la discussione sul caso Galilei, nata dopo la pubblicazione postuma, nel 1964 del libro di Pio Paschini *La vita di Galileo*. Si trattava di vedere come la Chiesa si era comportata nell'ambito di questo, come di altri processi o eventi storici. Giovanni Paolo II diceva: «Bisogna che noi prendiamo atto di quanto abbiamo fatto di giusto e anche degli errori che sono stati commessi». E quindi voleva vedere chiaro, attraverso una commissione di studi, su com'erano andate le cose su questo processo di Galileo. Del resto, era la volontà di alcuni prelati e cardinali, manifestata dopo il Concilio Vaticano II. Ora, io ritengo che la storia non vada né purificata né annerita, sbiancata, né benedetta: la storia è quella che è, si è verificata, il nostro compito è quello di comprenderla sempre meglio, e di inserire gli eventi storici nel contesto in cui sono accaduti, con la maggiore documentazione possibile, perché fino a prova contraria i morti non si possono resuscitare perché, se si potesse – e Dio solo lo può – allora Galileo ci spiegherebbe tutto. Ma siccome non si possono resuscitare i morti, bisogna far parlare le carte. Anche se oggi c'è una corrente negazionista, in seno agli storici, che dice che in fondo si potrebbe scrivere storia anche con le fonti orali, con le sole testimonianze. Lei capisce che è un po' difficile andare a trovare nel 1633 un testimone vivente.

Il problema è se ci sono le carte.

Le carte ci sono, nel caso nostro abbiamo qui il processo.

È un manoscritto del processo?

È una raccolta di carte che furono redatte proprio al Sant'Ufficio durante il processo a Galileo e negli anni immediatamente successivi alla sua condanna. Certa storiografia parla di due processi: uno nel 1616 (Galileo di fronte a Bellarmino) e uno nel 1633, Galileo di fronte all'Inquisizione. Ma in realtà è stato dimostrato che ci fu un solo processo che meriti questo nome, quello del 1633. Perché nel 1616 non ci fu un vero procedimento giudiziario; ci fu solo un procedimento disciplinare, assunto dal cardinale Roberto Bellarmino, che si limitò ad ammonire Galileo (certo per volontà del papa, Paolo V) affinché non difendesse per iscritto le opinioni di Copernico e quindi il sistema eliocentrico. Non doveva insegnare, né parlarne, né scriverne. Fino a che, con il procedere degli studi, degli esperimenti, degli approfondimenti che Galileo andava facendo, fino a che, diceva Bellarmino, fosse dimostrato effettivamente, attraverso il consenso scientifico di altri ricercatori, non solo di Galileo, che la teoria eliocentrica era quella giusta, e quella geocentrica era invece quella sbagliata.

Perché Copernico era considerato un eretico?

Non un eretico. Ma Copernico aveva pubblicato nel 1543 il suo *De revolutionibus orbium coelestium*, che è l'opera fondamentale in cui il canonico polacco sostiene la stessa cosa di Galileo, l'eliocentrismo. Però Copernico pubblicò quest'opera quasi sul letto di morte. La prima censura all'eliocentrismo, questo nessuno lo ricorda mai, non fu fatta da un cattolico, ma da un protestante. Quando si stava per pubblicare il volume di Copernico e l'opera era già sotto i torchi, Andreas Osiander, da prete cattolico divenuto luterano, scrisse una Prefazione all'opera, che non firmò e che restò per molto tempo anonima, *Ad lectorem de hypothesibus huius operis* (Al lettore sulle ipotesi di questo libro), nella quale sosteneva che l'eliocentrismo oggetto del libro di Copernico era solo una ipotesi matematica funzionale; un brutto tiro giocato al morente Copernico. Ma Osiander capì che la tesi sostenuta da Copernico implicava una vera e propria rivoluzione culturale. Quanto Copernico aveva scritto faceva saltare molti passi della Scrittura, poneva in dubbio l'esperienza, e via discorrendo. Quindi la vera prima censura al sistema poi propugnato e difeso da Galileo fu quella di un protestante. Curioso notare come il termine «ipotesi» sarà poi usato con Galileo nella celebre ammonizione di Bellarmino.

Quindi la Chiesa temeva che le tesi copernicane facessero saltare alcuni capisaldi della dottrina cattolica?

Certo. Copernico era già ritenuto, in alcuni ambienti, pericoloso, ma molto meno delle teorie di Galileo. Perché Copernico era un canonico, era cattolico, era sacerdote, quindi aveva scritto un libro di pura scienza senza immischiare la Scrittura. L'errore di Galileo, se si può dire errore, ma in realtà era in perfetta buona fede, fu di aver coinvolto la Bibbia per renderla compatibile in alcuni passi di certi suoi libri con il suo sistema, e anche per difendersi. Quindi, quello del 1616, di fronte a Bellarmino, non fu un vero processo. Notiamo però che nel 1616, quando a Firenze cominciarono a predicare certi domenicani contro Galileo, da diversi pulpiti, l'inquisitore di Firenze raccolse alcune denunce e le trasmise a Roma, avvertendo che quell'uomo era pericoloso, perché andava diffondendo scritti di matematica, di fisica, di astronomia che mettevano in difficoltà certi passi della Scrittura. Come si faceva a giustificare il passo del libro di Giosuè «Fermati, sole, su Gabaon» se il sole sta fermo e si muove la terra? Come si faceva a spiegare il passo del libro di Giobbe: «Scuote la terra dal suo posto e le sue colonne tremano. Comanda al sole ed esso non sorge»? Come spiegare il passo del primo libro delle Cronache: «Tremate davanti a lui o abitanti di tutta la terra. Sì, il mondo è stabile e non sarà smosso»? Come questo passo del Salmo 104: «Hai fondato la terra sulle sue basi, mai potrà vacillare»?

Galileo tentò di spiegare questi e altri passi della Scrittura, giustamente, interpretandoli con la limitata conoscenza scientifica dello scrittore sacro che li scrisse: lo scrittore non sbaglia quanto alle cose di fede, ma quanto a scienza era ignorante, quindi scriveva in una forma arcaica, quasi mitologica. L'errore scientifico non era certo di Dio, né poteva essere chiamata in causa qui l'ispirazione, che avrebbe riguardato un piano superiore. L'errore era solo dello scrittore del libro sacro.

Ma questo è stato un problema. Aver tirato in ballo la Scrittura. Nella famosa lettera che Galileo scrisse nel 1615 a Cristina di Lorena, granduchessa madre di Toscana, affermava che i passi della Bibbia che facevano difficoltà al sistema copernicano erano già stati interpretati e spiegati in senso favorevole da sant'Agostino, da san Tommaso d'Aquino, da Diego Stunica, con visioni diverse dal sistema tolemaico, ammettendo la Chiesa l'interpretazione allegorica della Scrittura, fra l'altro. Di qui nacque il problema. Perché questi passi citati da Galileo per difendere la sua teoria fecero apparire Galileo ai domenicani fiorentini come un mezzo eretico da ammonire.

In quel momento non si parlava affatto di processo. Galileo venne a Roma nel marzo del 1616, chiamato dal Sant'Ufficio, ma venne volentieri. Non ebbe difficoltà a presentarsi, quantunque fisicamente stesse già poco bene. Non doveva rispondere come inquisito. Parlò con il papa, Paolo V, e parlò anche con il cardinale Bellarmino, il quale lo convocò nel suo palazzo la mattina del 25 febbraio 1616. Ecco, questo è il fascicolo (Pagano lo estrae da una custodia). Questo è il volume processuale...

Della prima convocazione a Roma?

Sì, eccola. Convocazione di Galileo, 25 febbraio del 1616. Il cardinale gesuita Roberto Bellarmino chiamò Galileo nel suo palazzo, e qui, proprio il 26 febbraio, di fronte ad altri domenicani – Galileo ricorderà poi che erano vestiti di bianco: «Vi erano alcuni Padri di S. Domenico presenti, ma io non li conoscevo né gli havevo mai visti» – gli fece la famosa ingiunzione: «In ogni modo abbandoni la detta opinione di Copernico, che il sole sia centro del mondo e immobile, e la terra si muova, né detta opinione tenga per vera, insegni e difenda, sia con scritti, sia con parole, altrimenti si procederà contro di te nel Santo Officio».

Sennonché, nel 1633, quando sarà davvero processato, gli verrà contestata proprio la disobbedienza a questo precetto, perché ricordiamoci che Galileo non è stato condannato come eretico, ma come «vehementemente sospetto d'heresia, cioè di haver tenuto e creduto dottrina falsa e contraria alle Sacre e divine Scritture, ch'il Sol sia Centro della terra, e che non si muova da Oriente ad Occidente, e che la terra si muova, e non sia centro del mondo».

«ECCO LA COPIA CON LA FIRMA DI GALILEO AL PROCESSO»

Dal punto di vista personale, nei documenti come viene descritto Galileo?

Sempre bene. Galileo, bisogna dire la verità, soffrì molto, e si può capire, per gli attacchi dei suoi avversari, soprattutto religiosi, in particolare Domenicani e Gesuiti, i quali lo accusavano di volere quasi, a loro parere, strafare, fino a farsi un monumento per le sue scoperte. Questo non tutti lo gradivano. Anche tra i cardinali c'era chi l'appoggiava come un buon uomo, chi invece lo vedeva troppo scaltro. Però, nei documenti nostri Galileo è sempre descritto come un cattolico che al processo ha ascoltato con «pazienza» le accuse, si è giustificato, ha prodotto le sue ragioni e si è comportato bene. Ora, quando gli contestarono di aver disobbedito a quel precetto di Bellarmino, di aver difeso la sua teoria dandola per certa e provata, Galileo ammise di ricordare quella proibizione, e il precetto di Bellarmino Galileo lo aveva in tasca, in copia di sua mano.

E lui presentò la sua copia del precetto ai giudici. E oggi noi abbiamo la copia di mano di Galileo nel codice del processo. Ma abbiamo pure il precetto originale di Bellarmino, che corrisponde alla copia.

Negli Archivi c'è l'autografo di Galileo Galilei...

Ecco, questo è l'autografo di Bellarmino, che vietava a Galileo... «Noi Roberto cardinale Bellarmino havendo inteso...» ecc.

Manca l'autografo di Galileo?

No, lo abbiamo. Galileo sottoscrisse l'interrogatorio del 12 aprile 1633 nel quale gli veniva contestato il famoso precetto che lui stesso conosceva e aveva accettato. Quindi lui ammise che il cardinal Bellarmino lo aveva ammonito. Solo che i giudici gli presentarono il precetto dov'era scritto: «*Quovis modo teneat, doceat, aut defendat, verbo aut scriptis...*». Galileo replicò di non ricordare quelle parole: «Io non mi raccordo ne anco che vi fusse quella particola, quovis modo, ma può esser ch'ella vi fusse». Insomma, non ricordava nel 1633 che nel 1616 gli era stato formalmente vietato da Bellarmino, non solo di dare come ipotesi matematica la tesi copernicana, ma di insegnarla o difenderla in qualsiasi modo. Certo Galileo si rendeva conto che quella clausola «quovis modo teneat...» (in qualunque modo) era per lui ormai disastrosa, perché con la pubblicazione del *Dialogo sopra i massimi sistemi* del 1632 aveva palesemente contravvenuto a quel famoso precetto.

Ma Galileo aggiunse anche un'altra cosa nel suo interrogatorio del 12 aprile 1633, che per me è ancora sibillina e solo se resuscitasse Galileo potrebbe chiarire. Perché non fu mai chiarita. Disse agli inquisitori: «Mi raccordo che il negotio passò in questa maniera. Che una mattina il Signor cardinale Bellarmino mi mandò a chiamare, e mi disse un certo particolare, qual io vorrei dire all'orecchio di Sua Santità prima che ad altri».

Il papa non lo ricevette più in seguito. E quel «certo particolare» Galileo se l'è portato nella tomba.

E lei come se lo spiega? Può azzardare un'ipotesi?

Un'ipotesi la faccio. Conoscendo Bellarmino, che era gesuita e come tale aveva tutto un modo di ragionare proprio e finissimo, ed essendo egli in contatto con suoi confratelli studiosi di astronomia, stimando solo possibile il sistema copernicano, secondo lui ancora non dimostrato, avrebbe potuto dire privatamente all'orecchio di Galileo, spogliandosi della sua veste di inquisitore, parole come queste: «Forse il sistema che tu proponi potrebbe avere un futuro, ma per ora tu non pronunciarti in modo apodittico, stai calmo, in silenzio, e continui i tuoi studi. Poi...». Praticamente gli avrebbe potuto suggerire questo, a mio parere.

Ma nella commissione che lo giudicava c'erano studiosi all'altezza del compito? In questa commissione per l'Inquisizione c'era anche un sacerdote convinto di una certa lettera...

I censori erano spesso teologi o filosofi, quasi tutti religiosi e di discreto o buon livello. Uno di questi però, di cui parlo anch'io nel mio volume sul processo, era un certo gesuita ungherese: Melchior Inchofer, del Collegio Germanico-ungarico di Roma. Inchofer, che era tra coloro che dovevano giudicare Galileo, aveva scritto nel 1629 un'opera che stava tra il letterario e il teologico, cioè le *Epistulae beatae Virginis Mariae ad Messinenses*, ovvero due lettere della Madonna ai messinesi! Era un'opera che poi fu posta all'Indice. Questo gesuita era arrivato a scrivere e a sostenere un assurdo: che la Madonna avesse scritto lettere in ebraico agli abitanti di Messina!

Di che cosa si tratta?

Nel porto di Messina c'è una grande colonna sormontata da una statua della Santa Vergine, che è venerata come «la Madonna della Lettera», perché si tramandava per una credenza popolare che la Madonna avesse scritto ai messinesi una lettera piena di elogi per la loro fede cristiana, predicata dall'apostolo Paolo nella loro città. Ma sapeva scrivere la Vergine Maria? Poteva concepire una lettera di quel tipo? E sapeva dov'era Messina? Si trattava di una leggenda indifendibile, ma Inchofer la difese comunque, nel 1629. Quindi mi chiedo, un religioso che prende questa posizione, poteva esprimersi con competenza su cose storiche e soprattutto scientifiche com'erano i dialoghi di Galileo? Eppure...

UNA SENTENZA SCRITTA IN ANTICIPO

Sembra di capire che la sentenza fosse scritta in anticipo.

Dobbiamo tenere conto di tante cose, sa; su Galileo ci sarebbe da parlare per giorni. Però a leggere la sentenza di condanna di Galileo del 22 giugno 1633 bisogna riconoscere che fu redatta molto bene, con la narrazione precisa degli antecedenti del 1616, degli anni seguenti e degli atti del processo del 1633. La condanna era motivata dall'aver Galileo creduto e difeso, anche con suoi scritti, la dottrina di Copernico, malgrado l'ammonizione di Bellarmino, ed essere così andato contro alcune sentenze della Scrittura.

L'opera che più di tutte quelle galileiane motivava la sentenza era proprio il *Dialogo sopra i due massimi sistemi del mondo*, dove la tesi copernicana è data come la sola plausibile, mentre lo scienziato pisano irrideva anche personaggi che difendevano la tesi opposta, tolemaica, e fra questi anche Simplicio.

E perché era considerato irridente e offensivo?

Il *Dialogo*, nella costruzione letteraria di Galileo, si svolgeva fra tre personaggi: Giovanni Sagredo, nobiluomo veneziano, amico di Galileo, Filippo Salviati, astronomo e nobile fiorentino, e Simplicio. Quest'ultimo, si capisce dal nome stesso, era un ingenuo, un ottuso sostenitore dell'aristotelismo. La questione delicata fu che Galileo mise in bocca a Simplicio alcuni ragionamenti che aveva ascoltato da Urbano VIII. Il papa era un Barberini, un uomo che non poteva essere preso per il naso, colto e raffinato, il quale riconobbe in certe frasi di Simplicio alcuni di questi suoi ragionamenti esposti in certe passeggiate con Galileo.

Riconobbe sé stesso nelle frasi di Simplicio?

Certo. E si infuriò. Perché uno dei ragionamenti che fa Simplicio nel *Dialogo* era stato fatto da Urbano VIII con Galileo; in soldoni si può riassumere così: «Io credo di poter dimostrare che il sole sta fermo e che sono la terra e i pianeti che girano attorno ad esso» avrebbe detto Galileo. Il papa lo incalzò: «Ma hai le prove di quanto dici?». «Sì, bisogna ancora studiare, ma credo di poterlo dimostrare con diverse prove.» «Ma ascoltami» disse Urbano VIII che era un buon teologo: «Chi ha creato il mondo?», e Galileo: «Dio ha creato il mondo». E il papa: «Ma, secondo te, in quanti modi Dio poteva creare il mondo?». «In tutti i modi che voleva lui.» «Quindi, se tu adesso dici che Dio poteva creare il mondo solo secondo il sistema eliocentrico, perché solo così si spiega la rotazione della terra, l'illuminazione della luna, il girare dei pianeti, tu necessiti Dio. Cioè, Dio non poteva creare l'universo che come dici tu. Quindi non era libero. Lo necessiti.» E Galileo, astuto, rispondeva: «Ma se Dio poteva fare il mondo come dice Vostra Santità in tanti modi, poteva farlo anche nel modo che dico io». Qui, aggiungeva Galileo, io non vado contro la libertà di Dio, io dico quello che vedo nell'esperienza e con le prove della scienza...

E lui attribuisce a Simplicio queste parole.

Sì. Ma questi ragionamenti, in bocca a Simplicio, al papa parvero una provocazione; ci rimane male, e si capisce. Ora, finché è un Barberini a giudicare, e finché sono cardinali colti può passare, ma quando il *Dialogo* arrivò a essere sottoposto al Sant'Ufficio, venne chiesto il parere dei censori.

E il Sant'Ufficio era composto da cardinali di molta cultura, anche scientifica, ma era fatto anche di consultori meno preparati. Alla fine, nel processo si sono mischiate tante, troppe cose: ragioni scientifiche, ragioni personali, ragioni teologiche, ripicche, caratteri di Galileo e di Urbano VIII, paura dei protestanti, timore di spaccature nella Chiesa e via discorrendo

E tutte hanno congiurato contro Galileo?

Alla fine, sì, perché si trattava anche di scuole dottrinali messe in difficoltà. I Gesuiti del Collegio Romano insegnavano una cosa, Galileo ne insegnava un'altra. C'era invidia, rivalità tra scuole. Inoltre, pesavano le ragioni teologiche: Galileo tira in ballo la Scrittura, vuole farsi teologo, vuole insegnare al papa come si debbano interpretare i libri sacri, e quindi diventa una questione intricata da risolvere. E poi, la soluzione che fu presa alla fine fu quella della condanna e dell'abiura. Al convento della Minerva, nel 1633, Galileo deve abiurare, in pratica, tutto ciò che ha pensato, sperimentato e scritto. E deve dire di non credere che sia vero ciò che ha scritto, mentre invece, evidentemente, nel suo cuore lui credeva fermamente di essere nella ragione.

UN'ABIURA IN GINOCCHIO CON LA CANDELA IN MANO

Come avvenne la cerimonia dell'abiura?

Alla Minerva il 22 giugno 1633 Galileo Galilei inginocchiato, con una candela accesa nella mano sinistra, toccando con la destra il libro dei Vangeli, abiurò i suoi errori in forma solita. Però, per un uomo come lui, matematico granducale, professore di astronomia, stimato a Padova, a Firenze, in quasi tutto il mondo, si può dire, allora noto, è stata una fortissima umiliazione. Questo non possiamo negarlo. L'età poi che aveva...

Quanti anni aveva allora? Quando era nato?

Era nato nel 1564...

... *Dunque aveva settant'anni.*

E settant'anni per quell'epoca erano moltissimi. Era un vecchio malato, perché Galileo per fare le sue osservazioni sia a Padova che a Firenze si esponeva molto la notte, con il cannocchiale, all'umidità, alla pioggia. Non c'erano allora molte protezioni, quindi aveva un fisico sofferente, tant'è vero che poi perse la vista completamente e morì cieco. Vedeva qualche ombra, diceva lui. Quindi è stata una umiliazione. Ma nel processo pesarono diverse cose; non si può dire che fosse solo una lotta fra fede e scienza. Certo, quella in certo modo c'era, ma c'erano anche, come ho detto, altri aspetti.

Vogliamo chiamarle con il loro nome: miserie umane? E lei che impressione ha avuto, studiando per quattro anni queste carte? Che idea si è fatto della Chiesa di allora?

Mi sono fatto l'idea che la Chiesa fosse composta, come sempre nella sua storia, da uomini santi e dotti, e da uomini invidiosi e meschini. C'è una commistione che si vede bene nelle composizioni anche dello stesso Sant'Ufficio di allora. Personalmente non dico che scuso, ma in un certo modo capisco la posizione di Bellarmino e dei teologi del tempo.

Perché una delle cose che al processo venne contestata a Galileo, quasi da subito, sulla scorta delle osservazioni che erano già state compiute attorno alle opere di Copernico, che però erano scritte in latino e dunque pochi potevano leggere, era che la sua tesi copernicana fosse propugnata come «l'unica possibile, che spieghi il cosmo così come è nella realtà». Perché Galileo diceva: «Io vado leggendo su due libri grandi: la Rivelazione (la Parola di Dio nella Bibbia), e la Natura, il libro del Creato». Tra i due libri, pensava Galileo, non poteva esistere opposizione, perché erano entrambi frutto della mano di Dio. Dunque, siamo noi che non capiamo bene la parola di Dio quando sembra che essa sia diversa e contraria alla natura, ma certamente la parola di Dio concorda con la natura e il cosmo, frutto della sua creazione. Non possiamo trovare divaricazioni.

Sennonché a Galileo sfuggiva una cosa che è fondamentale e che gli venne contestata; diciamo ancora in soldoni: «Sì, tu hai tutti i tuoi studi sui gravi, sulla fisica, sugli astri, sulle macchie solari, tu puoi insegnare tutto, ma tu ci dici che il sole sta fermo. L'esperienza – questo termine ricorre tantissimo nel processo e in tutto il caso Galileo – dice però il contrario: che il sole sorge e il sole tramonta. C'è un oriente e un occidente. Tu vorresti farci credere che questo non sia vero, che i nostri occhi, con l'esperienza, non vedono il vero». Ma anche Galileo parlava di «esperienza», su cui basava proprio la sua scienza, ma non di esperienza dei sensi, quanto di esperienza dimostrata dalla scienza.

Aveva un bel da fare Galileo, che ammetteva anche lui l'esperienza e le sensazioni immediate, a dire che credeva di avere in mano le prove che questo fosse solo un artificio. Ma i suoi censori continuano a dire: finché non ci porti una prova apodittica, proprio incontrovertibile, che il tuo sistema sia l'unico possibile, noi continuiamo a dire che l'esperienza ci mostra il sole mobile, perché muore e nasce. Sorge e tramonta.

Ora, perché dico che capisco bene la Chiesa dell'epoca? Eravamo nel 1633. Anzi, prima ancora, nel 1616. Sono passati più di quattro secoli. Oggi, nel 2023, se lei ascolta la radio la mattina, quando trasmettono le previsioni del tempo, con tutti i satelliti che abbiamo sulla testa, con l'immagine della terra rotonda, noi ascoltiamo tranquillamente da ogni emittente del mondo, ad esempio: «Oggi il sole sorge alle 5:25 e tramonta alle 18:42»; non c'è altro modo, perché questa è l'esperienza. Dico questo oggi, figurarsi ai tempi di Galileo. Galileo appariva un uomo che contestava l'evidenza. Sono pesi e contrappesi.

L'EMBLEMA DELLO SCONTRO TRA CHIESA E SCIENZA

Lei come spiega la volontà di Giovanni Paolo II di riabilitarlo? Perché volle partire proprio da Galilei? È stato un tentativo di riconciliare scienza e fede?

Glielo avevano chiesto. In alcune udienze. Lui era molto sensibile ai problemi filosofici, alle questioni teologiche e molto rispettoso della scienza. Perché anche in Polonia seguiva gruppi di pensiero, e quando divenne papa, ad esempio, a Castel Gandolfo, tutte le estati radunava una tavola rotonda su argomenti teologici o filosofici; era un papa che voleva essere aggiornato. Pare che qualcuno gli avesse suggerito di tornare sul caso Galileo, che era un po' presentato come emblema dello scontro fra Chiesa e Scienza, come segno di arretratezza della Chiesa.

Chi glielo aveva chiesto?

Non sappiamo, non appare. Probabilmente più persone. E quindi nel 1979 decide di istituire questa commissione, la quale si raduna, studia ed è anche combattuta al suo interno...

I suoi risultati quando furono resi noti?

Nel 1984. Il papa fece un discorso all'Accademia delle Scienze, un discorso conclusivo, in cui ammetteva gli errori che erano stati fatti dalla Chiesa del tempo, o meglio, dal Sant'Ufficio, o meglio ancora da taluni uomini del Sant'Ufficio.

Dopo quattrocento anni? Non era un po' troppo tempo?

Dopo quattrocento anni, sì. E giudicati oggi, certamente sono errori antiscientifici. Ma allora, come dico, era difficile capire. Bisogna contestualizzare, sempre.

Ma non è sorpreso che sia stata presa questa decisione soltanto quattrocento anni dopo?

Sì e no. Vede, in realtà il caso di Galileo Galilei è sempre stato una spina nel fianco della Chiesa. Sempre. Perché i libri di Galileo vennero posti all'Indice già nel 1616, non poterono essere letti dai cattolici per almeno un buon secolo. Però ci furono, ogni tanto, alcuni tentativi, specie sotto papa Benedetto XIV, che era un uomo molto colto, di togliere dall'Indice alcuni scritti di Galileo, come dire che la spina nel fianco c'era. Così tra il 1820 e il 1823 ci fu il famoso caso dell'astronomo Giuseppe Settele, una cui pubblicazione, che sosteneva la tesi copernicana, ebbe l'approvazione da parte di Pio VII. Il caso coincise con la tacita cancellazione dall'Indice dei libri proibiti delle opere di Keplero, di Copernico e di Galileo.

Perché li tiene all'Indice? Prevale l'accusa di indisciplina sull'evidenza scientifica?

Prevaleva forse il fatto che questi libri posti all'Indice furono pubblicati da un cattivo cattolico – ovviamente secondo il Sant'Ufficio –, cioè da chi non tenne fede al precetto che gli era stato impartito da Bellarmino e quindi dalla Chiesa.

Anche se ormai invece l'evidenza scientifica dava ragione a Galileo.

Dava ragione a Galileo sempre di più, e infatti i suoi libri escono piano piano dall'Indice. Perché anche la Congregazione dell'Indice era composta da cardinali che studiavano e si rendevano conto che questa era una posizione ormai insostenibile. Quanto più avanzavano le conoscenze scientifiche, tanto più c'erano studiosi anche cattolici che sostenevano le stesse cose. Quindi il problema della Sacra Scrittura cadde. Si capì che bisognava interpretare e spiegare con altri criteri quei passi della Sacra Scrittura che erano in contrasto immediatamente e secondo il senso letterale con la tesi copernicana.

«UN CARDINALE MI DISSE: "DISTRUGGA LE CARTE COMPROMETTENTI"...»

Durante queste ricerche ci fu qualcuno che le disse di non pubblicare qualcosa?

C'è stato il caso di un cardinale francese: un anziano tradizionalista che all'inizio del mio lavoro mi invitò a casa sua per conoscermi e nel colloquio mi disse: «Se trova tra le carte di Galileo qualcosa che può arrecare un danno alla Chiesa, lo distrugga». Uscii dalla casa del cardinale molto, molto amareggiato. Naturalmente era l'unico, perché in tutti i prelati che ho poi incontrato nel mio lavoro, dai miei superiori in Archivio fino a quelli del Sant'Ufficio, fino all'allora cardinal Ratzinger, tutti erano su posizioni di pura ricerca storica. Senza censure, senza paure. L'atteggiamento di quel cardinale, per fortuna, fu una rarissima eccezione...

Però era forse il segno di una mentalità che ancora sopravvive in una minoranza dopo tanti secoli?

Guardi che anche in anni recenti si sono addirittura pubblicati saggi di studiosi cattolici che sostengono che la Donazione di Costantino, dimostrata falsa da Lorenzo Valla nel 1440, sia autentica.

Che cos'è la Donazione di Costantino?

La famosa storia secondo la quale l'imperatore Costantino avrebbe donato a papa Silvestro l'Italia, le Gallie, la Spagna, quasi mezzo Occidente, mentre lui si ritirava a Bisanzio. È un falso che noi sappiamo essere stato costruito a Roma verso il 751, quando papa Stefano II doveva andare in Francia per ungere re Pipino, e i suoi due figli Carlo e Carlomanno, nel 754. È un falso costruito a Roma, tra l'altro anche male. Lorenzo Valla, celebre umanista, nel 1440 lo dimostrò.

Conobbe altri casi di posizioni reazionarie sul caso Galileo?

Di posizioni come quella del cardinale detta sopra, no. Però c'è ancora chi tenta di inficiare l'autenticità degli atti del processo a Galileo, così come già era accaduto all'inizio del Novecento. Uno studioso italiano che insegna all'Università «La Sapienza» di Roma, Vittorio Frajese, nel 2010 pubblicò un saggio dal titolo *Il processo a Galileo Galilei. Il falso e la sua prova*, in cui sosteneva che il precetto di Bellarmino era un falso. Lo studioso fece fare l'analisi paleografica del testo, in due fogli, da una studiosa di paleografia che è stata mia compagna nel corso di studi alla Scuola Vaticana di Paleografia; la conosco bene. Sennonché lei ebbe il testo da esaminare qui in Archivio Vaticano (l'originale del precetto, all'interno del codice del processo) per breve tempo, e le conclusioni furono le seguenti: il precetto presenta almeno due mani diverse, quindi probabilmente fu scritto nel 1633. L'Inquisizione non avrebbe avuto in mano nulla nel 1633 per accusare Galileo. Doveva «incastrare» lo scienziato e creò un falso precetto da mostrargli e da far risalire al 1616.

Io ho pubblicato nel medesimo 2010 un lungo saggio su «Galilaeana», la rivista ufficiale dell'Accademia di Firenze, e sono stato all'Accademia a tenere una lezione per dimostrare l'infondatezza di questa analisi paleografica che a me pare assurda. Il precetto era scritto da mani del 1616, che conosciamo all'interno del medesimo codice del processo: non poteva essere del 1633, con buona pace di tutti. E le mie motivazioni furono accolte dagli studiosi.

Quando lei presentò questi risultati che cosa le disse Giovanni Paolo II?

Non ho mai presentato nulla, non ho mai incontrato il papa in quella circostanza. La mia opera fu semplicemente pubblicata. C'era il mio nome, ma in pratica era un'opera voluta dall'Archivio. Forse i superiori dell'Archivio hanno avuto qualche riscontro... ma io non l'ho mai saputo. Tenga conto, tra l'altro, che allora io non potei lavorare bene. Era tutto buio, non avevo che poca luce all'archivio del Sant'Ufficio. Andavo periodicamente, gli orari erano ristretti, quindi il mio volume che uscì nel 1984 aveva non poche debolezze; l'ho riconosciuto anch'io. Certamente non era quello che avrebbe potuto essere se io avessi avuto molto, molto più tempo per studiare. Ma ormai il libro esisteva. In pratica, si può dire che il mio libro era un poco più completo di quello del processo del Favaro, ma niente di straordinario.

E non ha avuto modo di rivederlo successivamente?

Per fortuna sì. Nel 1998 l'Archivio storico del Sant'Ufficio, completamente rinnovato, è stato aperto alla consultazione. Uno dei meriti di Giovanni Paolo II, indirettamente, fu l'apertura dell'archivio del Sant'Ufficio, che prima era chiusissimo a tutti. Fu aperto forse anche perché, dopo che uscì il mio libro, molti studiosi sentirono l'esigenza di andare in quell'Archivio per vedere che cosa c'era e per fare ricerche sulle censure, i processi, le carte del Sant'Ufficio.

Io potei poi tornare lì con molta più comodità e continuare le mie ricerche su Galileo. E nel 2009 ho potuto rifare l'edizione del processo con nuovi documenti in aggiunta, perché ho potuto sfruttare anche gli studi che erano stati compiuti nel frattempo.

Una domanda personale: lei ha letto gli atti del processo, il codice, che credo che sia qui. Ha provato emozione nel leggerlo? Che impressione ha avuto trovandosi tra le mani documenti del genere? Per uno studioso come lei che sensazione dà toccare, sfogliare, in qualche modo scoprire un manoscritto del Seicento con il processo a Galilei?

Io per mestiere, come lei sa, devo leggere tanti documenti. E quindi, mi sarò un po' assuefatto, ma non mi impressionano. Sia che si tratti di un diploma di Federico Barbarossa, o di un processo qualunque, quella è storia, sono le vicende umane, non c'è niente di nuovo sotto il sole. Sa, gli archivisti, di solito, per mia esperienza, sono gli uomini più allegri del mondo, anche se dicono che noi lavoriamo fra le ragnatele, nella polvere, che siamo topi di biblioteca e di archivio, e perfino che ci annoiamo. Saremo pure topi di archivio ma sappiamo talmente bene come sono andate le cose nel passato, che quando vediamo come vanno nel presente, non ci facciamo nessuna illusione. E sorridiamo. Perché si vede bene che le cose si ripetono, che i meccanismi dell'agire umano sono sempre quelli. Però questo conduce anche a una amarezza, speriamo non al cinismo. L'archivista, se è anche storico, è pessimista. Vede troppe volte ripetersi gli stessi eventi, e come lungo i secoli non cambi mai nulla. Si traspongono gli eventi storici, ovvero si svolgono sotto altre modalità e forme, ma l'uomo rimane sempre la «bestia» o il santo che è. E questo mi ha fornito una corazza per cui, per me, ogni documento è analizzato in sé stesso senza troppe emozioni. Solo una cosa nel processo di Galileo mi ha reso pensoso: quando Galileo, al termine dei suoi interrogatori è chiamato a sottoscrivere quanto ha deposto... «Io, Galileo Galilei, ho deposto come di sopra.» Ecco, quella breve sottoscrizione autografa dello scienziato mi ha fatto pena. Quasi avesse scritto: al punto in cui sono giunto, non mi resta che piegarmi. Ho immaginato con quale animo Galileo firmasse quelle carte e mi pare pure che l'animo sia tradito da una scrittura un poco tremolante. Si può capire!

Le ha fatto pena per la violenza che ha subito...

Più che la violenza fisica, quella psicologica. La violenza fisica non ci fu; solo che nel 1633 ormai non c'era via di scampo. E Galileo, sapendo bene che se avesse voluto salva la vita, avrebbe dovuto...

UNA RIABILITAZIONE «POLITICA»

Se non avesse abiurato lo avrebbero condannato a morte?

Se avesse continuato a ritenersi nella perfetta ragione e avesse dichiarato di non volersi sottomettere, certo il rischio esisteva, perché allora sarebbe stato considerato eretico formale, non solo sospetto veementemente d'eresia. Succedeva così quando non si accettavano le correzioni della Chiesa: il caso di Giordano Bruno, frate domenicano, bruciato sul rogo a Campo dei Fiori nel 1600, stava a dimostrarlo. Ma Galileo sapeva bene che se voleva continuare i suoi studi e i suoi esperimenti, e ne voleva fare ancora tanti, se voleva dimostrare vere le sue teorie in modo da divenire veramente il padre della moderna astronomia, doveva sottomettersi. Per quello mi ha fatto pena.

Le saranno capitati altri casi in cui ha visto un'ingiustizia, nei documenti che ha esaminato, sebbene il suo atteggiamento sembri quello dell'entomologo, che guarda l'insetto e lo studia. I suoi insetti sono i documenti.

Beh, ce ne sono di documenti che effettivamente, dopo letti, vien da dire: «Ma questa è un'ingiustizia, perpetrata per piacere al potente di turno», fosse anche il papa; e questo purtroppo è un fatto ricorrente...

Comunque, la commissione ha deciso la riabilitazione di Galileo. E lo ha fatto grazie ai suoi studi.

Questo non si può dire. Perché a vedere quanto si è pubblicato dopo la mia edizione del processo, io sono citato in qualche nota da parte di qualche studioso, ma la commissione era piuttosto teologica, filosofica, ragionava su grandi questioni...

Lei ha la sensazione che quando le hanno affidato il compito di studiare il processo a Galilei, in realtà ci fosse già la volontà della riabilitazione e che quindi, in qualche modo, il suo studio sarebbe stato comunque ad adiuvandum?

Sì, penso di sì, era *ad adiuvandum*. C'erano persone veramente interessate, e altre che avevano già in mente... Se un papa nomina una commissione per rivedere quel caso, è evidente che non si poteva concludere con una condanna della Chiesa e un'assoluzione di Galileo. Bisognava trovare un compromesso, com'è stato trovato, per cui si disse: «Sì, sono stati fatti errori, però c'erano anche delle ragioni contestuali per cui uomini di Chiesa hanno sbagliato nel loro giudizio, ma la Chiesa non aveva cattiva coscienza e soprattutto non era contraria alla scienza. Chiedeva solo tempo».

Una specie di «soluzione politica».

Queste commissioni hanno sempre qualche cosa di ideologico dietro. Perché lo storico non ha bisogno di commissioni. Studia i documenti di qualsiasi fonte o tipo, li vaglia, li critica e li pubblica, sottomettendosi alla critica di altri storici; e la ricerca avanza così, come la scienza.

In questo caso, lei dice, è stata un'ideologia giusta.

In questo caso a fin di bene, senza dubbio.

Capitolo IV
Vade retro Napoleone

NAPOLEONE ORDINÒ: «CERCATE LA MIA SCOMUNICA»

C'è un fantasma che appare a intermittenza nella storia dell'Archivio Segreto Vaticano: è quello della confisca, della razzia, della distruzione. Le prime incursioni avvennero con le invasioni barbariche. Poi, nel 1527, il sacco di Roma dei Lanzichenecchi tedeschi. Ma il vero incubo è stato Napoleone, che sequestrò l'intero Archivio Segreto e lo trasferì in Francia. Quando e perché cominciò questa acquisizione come «bottino di guerra» francese? E c'erano stati dei prodromi?

Per risponderle mi valgo, oltre che della bibliografia già nota da tempo, anche di recenti ricerche di un valido ufficiale dell'Archivio, il dottor Enrico Flaiani, che ha compiuto indagini per il sottoscritto anche a Parigi e a Vienna. Sicuramente c'erano stati dei segnali prima della bufera napoleonica sugli archivi. Tutto cominciò nel 1809, all'inizio di luglio, dopo la vittoria di Napoleone Bonaparte a Wagram. Sull'onda di quel successo militare, le truppe francesi avanzarono fino a occupare Vienna. E tra le prime iniziative che presero ci fu quella di saccheggiare gli Archivi imperiali a Vienna. Fu la prima avvisaglia di quello che sarebbe accaduto dopo in tutta Europa.

Interessavano tanto, gli archivi?

Più che gli archivi interessavano a Napoleone i manoscritti e le opere d'arte preziose che erano conservati al loro interno. Noi sappiamo che già nel 1798 i francesi erano arrivati a Roma, ma questa volta erano le armate repubblicane. Napoleone aveva sconfitto le truppe pontificie e aveva imposto due Trattati, uno a Bologna e successivamente uno a Tolentino. E chiedendo il rispetto del Trattato di Bologna Napoleone aveva preteso dall'Italia sottomessa la consegna di manoscritti preziosi e di tutte le opere d'arte di maggior valore. Era questo a interessare ai francesi in quegli anni di guerra. Degli archivi come tali, del loro interesse storico a Napoleone non importava nulla. Quegli oggetti confiscati servivano per essere venduti, per fare cassa e coprire le spese della guerra. Serviva denaro, e ovviamente il valore di opere d'arte e denaro contante erano fondamentali.

Fecero lo stesso quando arrivarono a Roma?

Il problema, all'inizio, fu diverso. Quando entrarono a Roma, i francesi puntarono subito su Castel Sant'Angelo, dov'era conservato il vecchio *Archivum Arcis*, il vecchio Archivio di Castello, di proprietà del papa. Ma lo ignorarono completamente. I francesi non erano minimamente interessati, tanto che l'Archivio, molto meno ampio dell'attuale, venne trasferito nel giro di pochissimo tempo da Castel Sant'Angelo in Vaticano. Castel Sant'Angelo serviva come roccaforte francese a Roma.

Quindi, in quel momento ai francesi certamente il materiale dell'Archivio non interessa.

Non in quella prima fase. È vero invece che nel 1809 i francesi cominciano a saccheggiare e portare via l'Archivio di Stato di Vienna. In verità era una prassi che poteva essere vista, sia pure in maniera un po' brutale, come una delle tante applicazioni dei trattati che a quel tempo si facevano: si imponeva alle nazioni sconfitte di consegnare alla nazione vincitrice gli archivi relativi ai territori conquistati. Cioè, quando una nazione conquistava un territorio, normalmente imponeva allo sconfitto di dare anche le carte. Lo troviamo in quasi tutti i trattati del tempo. Era una cosa comunissima.

Nessuno scandalo, dunque.

Il problema fu che quella volta i francesi agirono a Vienna prima ancora di stipulare il trattato, e cominciarono a portare via un cumulo di oggetti. Gli austriaci protestarono, ma non c'era molto da fare: i francesi avevano l'esercito a Vienna, potevano fare quello che volevano. E infatti trasferirono casse e casse in Baviera. Ma a Roma, fra il 5 e il 6 luglio 1809, successe qualcosa di diverso: Napoleone fece catturare Pio VII, che fu deportato in Francia. Non risiedeva in Vaticano, era estate, e si trovava nella residenza estiva che allora era il Palazzo del Quirinale, che dopo il 1870 divenne residenza dei re d'Italia e poi dei presidenti della Repubblica. I francesi scalarono le mura e rapirono il papa: un'operazione rapidissima, un blitz. Era il momento in cui Napoleone e il suo esercito erano al massimo della potenza: Napoleone stava vincendo dappertutto ed era in grado di imporsi ovunque.

Ma perché rapirono il papa?

Napoleone voleva il controllo di tutto. C'era un conflitto europeo in corso, un problema con l'Inghilterra. E Napoleone stava cercando di sconfiggere il grande nemico inglese, che sarà quello che lo tormenterà fino all'ultimo e lo batterà. Ed esisteva il problema del famoso blocco continentale: il tentativo di Napoleone di impedire all'Inghilterra di commerciare con i Paesi europei. Alcuni Paesi, come appunto lo Stato pontificio, a un certo punto protestarono, come dire: «Noi siamo Paesi sovrani, non possiamo stare alle disposizioni francesi soltanto perché ce lo imponete». In risposta, Napoleone invase fisicamente chi gli resisteva. Impose l'impero francese e decise di annettersi ogni nazione che resisteva: tra cui, appunto, lo Stato pontificio.

Nei vostri documenti d'archivio la cattura del papa è raccontata in dettaglio?

Proprio nel dettaglio no. Ma abbiamo molti documenti con una serie di testimonianze storiche che ci narrano questo assalto e il sequestro del pontefice Pio VII.

IL PAPA ESILIATO IN CARROZZA DA ROMA A PARIGI

In che modo fu trasferito a Parigi?

In carrozza. Fu un viaggio lungo, molto disagevole, e il papa non era proprio un giovincello: aveva sessantasette anni. Venne portato in Francia rapidissimamente. All'inizio, si pensava addirittura che dovesse andare a Reims, perché Napoleone nella sua idea pensava di spostare lì il pontefice. Alla fine, invece, lo fece portare prima a Parigi e poi a Fontainebleau, poco fuori dalla capitale.

E l'Archivio Segreto, nel frattempo, restava inviolato?

Solo inizialmente. Dopo aver decapitato, praticamente, l'amministrazione pontificia, cominciarono a Roma le requisizioni. Da principio sembrava che l'interessamento riguardasse soltanto la bolla di scomunica pontificia di Napoleone...

Era stato scomunicato?

Quando Napoleone aveva annesso gli Stati pontifici, il papa lo aveva scomunicato, il 10 giugno 1809: era un fatto automatico. E quindi una delle cose che Napoleone cercava era quel documento. All'inizio i sequestri avevano per oggetto, almeno i primissimi, le carte degli anni tra il 1806 e il 1809, cioè le carte più recenti, perché si stava ovviamente cercando la bolla di scomunica.

Ma perché voleva averla in mano? Pensava di distruggerla? O di usarla contro il papa?

La voleva esaminare nel dettaglio, perché queste cose non venivano pubblicate integralmente: si aveva solo la bolla, non i documenti preparatori. E Napoleone invece voleva sapere esattamente che cosa fosse, che cosa contenesse quella bolla. Si diceva che fosse stata emanata, ma non se ne conosceva con precisione il testo. Questo era il punto.

Non poteva essere il pretesto per mettere le mani sull'Archivio Segreto?

All'inizio probabilmente no, forse lo è diventato dopo. Anche perché va fatta una precisazione: cosa veniva preso? Qual era la situazione archivistica romana? Bisogna fare qualche piccola premessa. Noi, quando pensiamo all'Archivio Vaticano, pensiamo all'insieme di tutti gli archivi della Santa Sede. Al tempo, non era così. Ogni dicastero, ogni Congregazione aveva il proprio archivio storico, e quindi c'erano tanti archivi storici a Roma; quello già di Castel Sant'Angelo e l'Archivio Segreto erano gli archivi personali del pontefice. Quindi che cosa accadde? All'inizio ci fu questo tentativo di Napoleone di capire dove si trovava la famosa bolla di scomunica. Sul momento non si rintracciava, perché semplicemente non si capiva chi l'avesse in mano. Poi, a un certo punto, registriamo un certo numero di sequestri, che si estendono a tutta una serie di Congregazioni, di tribunali, quindi la Penitenzieria, le varie Congregazioni vescovili. Tutta documentazione semplicemente sequestrata, nel senso che gli archivi vengono chiusi, bloccati dai francesi che mettono sbarre alle porte. Li fanno sorvegliare da sentinelle armate e per un po' rimane tutto come congelato.

Era la prima volta che il Vaticano veniva aggredito e saccheggiato in questo modo?

Non bisogna parlare di Vaticano, ma di Stato pontificio. Certamente, una razzia come quella non aveva precedenti storici. Non in questo modo. Per tacere del periodo medievale, c'era stata l'invasione dei Lanzichenecchi, ma era un'altra cosa, molto lontana. E quegli armigeri tedeschi non erano di certo preoccupati da problemi archivistici.

UN SEQUESTRO DECISO DALL'ARCHIVISTA DELL'IMPERO

Si trattava di un'ostilità di Napoleone verso lo Stato pontificio motivata da ragioni politiche e militari, o si avvertiva anche un'avversione culturale?

C'era un po' di tutto. Con un'ulteriore domanda a cui rispondere: chi aveva messo in testa a Napoleone l'idea di sequestrare gli archivi e portarli in Francia? Perché a un certo punto Napoleone, che noi conosciamo più che altro come grande genio militare e amministratore, cominciò a pensare agli archivi? La risposta è che aveva un collaboratore estremamente importante, Pierre-Claude François Daunou. Daunou era il capo degli Archivi francesi, l'archivista dell'impero. E questo personaggio fu molto importante, certamente fu uno degli *ideologues*, quindi un personaggio di grande cultura. Fondamentalmente si considerava uno storico. Era a capo degli Archivi francesi, ma non scrisse mai di archivistica, appunto perché si sentiva uno storico. Per lui gli archivi erano semplicemente il deposito delle conoscenze dell'antichità; anzi, una conoscenza storica che era diversa da come la intendiamo noi oggi. Perché oggi la storia viene degradata a disciplina; per Daunou era una scienza, e quindi era estremamente importante avere a disposizione le fonti, che lui cominciava a intravedere al di là di quelle francesi, a livello europeo.

Senza esagerare si può dire che fosse un antesignano della grandeur *francese? Nel senso che riteneva che la Francia dovesse raccogliere il sapere del mondo?*

Gradualmente fu quello che nei fatti avvenne. Se poi fosse veramente una strategia prestabilita fin dall'inizio, su questo ho dei dubbi. La cosa avvenne senza una vera regia omogenea. Se Napoleone vinceva in una nazione, una serie di archivi della nazione veniva sequestrata. Dove però non vinceva, gli archivi rimanevano sul posto. Non solo: là dove erano presenti gli archivi degli Stati per così dire satelliti – pensiamo al Regno d'Italia e al Nord Italia, ad esempio, con capitale a Milano, che era affidato al fratello di Napoleone, Giuseppe Bonaparte –, gli archivi rimangono intatti. Là dove i francesi stabiliscono il sistema, per così dire, dei dipartimenti, ad esempio temporaneamente in Spagna e in Italia, lì effettivamente le cose cambiano. Gli archivi che vengono radunati a Parigi vengono un po' da ogni parte d'Europa: dalla Spagna, dall'Italia, e quando parlo dell'Italia dico Roma ma dico anche Spoleto, Perugia, Firenze, Siena, Torino, Genova. Tutte carte spostate a Parigi, così come gli Archivi della Svizzera, quelli dell'Austria di cui ho già parlato, quelli del Belgio e dell'Olanda. È una massa enorme di fonti e documenti che viene radunata a Parigi in un'unica sede.

L'ARCHIVIO DELL'HÔTEL DE SOUBISE

Si sa dove fosse?

Era in un palazzo nel quartiere Marais che si chiama Hôtel de Soubise. Siamo nel pieno del quartiere medievale di Parigi, un intrico di viuzze. L'Hôtel de Soubise è tuttora la sede delle Archives Nationales. Anche se recentemente è stato un po' declassato perché adesso il grosso del materiale è stato spostato nella periferia di Parigi: probabilmente lì non hanno più posto.

Chi si occupò del trasferimento?

Qui cominciarono subito i problemi. Non sappiamo tutto con precisione. Daunou sicuramente sovrintese alla parte meramente archivistica, ma è chiaro che era tutto coordinato dall'esercito. E dunque si faceva riferimento direttamente a Napoleone. Non è possibile attribuire, com'è stato fatto, ad esempio nella seconda metà dell'Ottocento, la responsabilità a Daunou. Questi ebbe una sua responsabilità dal punto di vista dell'approccio e del riordinamento del materiale perché, quando il materiale arrivò a Parigi, venne molto rimaneggiato: Daunou aveva una sua idea di archivistica «francese»; tuttora i francesi hanno un sistema archivistico molto peculiare.

In Francia tendono a classificare i vari fondi sotto lettere dell'alfabeto, che richiamano un vecchio titolario che risale ai tempi di Daunou, anche se fu messo a punto da Daru, suo predecessore, quindi con le lettere A, B, C, D ecc. E infatti succede proprio questo: tutti quegli archivi che arrivavano a Parigi venivano rimaneggiati secondo un titolario francese.

Rimaneggiati che cosa vuol dire?

Praticamente: un archivio, che noi sappiamo nascere in un certo modo e quindi con una sua storia, che dovrebbe procedere con una sedimentazione delle carte che dovrebbero rimanere cristallizzate in quel modo, a un certo punto viene smembrato. Ad esempio: le pergamene da una parte, le carte dall'altra, i volumi e i registri da un'altra parte ancora.

Che lettera viene scelta per identificarli tutti a Parigi?

Gli Archivi Vaticani furono indicati con le lettere da A a E. Dopo un simile rimaneggiamento, bisognava capire come funzionava. Fu un ordinamento fatto approssimativamente, in modo arbitrario. Ma provocò danni enormi quando le carte tornarono a Roma. Ricordiamoci che a Parigi, in realtà, questo materiale rimase dal 1810 al 1815, quando cominciarono le restituzioni. E venne «ordinato», ma è meglio dire lavorato, dal 1811, perché partì dall'Italia nel 1810 ma poi fu necessario depositarlo e selezionarlo gradualmente negli anni seguenti.

Ma è vero che in questo smembramento progressivo andarono perse molte carte, ad esempio sui processi aperti in Vaticano?

Questo avvenne dopo. In quel momento c'era soltanto un rimaneggiamento delle carte, che vennero spostate a seconda di quello che Daunou credeva fosse importante. Daunou aveva alcuni obiettivi. Ad esempio, a un certo punto venne incaricato di trovare, di fatto, prove compromettenti contro il potere temporale dei papi. Napoleone aveva un problema da risolvere: ottenere da Pio VII un concordato a lui favorevole. E allora cosa fece? Disse a Daunou di trovare i documenti compromettenti del papato, e Daunou si mise alla ricerca. A sua disposizione spuntò un curiosissimo personaggio, un certo Carlo Altieri, che era viceprefetto dell'Archivio Vaticano; era stato anche viceprefetto della Biblioteca Vaticana. E nel periodo, intorno al 1809, quando Pio VII era stato fatto prigioniero, sembrerebbe che Altieri avesse «venduto», per suo profitto personale, una serie di libri doppi della Biblioteca. Quando i francesi entrarono nell'Archivio Vaticano fu lui a fornire le chiavi ai francesi. Era un collaboratore zelante... Abbiamo le sue lettere.

Come mai aveva le chiavi dell'Archivio?

Aveva le chiavi dell'Archivio Vaticano in quanto viceprefetto, o vicecustode.

Non le aveva il prefetto?

Il prefetto Gaetano Marini in quel momento era malato e stava a casa sua, a Santarcangelo di Romagna. L'altro ufficiale dell'Archivio era monsignor Marino Marini, nipote del prefetto; quindi, si sapeva che avrebbe collaborato un po' meno. Carlo Altieri invece si rivelò subito ben disponibile a collaborare, anzi...

TRA SPIE E TRADITORI

Insomma, è il «traditore» di questa fase?

È il traditore di varie fasi. Lo troviamo anche in altre fasi; è molto interessante come figura. Lui appunto fornisce queste informazioni e aiuta i francesi quando cominciano a spedire casse di documenti tramite una serie di convogli...

Quanti convogli?

Ne sono documentati una ventina, ma non devono essere stati molto precisi...

Composti da quanti carri?

Dipende. Ci sono numeri variabili; la cosa interessante è che i convogli prendevano strade diverse, tutte sotto scorta. Erano convogli di carri tirati da buoi, molto, molto lenti. Questo serviva anche a non intasare le strade. Prendevano strade diverse, ma alla fine tutti confluivano a Torino. Infatti, per i viaggi verso Torino abbiamo una buona documentazione; noi dipendiamo per queste cose dalla documentazione francese. A Torino, essendo inverno, i carri si fermarono perché bisognava attraversare le Alpi, e lì il materiale documentario fu conservato in condizioni precarie.

Chi li accompagnava, Altieri?

Sì, li accompagnava lui, ma con percorsi paralleli. Quindi, Altieri si recò a Parigi, molto lieto di andarci probabilmente, e tuttavia a Parigi venne comunque arrestato per appropriazione indebita. Ricordiamoci: la Biblioteca Vaticana era diventata biblioteca dell'imperatore, lui dunque si era venduto a suo tempo i libri dell'imperatore. E perciò lo arrestarono e lo misero in prigione: una formidabile arma di pressione per ammorbidirlo e garantirsi la sua fedeltà. E infatti Daunou che cosa fece? Gli offrì la libertà in cambio della collaborazione, e di nuovo Altieri fu lietissimo di collaborare. Addirittura, è lui che comincia a scrivere una serie di rapporti su come bisognasse riorganizzare gli Archivi.

Sono rapporti che conservate nell'Archivio?

No, sono conservati in Francia. E non solo, addirittura Altieri lascia un biglietto: Altieri ha una calligrafia molto particolare, riconoscibile. Come lui non ho mai visto scrivere nessuno.

Perché? Che tipo di calligrafia è?

È particolare, molto peculiare, se noi vediamo le scritture del tempo...

Intellegibile?

Sì sì, chiarissima, intellegibile, non dà luogo a equivoci. E lui scrive ma si raccomanda addirittura di far copiare i suoi appunti, farli copiare da qualcun altro, perché non voleva passare alla storia come il corsaro degli Archivi; più o meno sono queste le parole che scrisse. Quindi sa benissimo cosa sta facendo, lo sa lui e lo sanno certamente sia a Parigi che a Roma...

Non vuole essere raffigurato come corsaro degli Archivi perché tale era, in realtà.

Di fatto lui era quello che oggi definiremmo un collaborazionista. Lui lo sa, sa benissimo di esserlo, e però lo negherà sempre. Ma anche se giurò di non esserlo, lo sapeva chi gli stava vicino. Lo sanno i monsignori Marini, Gaetano e Marino, tant'è vero che quando Napoleone cadde nel 1814, Altieri venne immediatamente esonerato dal suo incarico. Rimangono quindi a dirigere gli Archivi Vaticani in Francia Gaetano e Marino Marini. Ma Altieri non scompare: viene incaricato di fare altre cose. Da chi? Dagli austriaci.

Dai francesi agli austriaci. Con quale ruolo?

Il ruolo anche qui di spia. Altieri diventa una spia al soldo degli austriaci. Prima collabora per il problema archivistico, quindi nel recupero degli Archivi di Vienna e dei ducati centrali dell'Italia che si trovavano sotto alle dinastie austriache. Poi tornò a Roma. Ovviamente apparve screditato, ma cominciò a scrivere tutta una serie di rapporti che passò all'ambasciata austriaca di Roma e che noi ritroviamo negli Archivi austriaci, e raccontò certe vicende. In uno di questi rapporti narrò cos'era successo all'Archivio Vaticano quando vi entrarono i francesi. Rapporti che si trovano a Vienna e noi non abbiamo. Sono tutti rapporti non firmati, ma è la scrittura che lo tradisce, perché è davvero particolare.

Tra le altre cose, lamentandosi, raccontava nel dettaglio l'ingresso dei francesi nell'Archivio Vaticano.

Un ingresso con la forza, manu militari?

Certo, con i gendarmi francesi che prima permisero l'ingresso di molte persone, poi chiusero tutto.

Però, una volta sconfitto Napoleone, nel 1815 comincia la restituzione.

Esattamente.

Chi è che seleziona tutto il materiale?

Ovviamente se ne occupano in diversi, a seconda delle competenze. Buona parte degli Archivi spagnoli, ad esempio non arrivò mai a Parigi, ne arrivò solo una piccola parte, e lì i francesi tergiversarono, e quando fu il momento di rimandarli indietro tentarono di non restituirli tutti. Il grosso verrà ridato agli spagnoli solo nel 1941, durante la Seconda guerra mondiale, quando Hitler volle fare un favore al regime di Francisco Franco. I francesi cercarono di tenersi tutto quello che potevano.

E per i vostri, di Archivi?

È presente Altieri e poi ci sono i commissari pontifici. Monsignor Gaetano Marini muore nel luglio 1815, quindi non partecipa. È il nipote Marino, che gli succede alla guida della prefettura, a occuparsene.

In sintesi, nel momento in cui Napoleone cade si pone il problema di riavere questi Archivi. Il Vaticano manda alcuni messi a Parigi...

No, il Vaticano ha già a Parigi i monsignori Gaetano e Marino Marini. Erano stati deportati a Parigi dalle truppe di Napoleone insieme con i documenti: i francesi avevano bisogno di esperti che sapessero esaminarli e schedarli. Gli Archivi a Parigi erano stati separati in tre divisioni: francese, italiana e tedesca. La divisione francese si occupava degli Archivi francesi e belgi, quella italiana si occupava degli Archivi italiani, di quelli svizzeri e di quelli spagnoli; almeno era così all'inizio, forse poi chissà, ci poteva essere una futura evoluzione. E la divisione tedesca si occupava anche degli Archivi olandesi.

Ogni divisione aveva suoi archivisti. Ovviamente, a capo di tutto c'era Daunou, mentre della divisione italiana facevano parte tutta una serie di archivisti francesi più alcuni italiani: Gaetano e Marino Marini, Carlo Altieri e un certo Martorelli. Era un abate anche lui, e di fatto faceva l'agente di Daunou a Roma. Quindi, Martorelli in realtà non operava molto a Parigi, era distaccato a Roma. A lui spettava il compito di controllare sul terreno, agli inizi, quali archivi dovevano continuare a essere inviati a Parigi.

Gli Archivi Vaticani furono svuotati?

L'Archivio Vaticano a cui facciamo riferimento era molto più piccolo di quello che vediamo oggi. Gli Archivi di cui effettivamente parliamo sono quelli delle varie Congregazioni, del Sant'Ufficio, degli ordini religiosi soppressi.

LA BOLLA DI SCOMUNICA DI NAPOLEONE

Fu trovata la bolla della scomunica di Napoleone?

Sì. Lo rivela appunto Altieri, che affermò di averla consegnata ai francesi.

A Roma o a Parigi?

A Roma, a Roma.

Si trovava ancora in Archivio?

Sì, risulta da una serie di incartamenti, memorie e testimonianze che si trovano a Vienna. Noi ne abbiamo le fotocopie.

Avete una copia del racconto in cui Altieri consegna la bolla di scomunica a Napoleone?

Sì, Altieri racconta dei francesi che entravano nell'Archivio, e di lui che consegnava la bolla nelle mani dell'incaricato di Napoleone. Il francese la scorre, cerca di leggerla, ma impiega molto tempo perché non sa il latino. Ma la bolla l'abbiamo ancora noi, è tornata a Roma.

E com'è articolata?

È contro Napoleone, ma non per motivi religiosi: il fattore religioso non c'entrava per nulla. La scomunica dipendeva dall'atto sacrilego dall'annessione dello Stato pontificio da parte di Napoleone. Era un problema di diritto internazionale. Aveva sequestrato i beni della Chiesa, e chi sequestrava i beni di una diocesi, di una chiesa o di un'abbazia, era scomunicato. Automaticamente.

Come definirebbe l'atteggiamento di Napoleone nei confronti di Pio VII? Da come lo descrive sembra intimidatorio e insieme teso a una sorta di trattativa, seppure da posizioni di forza.

Napoleone aveva un comportamento molto ambivalente nei confronti del papa. Da una parte si capiva che lo voleva sottomesso... Il solito Daunou ci spiega qual era il problema. L'archivista capo scrisse un pamphlet «contro il potere temporale dei papi». E in esso spiegava come il novello Carlo Magno, e cioè Napoleone, avrebbe risolto gli errori fatti dall'antico Carlo Magno, quello autentico, togliendo al papa tutte quelle competenze politiche sul territorio che gli erano state date, lasciandogli una parte, forse, del governo delle anime. Questa era l'idea, e venne descritta in modo esplicito.

Voleva privarlo del potere temporale.

Precisamente. Una specie di premessa di quello che accadrà dopo Porta Pia nel 1870 a Roma. Quello di Daunou è un trattatello un po' particolare. In pratica è il primo che ha come appoggi i documenti vaticani. Daunou, anche grazie all'Altieri, fece una selezione di documenti per trovare gli appigli e dimostrare le malefatte dei pontefici. Ma ne trovò poche. Tanto che lo stesso Daunou non firmò il libretto, che infatti è anonimo. Ne furono pubblicate varie versioni, l'ultima in epoca napoleonica è del 1811, ma venne soppressa nel 1813, quando Pio VII si dimostrò disposto a concedere il Concordato a Napoleone. E Napoleone nascose le copie, ne sopravvivono pochissime.

Voi ne avete una copia?

Il saggio di Daunou si trova anche su internet. Poi il pamphlet è stato ripreso, ritradotto successivamente in inglese; sappiamo che agli inglesi, anglicani, faceva comodo ritirarlo fuori e cercare di infangare la Chiesa cattolica. Ma si trattava di documenti di poco conto, in realtà. Tant'è vero che dopo la presa di Roma, il 20 settembre 1870, gli italiani entrarono in città, sequestrarono, salvo poche eccezioni, tutti i depositi archivistici che erano fuori dalle basiliche e dal Vaticano, curiosi e desiderosi di averli in mano propria.

Quindi non solo fuori dalle mura della Città del Vaticano.

Certamente. Anche l'Archivio storico della basilica di San Giovanni in Laterano non venne sequestrato, e per un curioso fatto storico restituirono quello del Quirinale, ma si presero tutto il resto: a cominciare dagli Archivi di Montecitorio, che era la sede non del Parlamento ma dei tribunali pontifici; c'erano tutte le segreterie dei tribunali. Conteneva un pezzo di storia dei processi, e i piemontesi rovesciano i faldoni, svuotano le soffitte dove c'erano documenti. Ma è interessante notare che di fatto, con questo materiale così martoriato, fondarono il primo nucleo dell'Archivio di Stato di Roma, che venne ufficialmente aperto al pubblico nel 1871. Non avevano neanche le sale studio, ma ufficialmente fu aperto al pubblico. Era una vittoria dei Savoia sulla Roma papalina.

Vuole dire che lo inaugurarono con materiale sottratto allo Stato pontificio?

Certamente, solo quello avevano. E in parallelo si avviò un tentativo di fare pressione sul papa perché aprisse il suo Archivio Segreto. Il nuovo Stato italiano minacciò in caso contrario di sequestrarlo. A questo punto che cosa accadde? Il dilemma era aprire l'Archivio Vaticano o rischiarne il sequestro e la nazionalizzazione da parte dell'Italia. In Francia era stato aperto ai ricercatori, ma non c'erano stati grossi problemi. I pochi documenti tirati fuori contro i pontefici risultarono di scarsa importanza. Quindi che succede nel 1881? Credo si dicessero in Vaticano, considerato il precedente francese, forse possiamo decidere l'apertura. E così Leone XIII in effetti ordinò di aprire gli Archivi al pubblico nei primi mesi del 1881. Già da prima però alcuni studiosi frequentavano l'Archivio Vaticano; possediamo una serie di informazioni riferite a tutto l'Ottocento in cui vengono avanzate richieste di accedere ai documenti. Il problema era che quando il materiale era tornato da Parigi, risultava in cattive condizioni, e non tanto materiali, quanto per il disordine in cui era stato risistemato; andava rimesso in ordine...

IL RITORNO DEI DOCUMENTI, TRA POSTRIBOLI PARIGINI E MACELLAI

Il viaggio di ritorno dei documenti fu faticoso e avventuroso come quello di andata?

Forse perfino più avventuroso. E raccontarlo bene è difficile, perché le fonti sono carenti. I francesi hanno documentato, entro certi limiti, abbastanza bene quando portarono via gli Archivi, ma la documentazione relativa alle restituzioni è molto più lacunosa. Anche perché era una fase di transizione e di caos. Era caduto Napoleone, era salito al trono Luigi XVIII di Borbone, il clima era diverso.

Comunque, le casse tornarono con convogli tirati da buoi?

Sì, sebbene all'inizio si fosse pensato a un percorso alternativo. Era quello via mare, e venne tentato: da Parigi, attraverso la Senna e poi lungo la costa dell'Atlantico. Quindi si sarebbe navigato intorno a tutta la penisola iberica, ritornando nel Mediterraneo via Gibilterra, per poi approdare a Civitavecchia, cinquanta chilometri a nord di Roma. Questa era l'idea. Ma poco dopo la partenza di un convoglio, nella Manica ci fu una tempesta, e diverse casse con indici furono buttate a mare perché stava andando a fondo la barca. È successo anche questo. Ci siamo persi un po' di documenti...

Torniamo al convoglio via terra.

Nel 1815 monsignor Marino Marini organizzò, a ottobre, il primo convoglio diretto a Roma. Cosa c'era nel primo convoglio? L'Archivio Vaticano quasi al completo: al 98-99 per cento. Poi c'erano i documenti della Segreteria di Stato e le carte personali del pontefice. Il convoglio arrivò a Roma il 23 dicembre. Marini non c'era, almeno all'inizio. Fu costretto ad aggregarsi quando sorsero alcuni problemi. Erano state ristabilite le frontiere, era inverno. Arrivavano queste casse, e le guardie doganali erano molto ottuse, per non dire ostili, e quindi minacciarono di bloccarle: o si aprivano le casse per vedere il contenuto, o bisognava pagare. Marino Marini partì immediatamente per cercare di risolvere la faccenda. Raggiunse il convoglio in tempo per il passaggio su un fiume. E la cosa è molto sorprendente, perché sembra che su quel fiume si passasse a guado: solo anni dopo sarà fatto costruire un ponte. Siamo sul fiume Taro, presso Parma.

E come riuscirono a passare?

Ottennero il permesso e attraversarono in un punto in cui era possibile farlo a guado. Ma i vetturini che guidavano i carri non sapevano neanche che cosa stessero trasportando. Il segreto era d'obbligo. Marino Marini li raggiunse e cercò di evitare che si bagnasse troppo il contenuto delle casse. L'imballaggio era stato ben fatto, i danni non furono enormi. Ma una parte delle carte si inzuppò. Marini le fece tirar fuori e stendere sulla riva per farle asciugare.

Sembra una scena da pionieri del Far West.

In un certo senso la ricorda. Solo che erano documenti antichi, rari. E salvarli era decisivo per non subire ulteriori danni. Quando arrivò a Roma, alla vigilia di Natale del 1815, monsignor Marini venne festeggiato a lungo. Era un grande momento, la grande riscossa papale. E il monsignore fu premiato con una lauta pensione. Ma dal punto di vista personale evidentemente Marino Marini era provato, e dunque chiese di potersene tornare nella sua Romagna a riposare. Si ritirò a Santarcangelo di Romagna, il suo paese natio. Una disgrazia, perché fu necessario nominare un nuovo commissario pontificio a Parigi, nella persona del conte Giulio Cesare Ginnasi: e questo fu un personaggio un po' particolare, di tutt'altra pasta del Marini.

Un'altra spia dei francesi?

No, ma forse era peggio di Altieri. Dirà di lui Marino Marini nelle sue *Memorie*, a proposito del momento delicato nel quale si dovette organizzare il resto della restituzione: «Come si è potuto nominare commissario pontificio una persona la cui mente è tutta rivolta alla creazione di una colonia italiana in Sudamerica?».

La creazione di una colonia italiana in Sudamerica?

Sì. E va detto, tra le altre cose, che in effetti Giulio Cesare Ginnasi lascerà poi, alla sua città, Imola, una collezione di arte sudamericana che è ancora là. Evidentemente lo aveva in mente da tempo. Comunque, non era certamente una persona all'altezza del compito, e soprattutto fraintese clamorosamente gli ordini. È difficile capire cosa sia successo...

Scusi ma chi fu a mandarlo a Parigi? Di chi è la responsabilità?

Fu del papa, c'è poco da dire. Sicuramente Pio VII, perché lo stesso cardinale Consalvi, Segretario di Stato vaticano, nella corrispondenza che ebbe con Ginnasi risulta molto freddo. Altra cosa era stata la corrispondenza con Marini; con Marini si vede che esisteva un rapporto non dico di amicizia ma di fiducia. Ginnasi era inadeguato. Si fece manipolare dai francesi. Consalvi fu obbligato a scrivergli di non occuparsi di cose diverse da quelle per le quali era stato spedito a Parigi. Consalvi lo richiamò ripetutamente. Evidentemente non era adeguato a quella missione. Tra l'altro, si diceva che facesse vita mondana, da autentico viveur, e addirittura che frequentasse i postriboli parigini.

Ma che cosa non andava nella sua azione?

Sa cosa fece questo Ginnasi? Cominciò a organizzare convogli con i quali spediva a Roma quello che gli era stato chiesto di scartare. E la documentazione che invece gli era stato ordinato di mandare, purtroppo il Ginnasi l'aveva venduta come carta straccia ai fornai, ai macellai e ai pizzicaroli, ai venditori di cibo parigini. In pratica ecco cosa stava succedendo: molto spesso questi bottegai acquistavano carta in blocco per avvolgere il cibo. E quindi i bottegai avevano acquistato questi scarti cartacei venduti dal Ginnasi.

Cioè, non ai librai, ai bouquinistes *della Senna, ma proprio ai macellai, fornai parigini.*

Sembrerebbe di sì.

Dunque, carte di valore...

Ma lui o non lo sapeva, o non lo aveva capito.

«I FRANCESI TENTARONO DI NON RESTITUIRE LE CARTE»

Carte di valore dell'Archivio Vaticano...

No, l'Archivio Vaticano per fortuna era già tornato. Si trattava dei documenti delle varie Congregazioni e dicasteri pontifici, rimasti all'Hôtel Soubise. Quando se ne accorsero, immediatamente venne richiamato Marino Marini, che ripartì per Parigi insieme ad Antonio Canova per tentare di rimediare e riportare quanto rimaneva ancora su suolo francese.

Intende Canova il grande scultore?

Sì. Avevano due incarichi diversi, ma assimilabili: Canova doveva cercare di recuperare le opere d'arte, Marino Marini quello che rimaneva delle carte vaticane. Quindi, entrambi arrivano a Parigi...

Scusi, mandano un artista come Canova, ma lei ne parla come se fosse una cosa scontata o normale... In realtà è clamoroso che uno scultore di quel livello venga mandato come commissario pontificio a Parigi a recuperare opere d'arte...

Canova era considerato grande esperto, per questo venne mandato. Era apprezzato, ed era un suddito pontificio estremamente competente. Quindi i due tornarono a Parigi e affrontarono Ginnasi. Sia chiaro: sull'onestà del Ginnasi, monsignor Marino Marini non aveva dubbi. Se aveva commesso errori li aveva fatti in buona fede, certamente in buona fede. Era un incompetente in buona fede. Lo stesso Marino Marini ce lo conferma nei documenti d'archivio.

Ma che cosa non era stato ancora restituito?

L'Archivio Vaticano era tornato più o meno intatto, insieme con una serie di altre carte. Noi abbiamo elenchi di quello che venne restituito. Dopodiché cominciò a rientrare il resto. Per paradosso, i convogli inviati da Ginnasi, con i famosi Registri delle Suppliche, che noi oggi riteniamo una fonte molto importante, all'epoca erano considerati di scarto. Dunque, nel male fece, senza saperlo, qualcosa di positivo. I Registri delle Suppliche sono i registri nei quali le persone, semplici persone ma anche abati, nobili, religiosi, insomma molte classi di fedeli cattolici, scrivevano al pontefice per ottenere una qualche sorta di grazia o di dispensa, che poteva essere qualunque cosa. Ma sono lettere indirizzate al pontefice. Alcune sono molto antiche; pensi che la serie degli oltre settemila registri inizia con Clemente VI e l'anno 1342. Però a quel tempo non erano considerate fondamentali. Quello che invece era considerato importantissimo erano le concessioni che avevano fatto i pontefici, e quelle Ginnasi le aveva date via. Monsignor Marini tentò questo recupero, ma ci riuscì solo in parte. Ci risulta tuttora un po' difficile capire cosa sia andato perduto; purtroppo non abbiamo questo tipo di carte. Quindi, tutto quello che possiamo fare sono solo delle stime. Alcuni archivi sono stati effettivamente depauperati. Sono stati fatti tentativi di calcolare per differenza di casse la perdita dei documenti, ma ovviamente una cassa non è un'unità di misura: non sappiamo che dimensioni avessero le casse, se fossero tutte uguali. Sappiamo che venivano pesate, ma sono pesi lordi, quindi molto difficile capire. Diciamo che noi abbiamo solo delle stime.

Quando fu completata la restituzione...

Completata per modo dire. Anzitutto, a Parigi è rimasta parecchia documentazione dei vecchi archivi. E va detto che già all'andata c'erano stati dei problemi. Ricordo: sul fiume Taro si passava a guado. Beh, anche all'andata era successo qualcosa. Altre carte erano passate a guado da qualche altra parte; si sa che alcuni carri si erano rovesciati... sono arrivate a Parigi carte in pessimo stato. Risultato: sia all'andata che al ritorno abbiamo avuto perdite. E infatti a Parigi è ancora conservato il materiale che evidentemente è stato deteriorato dall'acqua. I francesi sostengono che questa è la documentazione giunta con i primi convogli, quelli un po' disastrati, e che poi Marino Marini aveva rifiutato. Marino Marini in effetti a un certo punto redasse un biglietto dicendo: tutto è stato consegnato. Affermava esplicitamente di non avere altre pretese...

A Marini spettò selezionare cosa riportare e cosa no dopo il disastro di Ginnasi. Dunque garantì lui?

Non è così semplice. In Francia regnava Luigi XVIII, che stava cominciando a cambiare parere quanto alla restituzione degli Archivi al papa. Prima aveva detto che avrebbe restituito tutto al pontefice. Poi a un certo punto cominciò a capire che le cose non gli andavano molto bene; era in una posizione politicamente traballante: c'era stato il ritorno di Napoleone con i Cento Giorni e la sua posizione vacillava. I francesi vedevano tutti i giorni le truppe di occupazione. Parigi aveva ancora per le strade le truppe di occupazione tedesche, inglesi, russe. Erano tutti accampati nella capitale.

Vuole dire che quindi restituire le cose al papa era impopolare?

Restituire le cose in generale, non solo al papa. E dunque Luigi XVIII cominciò a dire che quello che le armate francesi – attenzione, mai Napoleone – le armate francesi, avevano portato in Francia poteva essere considerato come patrimonio nazionale. E qui si capì che bisognava cominciare a sbrigarsi. I soldi per il recupero degli Archivi non c'erano a sufficienza, era necessario selezionare le carte e Consalvi inviò una circolare alle varie Congregazioni per chiedere cosa dovesse essere salvato e cosa potesse essere dato alle fiamme: testuali parole. Si sa, ed è addirittura negli elenchi, che sono state inviate a Parigi tutte le carte, comprese, e lo vediamo anche nei documenti francesi, «carte inutili»: c'è proprio scritto «carte inutili». Quindi, evidentemente i francesi erano ben contenti...

«Carte inutili» l'hanno detto i francesi?

No, carte inutili segnate in italiano... Si è potuto anche in qualche modo sostenere che ci fosse stato a Roma un tentativo, soprattutto perché erano carte di segreteria, di svuotare i locali, e con l'occasione, visto che i francesi le portavano via, approfittare della razzia per smaltire un po' di roba. Non solo: visto che si doveva intralciare i francesi, si decise di consegnare loro carte inutili. Al papa non costava nulla, lasciarono che pagassero loro. C'è una certa logica, in questo ragionamento, quando si selezionarono i documenti da scartare.

In verità, buona parte dei dicasteri rispose a Consalvi che le carte le rivolevano tutte, quindi la selezione poi venne demandata a Marino Marini, il quale però fece una cosa molto particolare: non brucia, vende le carte che lui considerava inutili a una cartiera. Quindi che cosa successe? Le carte vengono riciclate per farne cartone. Dunque, i documenti vennero effettivamente distrutti, e con il ricavo si organizzò il viaggio verso Roma per le carte rimanenti. Ma sappiamo che nella cartiera era successo qualcosa di strano. Marini aveva conferito alla cartiera certamente molti volumi di processi del Sant'Ufficio; dovevano anch'essi divenir cartone. Invece una parte delle carte dell'Inquisizione mandate alla cartiera oggi si trova al Trinity College di Dublino. Una piccola parte, per carità.

Sta dicendo che probabilmente la cartiera non le distrusse ma le vendette a sua volta a qualcun altro?

Non si può dire con certezza; non si sa nulla. C'è un buco completo di informazioni, finché a un certo punto queste carte dell'Inquisizione ricompaiono in Inghilterra. Vengono acquistate tramite i buoni uffici di un religioso inglese e alla fine riversate a Dublino. Sono state studiate e rese note dagli storici dell'Inquisizione romana.

I PROCESSI DELL'INQUISIZIONE DISTRUTTI

Si parla di molti processi dell'Inquisizione finiti bruciati.

Bruciati, distrutti, venduti come carta straccia. Ne mancano almeno duemila.

Sono stati portati a Parigi ma non sono tornati. Presso il Sant'Ufficio si trova una lista di documenti importanti da recuperare a Parigi. E un faldone riguardava il processo a Galileo Galilei. Che alla fine tornò a Roma, ma molto più tardi, perché aveva preso una via traversa. Alla corte di Napoleone, la storia di Galileo era molto ambita, all'inizio. Poi, quando si resero conto che non c'erano notizie di torture contro di lui, l'interesse andò un po' scemando. Però era sempre il manoscritto di un processo importante, storico. Ma a un certo punto sparì. A quanto sembra, andò in mano a un nobile, il duca di Blacas, che lo portò via con sé. Scappò sotto Carlo X, seguendo in esilio l'ultimo re di Francia.

Una delle ipotesi in circolazione era che Galilei potesse essere stato torturato?

Era una convinzione diffusa. Tanto che in Francia, quando il manoscritto del processo viene portato dal Vaticano si pensò di pubblicarlo. Si immaginavano chissà quali grandi pressioni, quali violenze la terribile Inquisizione romana avesse esercitato su Galilei. Poi lessero il processo, che certamente con gli occhi di oggi non fu molto simpatico per il modo in cui fu trattato Galilei. Ma si pensava di peggio, si riteneva che l'Inquisizione non avesse esitato a ricorrere alla tortura. Cosa mai accaduta.

E quando a Parigi hanno capito che non c'era abbastanza?

Non fu più curata alcuna pubblicazione. L'edizione venne progettata intorno al 1811-12, quando il materiale era già a Parigi. Ma nel 1813, con il Concordato estorto a Pio VII da Napoleone, l'idea fu abbandonata insieme al pamphlet che aveva scritto Daunou. In realtà, si capisce oggi che erano state solo armi di minaccia sul papa per piegarlo al Concordato, più che operazioni fatte per promuovere la conoscenza storica.

E come è riuscito lo Stato pontificio a riavere il manoscritto?

Quando l'aristocratico morì, la moglie di Blacas informò nel 1843 il nunzio apostolico a Vienna, Ludovico Altieri, che era in possesso di questo volume conservato da suo marito. E il nunzio, venutone in possesso, lo fece restituire all'Archivio Vaticano. Ma quella di Galileo è tutta una storia a parte.

CERCARONO DI IMBROGLIARE CANOVA AL LOUVRE

Vi siete sdebitati in qualche maniera per la restituzione?

Dunque, qui c'è un discorso da fare. Non tutto il materiale era recuperabile. L'amministrazione francese nicchiava, non voleva ridare tutto. Alcune cose Napoleone le aveva sparse per tutta la Francia, soprattutto le opere d'arte; era difficile andarle a ripigliare. Canova stava a Parigi, ma bisognava cercare anche altrove. Le truppe d'occupazione stavano a Parigi ma non potevano essere sparpagliate. Abbiamo notizie che quando Canova stava al Louvre per vedere i quadri, i francesi cercarono di imbrogliarlo appendendo nelle sale alcune copie; i quadri erano appesi in alto, molto in alto; Canova saliva sulla scala e alcuni inservienti colpivano la scala per cercare di farlo cadere. Non era una situazione molto simpatica.

La possibilità di riprendere tutto sembrava ormai abbastanza remota. E allora cosa si fece? Per non perdere la faccia, in pratica il papa escogitò un sotterfugio, se si può dire così: quello che non si recupera lo si dona. In questa maniera, si salva la faccia. E quello che non si può riprendere lo si lascia sul posto, proprio perché non lo si riesce a riprendere.

Regala che cosa, tra le tante opere ancora in possesso dei francesi?

Tra i codici che si pensò di donare al re di Francia vi erano due preziosi manoscritti della Biblioteca Apostolica, molto antichi, che però alla fine non vennero per fortuna regalati.

Quali manoscritti?

Un manoscritto con le opere di Virgilio, il Virgilio Vaticano e uno con scritti di Terenzio. Capisce? Il più antico codice che la Biblioteca Vaticana aveva della romanità, risalente al V secolo dopo Cristo, miniato, sarebbe stato regalato ai francesi. Il manoscritto di Terenzio invece era una copia del IX secolo, più tardo, ma pur sempre raro. Ma si trattava di due manoscritti della romanità classica, per cui quando si sparse la notizia in curia che potevano essere donati ai francesi tutti si ribellarono.

Non erano stati restituiti?

No, i due codici si trovavano ancora a Parigi, e Pio VII era intenzionato a lasciarceli. Ma Marino Marini si riprese il Terenzio immediatamente, non aveva intenzione di lasciarlo là. L'altro codice, sembra grazie a una sorta di felice circostanza, lo poté prendere di nascosto. E quando arrivò la lettera che diceva che si potevano donare ai francesi i manoscritti, lui li aveva già rispediti a Roma. E quindi tutto ritornò in Biblioteca Vaticana.

Insomma, arriva una lettera da Roma ma i messi pontifici a Parigi la ignorano.

La lettera diceva «si potrebbe», perché era sempre quello il problema: cosa effettivamente si riusciva a recuperare e cosa era veramente recuperabile. Marini giocò sull'ambiguità, sulla disponibilità a concedere il dono e sulla possibilità di recuperare il materiale trafugato. Comunque sia, lo salvò. E se si pensa che il Virgilio Vaticano oggi potrebbe stare a Parigi, ci si rende conto che sarebbe stato anche un affronto a Virgilio. I francesi, ad esempio, lo reclamavano sostenendo che quel codice sarebbe stato depositato in un monastero francese. Anche loro cercavano di portare acqua al loro mulino. I francesi da questo punto di vista sono stati estremamente efficienti. Hanno cercato di tenersi tutto. E hanno lavorato con uno spirito di corpo molto superiore rispetto a quello che hanno potuto fare i vari commissari vaticani.

Si chiama interesse nazionale, o istinto nazionalistico.

Probabilmente i francesi sotto Napoleone si erano formati in un certo modo e riuscivano a mantenere questa coesione nonostante fossero sconfitti. Dall'altra parte, in Italia c'era un problema appunto di nomine di persone – abbiamo visto il caso di Giulio Cesare Ginnasi – non competenti, non all'altezza.

Una carenza di classe dirigente all'altezza, per dirlo con termini moderni. Tranne Canova. Canova riuscì a trovare molte opere d'arte?

Canova le cercò dovunque, a cominciare dal museo del Louvre. E ne recuperò circa la metà di quelle asportate. Noi sappiamo infatti, per grandi numeri, che la metà di quello che era stato preso da Napoleone è rimasto in Francia, specialmente quello sparso nei dipartimenti francesi, perché era quella la politica: bisognava far vedere che la Francia era lo Stato vincente, e allora il bottino lo si destinò a tutta la Francia.

Canova fu aiutato o boicottato nelle sue ricerche al Louvre?

Sicuramente boicottato, come ho detto prima. Ma i problemi li ebbe anche Marino Marini, e infatti alcune serie di scritture non è riuscito a riportarle. La corrispondenza del nunzio in Francia, ad esempio, doveva essere riportata indietro ma è rimasta a Parigi ed è tuttora nella capitale francese.

Esistono documenti nei quali Canova parla di questo boicottaggio?

Nelle *Memorie* di Marini mi pare ci siano dei cenni dove si parla del cattivo trattamento ricevuto da Canova.

La sensazione è che, oltre a una ferita dal punto di vista della ricerca e della memoria storica degli Archivi Vaticani, la razzia napoleonica sia stata anche uno dei momenti più traumatizzanti per il Vaticano.

Senz'altro. Come conseguenza, sappiamo che ci fu un lungo periodo di chiusura dell'Archivio, sia per rimettere, possibilmente, tutte le cose com'erano, sia per ordinare quello che si poteva. L'operazione dei francesi fu sciagurata dal punto di vista archivistico: sia per il grande pasticcio che fecero a Parigi, rinumerando le carte a modo loro; quindi, scompaginando completamente le serie; sia poi per le perdite che noi abbiamo avuto. Perdite gravi. Ad esempio, noi abbiamo oggi i registri dei papi, delle lettere dei papi, del Due-Tre-Quattrocento, e a volte dobbiamo notare dei «buchi». Mancano uno, due, tre, quattro, cinque volumi. Quelli sono andati perduti a Parigi. Prima c'erano e poi non tornano più. Fu un'operazione sciaguratissima, dal punto di vista archivistico.

Dal punto di vista psicologico del Vaticano fu un periodo che vi portò a una chiusura per diversi decenni.

Più che una chiusura fu un periodo di riservatezza obbligato per riorganizzare, capire i danni e rimediare. Tant'è vero che nel viaggio di ritorno vennero in Archivio documentazioni che non appartenevano all'Archivio Vaticano. Erano di Congregazioni religiose, e non c'entravano nulla. E l'Archivio le ha restituite ai legittimi proprietari. Però, ci mancano tante cose che noi avevamo e che oggi non abbiamo più. L'operazione dello strano ordinamento delle carte vaticane è stata rimproverata a Daunou anche dagli stessi archivisti francesi; sotto Napoleone III ci sarà chi lo criticherà aspramente per questa sua azione. Questa volontà di ammassare carte da tutte le parti, riorganizzarle, sfasciando i fondi, lascia esterrefatti.

Capitolo V
Quando l'Italia invase il Vaticano

I PIEMONTESI AL QUIRINALE, NELLA «CASA DEI PRETI»

Il primo ottobre del 1870 il notaio Pietro Fratocchi, accompagnato da avvocati e testimoni, si presentò al Quirinale per sigillare il palazzo che allora ospitava i papi. Era deserto, Pio IX si era rifugiato in Vaticano. E allora due soldati piemontesi forzarono l'ingresso di quella che re Vittorio Emanuele II chiamava «Ca' 'd preive», in piemontese: la casa dei preti. Fu l'atto formale della sconfitta del Vaticano, e la vittoria dell'Unità d'Italia. Dai vostri documenti, come fu vissuta quella fase?

Si è scritto già moltissimo sull'episodio e sul clima della presa di Roma, sia da parte italiana soprattutto, sia da parte vaticana, e forse la migliore sintesi storica in argomento è quella del gesuita Giacomo Martina, col suo *Pio IX*, in tre volumi, che fa seguito a un'opera precedente del gesuita Pietro Pirri su *Pio IX e Vittorio Emanuele II dal loro carteggio privato*, con molti documenti del nostro Archivio. Martina ha mostrato – e diversi altri studi lo confermano – che Pio IX puntava a dimostrare di essere pronto a tutto per difendere Roma, capitale del mondo cattolico: anche con manifestazioni pubbliche religiose; e perfino con l'annuncio di un Concilio ecumenico, fatto già nel 1868, e da celebrarsi nella città del papa. Sostanzialmente, il pontefice, forse più che la sua curia, voleva e doveva resistere fino alla fine in difesa del suo Stato, mentre le potenze straniere erano ormai disinteressate a Roma, eccezion fatta forse per la Francia, che tenne un atteggiamento ambiguo (Napoleone III). Ma il regno d'Italia era ormai quasi libero di agire; semmai Vittorio Emanuele II restava perplesso sull'azione delle truppe di Garibaldi: intervenire con l'esercito reale prima o dopo che queste forze avessero occupato Roma? E dall'altra parte, in uno Stato della Chiesa che aveva perso quasi tutte le sue province, a chi ricorrere? Forse al solo Napoleone III, che ormai era avversario di Roma? Ma nel frattempo nella capitale, escluse le fila degli ecclesiastici, c'era chi, come Giuseppe Monti e Gaetano Tognetti, facevano scoppiare barili di polvere alla caserma Serristori, segno di una rivoluzione sotto il cupolone: un clima a mio avviso ben ricostruito nel film *In nome del papa re*. Quel che restava dell'esercito pontificio guidato dal generale Kanzler serviva appena a compiere qualche gesto eclatante di resistenza o di difesa, ma nulla più.

Insomma, di fatto Pio IX già si preparava alla resa perché non poteva fare altro...

Pio IX si mostrò fino alla fine padrone del suo Stato, ma sperò soltanto in un miracolo, che sembrò avvicinarsi con la grave malattia del re Vittorio Emanuele a San Rossore nel novembre del 1869. La speranza di una tregua nel programma unitario d'Italia fu breve. Il re si confessò e ricevette i sacramenti, ma alla maniera sabauda, senza troppa pubblicità, poi il sovrano si ristabilì e non mutò la sua posizione riguardo a Roma. Intanto, nel 1869, si apriva a San Pietro il Concilio Vaticano I, su schemi preparatori fatti approntare da papa Mastai. Ma al di là dell'interruzione forzata nell'ottobre del 1870, non si sarebbe realizzato in nessun modo il piano di rinnovamento e di restaurazione cattolica voluto dal papa.

Per la presa di Roma da parte dei piemontesi?

Soprattutto per come era diviso al suo interno lo stesso Concilio. In questo clima di forti perplessità nel governo della Chiesa, Pio IX restava convinto che i piemontesi avrebbero risparmiato Roma, che il re non avrebbe permesso un'«invasione» in armi. Il cardinale Giacomo Antonelli, astuto e concreto Segretario di Stato, era assai più cauto e forse ormai vedeva il tramonto. Secondo alcuni studi di Francesco Margiotta Broglio sembra addirittura che Antonelli, prima della breccia di Porta Pia, assicurasse i suoi risparmi presso una banca del Regno d'Italia! Quando poi il 20 settembre 1870 la breccia di Porta Pia fu aperta, a Roma da parte dell'esercito papale vi fu una resistenza simbolica, pure mal guidata, pare, e vi furono vittime da parte dei due eserciti. Pio IX rimase tramortito dalla perdita della sovranità sul suo Stato, e con lui anche vescovi e presuli di curia. Ma Giovanni Battista Montini a ragion veduta avrebbe sostenuto nell'ottobre del 1962 che quell'evento «parve un crollo, ma il papa ne uscì rafforzato». E Montini divenne pontefice sette mesi dopo con il nome di Paolo VI. Prospettive diverse a distanza di tempo. Certo nel settembre del 1870 parve a Pio IX e alla curia che finisse il mondo, ma finiva soltanto «un mondo».

Chi vedeva il Vaticano dietro l'Unità d'Italia? Quali manovre?

Da quel che si apprende dai protagonisti «vaticani» al tempo dell'Unità d'Italia, nel 1861, dunque soprattutto dal cardinale Segretario di Stato Giacomo Antonelli, dal nunzio a Vienna, Antonio Saverio De Luca, e da Carlo Sacconi, nunzio a Parigi, la Santa Sede si vide progressivamente «abbandonata» dalle potenze cattoliche, Austria e Francia in primis. E nella prima fase dell'unificazione d'Italia si temette ovviamente per la sopravvivenza dello Stato pontificio. Creò sconcerto vedere che le potenze europee nutrivano nei confronti di Roma una certa distanza. A ciò si aggiungeva l'atteggiamento personale di Pio IX, avverso a rinunciare al potere temporale per favorire l'Unità d'Italia. La Santa Sede voleva conservare almeno Roma come suo Stato, alla peggio, ma il Regno d'Italia voleva proprio Roma come sua capitale. Senza Roma il resto sarebbe sembrato solo un'espansione del regno di Sardegna. È stato scritto, mi pare dallo storico Agostino Giovagnoli, che l'«invenzione» della nazione italiana è stata frutto di un piano europeo. Questo la Santa Sede, tramite i suoi diplomatici, lo avvertì per tempo. Il papa, avverso alle idee liberali, almeno nei suoi ultimi anni di vita, fu parimenti contrario all'unità nazionale italiana. Lo era sia per la perdita di Roma, sia anche per i pericoli che facilmente prevedeva nelle nuove legislazioni in ambito religioso, dell'educazione della gioventù, del matrimonio, delle relazioni fra lo Stato e la Chiesa. Inoltre, se la nuova Italia guardava alla nazione, il papa doveva guardare alle nazioni, perché la Chiesa supera gli steccati nazionali. L'atteggiamento di Pio IX fu di assoluta chiusura: si ritenne prigioniero in Vaticano. Ma bisogna considerare anche che egli non vide mai una possibile «trattativa», che invece poi ci fu, fra Stato e Chiesa per risolvere l'annosa questione romana.

LA LEGGENDA DELLA «MALEDIZIONE» CONTRO I RE E UNA LETTERA DI GARIBALDI

Fu considerata una guerra «dei massoni»?

Forse da alcuni ambienti sì. Del resto, è noto che quando Cavour promosse alcune trattative con la Santa Sede attorno al 1860 per ottenere il consenso del papa all'Unità d'Italia, i democratici, i radicali e i massoni restarono sconcertati, volendo il papa fuori da tutti i giochi politici.

Il Vaticano definì col cardinale Antonelli la breccia di Porta Pia un attentato che non aveva commesso nemmeno Giuseppe Mazzini quando aveva proclamato nel 1848 la Repubblica romana. Nacque da lì la leggenda della maledizione dei papi contro i monarchi sabaudi che andarono a vivere al Quirinale?

Veramente di una «maledizione» io non ho mai letto. Penso piuttosto che si applicasse anche ai Savoia, dopo la presa di Roma, l'antico detto che ogni tanto ripeteva anche Pio XI, e cioè che «chi colpisce il papa muore»: *Qui mange du pape en meurt.* Una frase che venne in uso, come scrive Giovanni Coco, a partire dal XIX secolo con riferimento a Napoleone e ad altri capi di Stato che ebbero conflitti con la Chiesa.

C'è traccia di questa leggenda nell'Archivio Segreto? Giravano voci su una dinastia maledetta?

Che Pio IX e anche i suoi immediati successori, soprattutto papa Ratti, stimassero poco Casa Savoia è cosa risaputa; anche se, bisogna dirlo, quando i sovrani in esilio ebbero bisogno dell'aiuto della Santa Sede, sotto Pio XII lo ebbero, sia pure a giuste condizioni. Ma che la dinastia sabauda fosse maledetta, questo non mi risulta affatto, anzi lo trovo contrario al modo di esprimersi della Santa Sede.

Cavour, Mazzini, Giuseppe Garibaldi. Chi erano per il Vaticano questi esponenti del Risorgimento?

Ciascuno di essi, a proprio modo e secondo diversi periodi, fu considerato dalla Santa Sede diversamente e non sempre in senso negativo. Ma i giudizi sui tre attori della storia unitaria italiana io li lascio ovviamente agli storici, non senza aver notato, almeno per Cavour e Garibaldi, momenti di cangianti giudizi di fronte al pontificato di Pio IX. Di Cavour bisogna registrare attorno al 1860, come ho già detto, un tentativo di includere il papa nel processo di unificazione. Di Garibaldi basterà dire che nel 1847, quando si trovava in Uruguay, scrisse fiducioso a Pio IX, in quel momento autore della celebre amnistia che lo rese ammirevole agli occhi dell'eroe del due mondi, non solo manifestandogli la sua ammirazione – «l'entusiasmo pel Romano Pontefice fosse ormai troppo poca cosa e che un grave dovere c'incombesse» scrisse –, ma si offrì al papa, con la propria truppa: «Se adunque ponno queste braccia con qualche uso delle armi riuscire ben accette a Sua Santità, noi [Garibaldi e Francesco Anzani, suo comandante in seconda] e ben più volontieri le adopreremo in vantaggio di Colui che sì bene serve la Chiesa e la Patria». Cito la lettera di Garibaldi conservata nell'Archivio Vaticano, tra le carte della Segreteria di Stato. È del 1847.

UN «COLOSSO» DI SAN PIETRO ALTO TRENTASEI METRI PER IL GIANICOLO

Dopo l'Unità cominciò anche a svilupparsi una architettura destinata a cambiare il volto di Roma. E nacquero monumenti con un chiaro tratto «laico», se non ostile alla Chiesa. Nel vostro Archivio ci sono episodi che raccontano quel periodo?

Esistono documenti sul primo caso di «divieto» italiano, sia pure forse indiretto, a un progetto vaticano di un monumento pensato a ridosso della presa di Porta Pia. Ho ricordato che Pio IX aveva indetto il Concilio Vaticano da celebrarsi proprio a San Pietro a partire dal 1868. Per l'occasione, pensò di far realizzare un grande monumento dedicato all'apostolo Pietro per esaltare il primato petrino. Lo avrebbe voluto far collocare, finito il Concilio, sul Gianicolo, sulla piazza della chiesa di San Pietro in Montorio, visibile dalla Roma sottostante. Il monumento era costituito da un basamento quadrangolare e da un'alta colonna, sormontata da una statua di san Pietro in bronzo benedicente: una struttura di ben trentasei metri. L'opera fu commissionata dal papa nel 1869 all'architetto Virginio Vespignani e la statua dell'apostolo fu realizzata dallo scultore Filippo Gnaccarini. Tutto era pronto nel 1870, quando però il Concilio fu sospeso, e mai più ripreso, a causa della guerra franco-prussiana, della sconfitta di Napoleone III e dell'ingresso a Roma dei bersaglieri italiani attraverso Porta Pia. A quel punto il nuovo governo italiano di Roma non avrebbe certamente consentito al papa di collocare questo monumento sul Gianicolo e Pio IX, dal canto suo, forse neppure volle mai chiederne il consenso. Sicché fu costretto a sistemare il monumento in Vaticano, nel magnifico Cortile della Pigna. Di lì, nel 1936, per volontà di Pio XI che volle far spazio alla Mostra Mondiale della Stampa Cattolica di quell'anno, il monumento fu smontato e tagliato in più parti e oggi la statua di san Pietro è collocata nei Giardini Vaticani.

È quella che si innalza appena sotto il Monastero dove dal 2013 si ritirò dopo la rinuncia Benedetto XVI?

Esattamente. Con lo sguardo di san Pietro in direzione della cupola, il cosiddetto «cupolone», mentre i bassorilievi della base sono sistemati nelle sue prossimità. Ricordo anche il caso del monumento che si volle erigere a Giuseppe Mazzini nel 1887, realizzato sull'Aventino solo molto dopo, nel 1948, e inaugurato nel 1949, opera dello scultore massone Ettore Ferrari e di suo figlio Gian Giacomo. Mentre il monumento si stava ultimando, un certo avvocato Michele Barbaro, calabrese e iscritto al Movimento sociale italiano, una formazione di destra considerata erede del fascismo, avvertì la Segreteria di Stato Vaticana che sul basamento quadrangolare del monumento erano state scolpite figure apertamente anticlericali. Pio XII ne fu avvertito e tramite i buoni uffici di Alcide De Gasperi fece in modo che quelle figure fossero di molto «attenuate». Un caso di «sorveglianza» su una Roma che il papa riteneva ancora in certo modo «sua», se non è dir troppo.

Ci fu il tentativo papale di frenare le costruzioni intorno al Vaticano, subito dopo il 1870? Di intervenire per impedire la costruzione di alcuni monumenti, statue?

Dopo la presa di Roma, ma con scarso o nessun successo, il Vaticano vigilò sulla onomastica delle strade, ma non poté evitare che quasi confinante con le mura vaticane vi fosse piazza Risorgimento, non lontano da piazza Mazzini: una sorta di accerchiamento fatto con nomi di personaggi e movimenti anticlericali. E in seguito, la ristrutturazione urbanistica attorno al Vaticano, a piazza San Pietro e intorno alla basilica soprattutto, fu realizzata con la creazione di via della Conciliazione – si noti il nome! – a partire dal 1936, che con direttiva chiara conduce da Castel Sant'Angelo alla Basilica Vaticana. Quanto al «frenare» costruzioni attorno al Vaticano penso fosse ormai quasi inutile, perché da tempo la Santa Sede possedeva molti storici palazzi proprio attorno alla nuova Città del Vaticano.

FINIVA IL MONDO DELLO STATO PONTIFICIO

I notai dei Savoia censirono gli oggetti ritrovati. Oltre a inginocchiatoi, altari, immagini sacre, affreschi del Seicento che i monarchi Savoia fecero ricoprire con quadri inneggianti ai trionfi laici dell'Italia unificata, c'erano anche due sputacchiere di mogano e due vasi da notte, e una sala con tutto il necessario per preparare le imbalsamazioni dei pontefici. Era un mondo che finiva?

Sì, veramente si può dire che con la «perdita» del Palazzo del Quirinale, sede per lunghi mesi all'anno di tanti pontefici da Paolo V a Pio IX, per 265 anni circa, un «mondo» finisse: la corte sfarzosa e per diversi aspetti ancora regale del Quirinale non passò come tale al Vaticano, i cui ambienti, peraltro, non lo avrebbero consentito. Da Pio IX in poi i pontefici che abitarono i palazzi apostolici furono certamente meno «mondani», «trionfalistici» e più vicini alla figura del papa pastore, successore di Pietro, pur se ancora immerso in un'aura di ieraticità. Del resto, per fenomeni di popolo ben comprensibili, proprio con Pio IX, prigioniero in Vaticano di potenze ostili, comincia a diffondersi una nuova «devozione» verso la figura del papa, che interesserà anche Leone XIII, Pio X, Benedetto XV e, a suo modo, Pio XII. Su questo argomento ha scritto un saggio molto interessante lo storico Annibale Zambarbieri. Al Vaticano restano sostanzialmente attive le strutture legate alla vita e alla morte del papa, ma persero quella connotazione «regale» e forse anche mondana che aveva il papa al Quirinale.

Chi si rivelò alleato della Chiesa in quegli anni bui fuori dai confini dell'Italia? E chi invece applaudì l'Unità d'Italia?

Qui la questione si complica notevolmente, perché bisognerebbe partire dagli ideali di Cavour per la discussione di una «questione italiana» nel 1856, dalla avversione di Francia e Inghilterra contro i regimi assolutistici del Regno delle due Sicilie e dello Stato della Chiesa, alla altrettanto viva avversione italiana nei confronti dell'Austria, per i decenni successivi. Io non ho la competenza per approfondire questo complicato panorama storico. Posso semplicemente dire che in quei disegni di unificazione giocarono interessi politici notevoli e forse anche interessi d'altro genere, intesi con vari accordi, palesi e segreti, a far piazza pulita dei ducati e degli staterelli della penisola, Stato pontificio compreso. Molte iniziative strategiche, compresa la spedizione garibaldina, miravano a questo disegno muovendo le masse dal basso, chi da una parte, chi dall'altra. Quanto alla fedeltà alla Chiesa, forse ci fu. Ma non provenne da nazioni, però, semmai da popoli o porzioni di popolazioni come nelle Marche, in Umbria, in Abruzzo, in Campania. Ma altre erano ostili, come l'Emilia-Romagna. E poi si assistette al gioco ambiguo del re Vittorio Emanuele II. Insomma, popolazioni fedeli al papa in quanto papa, sì; ma in quanto re, Pio IX restava sempre più solo.

Fu allora che nacque l'aristocrazia «nera»?

Sì. In seguito agli eventi del 1870 si cominciò a parlare di «nobiltà nera», o «aristocrazia nera» per indicare quella parte della nobiltà romana che rimase fedele al papa-sovrano anche dopo la perdita di Roma. La quale nobiltà ebbe ranghi importanti anche nell'amministrazione pontificia: principi assistenti al soglio, marchesi e conti di baldacchino, camerieri segreti partecipanti di cappa e spada. Parlo delle famiglie Colonna, Orsini, Sacchetti, Massimo, Torlonia. Un problema si pose nel 1948, quando la nuova Costituzione italiana nella sua disposizione transitoria non riconosceva più alcun titolo di nobiltà e sopprimeva la Consulta Araldica. Pio XII, ricevendo la «nobiltà nera» il 15 gennaio 1949 per gli auguri tradizionali del nuovo anno, diceva, a parziale consolazione dei desolati aristocratici: «È ben vero che nella nuova Costituzione d'Italia i titoli nobiliari non sono riconosciuti, fatte salve le norme del Concordato, ma la Costituzione stessa non ha potuto annullare il passato, né la storia delle vostre famiglie». Per conto della Santa Sede fu Paolo VI che, dopo il Concilio Vaticano II, abolì le cariche dei nobili in Vaticano con il motu proprio *Pontificalis domus* del 1968: la riforma della cosiddetta corte pontificia, poi famiglia pontificia. Un'altra epoca che tramontava.

Il popolo romano come reagì?

Il popolo di Roma, nella sua varia composizione sociale e religiosa, reagì in maniera diversa a seconda delle persone, delle famiglie e delle pratiche religiose. Vi furono fedeli devoti che difesero il papa «oltraggiato» dai piemontesi, e cittadini che invece applaudirono alla «liberazione» di Roma dal giogo amministrativo e politico di uno Stato della Chiesa sempre più esigente, burocraticamente arrugginito, lontano dalla giustizia, asservito ancora ai potenti, ai clericali e all'aristocrazia. Se non fossimo fuori periodo potremmo qui ricordare la terribile battuta che il marchese Onofrio del Grillo rivolse a Pio VII: «È morto qualcuno più importante della Santità Vostra; è morta la giustizia!», in un famoso film del regista italiano Mario Monicelli. Vi fu anche, come sempre capita a Roma, ma non solo a Roma, chi alzò le spalle e attese di vedere se i nuovi padroni della città portavano ai poveri almeno la pagnotta. Il celebre detto: *Franza o Spagna, purché se magna*. Si ebbero però nel popolo anche gli scrupoli di coscienza di buoni romani, che da sudditi del papa si videro fatti sudditi di un re a loro estraneo. E in Archivio Vaticano abbiamo lettere a Pio IX di diversi romani che, passata la bufera del 1870, ancora negli anni 1876-78 scrissero al papa per manifestargli la loro intima fedeltà. Alcuni di essi vantarono anche di aver combattuto nei due o tre giorni attorno al 20 settembre dalla parte delle armate pontificie. Debbo aggiungere, però, che queste lettere non sono molte.

Capitolo VI
Le spie di Pio X

UN CARTEGGIO RELEGATO IN FALDONI SENZA NOME

Uno dei carteggi sui quali lei si è impegnato di più è quello di Umberto Benigni, monsignore colto, docente universitario, ma arcigno conservatore, per non dire reazionario: al punto che il dossier che lo riguarda era stato acquistato dal Vaticano perché non cadesse in mani ostili. Era stato infilato in alcuni faldoni senza nome, e relegato in uno degli angoli meno frequentati dell'allora Archivio Segreto. Lei non solo ha studiato le carte Benigni, ma le ha scoperte, perché se ne parlava ma nessuno sapeva dove fossero e che cosa contenessero. O forse non si voleva sapere. Ci può raccontare come avvenne questo ritrovamento da parte sua?

Sì, è stato un caso per me fortunato, e anche fortuito. Perché dell'esistenza di queste carte Benigni in Archivio si aveva notizia. Furono acquistate nel 1934, allora era prefetto dell'Archivio Segreto monsignor Angelo Mercati, dagli eredi di Benigni per un totale di quindicimila lire di allora. Chi le possedeva e propose di venderle era la famiglia Passeri.

In che modo erano parenti di Benigni?

Erano i familiari di Benigni che avevano avuto in eredità sia le carte del suo Archivio personale, sia i libri della sua biblioteca. La biblioteca fu venduta per gran parte, poi, alla Biblioteca Vaticana, mentre le carte passarono qui in Archivio. Ma non tutte. Cioè, la maggior parte sì, ma un'altra parte la famiglia la tenne ancora per sé. Fu un acquisto deciso dalla Segreteria di Stato per conto dell'Archivio Vaticano; quindi, era certo che le carte ci fossero. Poi, il prefetto Mercati morì; a lui è succeduto il prefetto Martino Giusti, sono accadute tante cose, anche nello spostamento dei fondi. Soprattutto è stato costruito durante il pontificato di Paolo VI l'Archivio nuovo sotterraneo, e molti faldoni, una volta terminati gli scaffali nuovi, furono sistemati nel cosiddetto bunker: un archivio enorme. Di questo fondo si era perduta notizia, anche perché non interessava quasi a nessuno degli ufficiali in servizio in quel momento. Trattava del modernismo, e qui non c'era nessuno che seguisse quella pista storica.

Tranne lei. Oppure non cercava tracce dei modernisti e della persecuzione che subirono dall'inizio del No*vecento?*

Ma no, ripeto, è stato un caso, legato solo alla mia inguaribile curiosità. Io, da giovane, appena assunto, passavo tutti i pomeriggi, e qualche volta anche la domenica mattina in Archivio, perché il prefetto di allora mi autorizzò a eseguire ricerche. Ci incontravamo con monsignor Giusti, qualche volta, perché anche lui veniva di domenica a studiare. Cercavo di passare a setaccio tutto l'Archivio per rendermi conto di cosa ci fosse. Quindi mi soffermavo ore e ore su un «fondo»: prima gli scaffali in ferro, poi l'Archivio delle rappresentanze diplomatiche del terzo piano, ai cosiddetti «Soffittoni», e poi dopo, nel bunker, appunto per farmi un'idea piano piano di tutto quello che conteneva. Molte cose più o meno le sapevo, altre no. E un giorno mi imbattei in alcuni registri Buffetti proprio nell'ultima parte del bunker, quella più buia. Vede? (indica la scrivania, N.d.A.) come quella scatola, all'esterno della quale era proprio scritto «Registri Buffetti», senza nessun'altra indicazione, nessun riferimento a un titolo. E io mi sono chiesto cosa ci stessero a fare quei raccoglitori, e perché nessuno si fosse premurato di aprirli. Forse saranno vuoti, ho pensato. Invece, aprendone uno, mi sono reso conto che c'era materiale archivistico molto delicato. Mi sono messo a leggere queste carte e ho scoperto subito, perché si capiva, che era il vero Archivio Benigni.

Da che cosa l'ha capito? Come faceva a sapere che si trattava delle carte di monsignor Benigni?

Intanto la calligrafia, l'intestazione, la materia trattata nelle carte. Sa, Benigni era una figura complessa. Ormai esistono biografie su di lui, era un prete nativo di Perugia, che aveva fatto studi molto seri a Roma, e in seguito insegnato storia ecclesiastica in diversi istituti romani. Era anche autore della prima storia sociale della Chiesa, del 1933, quindi una persona molto intelligente, e aperta alla ricerca. Sennonché, per vicissitudini, chissà, forse personali o di salute, o di cambiamento di mentalità come capita sempre agli uomini, da un'apertura culturale è passato a una chiusura totale: soprattutto rispetto al moderno e alla modernità. Umberto Benigni diventò un monsignore che sotto Pio X cominciò a dare la «caccia» sistematicamente a tutti i modernisti, veri e presunti, soprattutto preti. Li denunciava al papa. E tenendoli d'occhio finiva per perseguitarli, ritenendoli eretici o fautori di eresie. Alcuni potevano anche essere considerati tali, perché arrivavano a negare o a mettere in dubbio anche la divinità di Cristo. Ma molti non lo erano affatto. Secondo Benigni, la Chiesa, che è depositaria della verità, non deve seguire il mondo, o le mode, anche teologiche, ma stare sulla propria strada sicura. Ora, Benigni aveva lavorato insieme al giovane Pacelli per un certo tempo agli Affari Pubblici della Chiesa, alla Segreteria di Stato; insomma, si conoscevano. Faceva bene il suo lavoro ed era stimato anche da Pio X. Ma quando scoppiò la lotta al modernismo, sotto il pontificato di papa Sarto, nei primi anni del Novecento, lui prese questa posizione avversa a tutto ciò che era modernismo.

MONSIGNOR BENIGNI E IL «MACCARTISMO» CATTOLICO

Non era facile. Il modernismo era un fenomeno già complesso in sé. Non a caso, la parola fu usata dagli avversari del movimento verso il 1904. Si contestava la volontà dei modernisti di adattare il cattolicesimo «allo spirito del tempo», e di farlo dentro ma non in contrapposizione con la Chiesa.

È vero, si trattava di un fenomeno complesso in quanto poliedrico, esteso a molti campi. C'era il modernismo religioso, ma anche quello letterario, rappresentato in Italia da personaggi di rilievo come Antonio Fogazzaro, più volte candidato al Premio Nobel. C'era un modernismo politico, un modernismo nell'arte; tutto ciò che la cultura dell'inizio del Novecento cominciava a esprimere. Era una corrente forse non mondiale ma certamente europea e multiculturale. Anche negli Stati Uniti si segnalano alcuni studiosi che in qualche maniera si rifacevano a queste correnti culturali. Ebbene, Benigni era dell'avviso di dover contrastare con ogni mezzo il modernismo religioso. E lui si dedicò a questo: fermare soprattutto tutti i preti, tutti i docenti cattolici, tutte le persone che, in qualche maniera, posseggono, diffondono, credono, scrivono su idee moderniste. A lui bastava poco per trovare qualche modernista. Ora, in questo fenomeno...

Lei sta descrivendo una sorta di «maccartismo» religioso: proprio come quello che si propagò negli Stati Uniti con una punta di isteria collettiva contro il comunismo a opera del senatore Joseph McCarthy negli anni Cinquanta del secolo scorso...

Si può anche definire così: un maccartismo *ante litteram*. Qui, però, ha sfumature diverse, perché è un fenomeno che coinvolge tantissime persone. In pratica, mi sono fatto questa idea: erano le intelligenze migliori, nel mondo cattolico, ormai all'inizio del Novecento, con la piena industrializzazione e il progresso delle scienze, quelle che avvertivano un ritardo della Chiesa su tanti problemi, e cercavano una strada per poter spiegare e armonizzare le certezze antiche e sempre valide del Vangelo con le sfide della modernità. Che è poi quello che farà Giovanni XXIII con il Concilio Vaticano II. Il problema è che all'inizio del secolo i tempi non erano ancora maturi, almeno agli occhi di quella Chiesa. E quindi queste intelligenze «buone», sacerdoti, religiosi, vescovi, e cardinali pure, docenti universitari, intellettuali, appena appena oltrepassavano il segno posto dal conservatorismo romano, venivano colpite. Secondo Benigni e la sua scuola, ma era anche quello che pensava Pio X e, secondo alcuni, i cardinali più conservatori della curia, appena si diceva qualcosa che potesse sembrare anche vagamente in odore di eresia, fuori posto, Benigni si assumeva il compito di combatterlo. Faceva il giornalista, scriveva su diversi giornali, ad alcuni piaceva e ad altri no. E fondò un giornale suo, la «Correspondance de Rome» in francese, la lingua più diffusa nei salotti culturali europei, che poi diventò «La Corrispondenza Romana» in italiano. Era un bollettino che già preludeva a queste posizioni integriste, molto dure.

Dal dossier che lei ha studiato emergono aspetti molto delicati, che il Vaticano negli anni Trenta del secolo scorso temeva diventassero di pubblico dominio: tanto che comprò i documenti. Era perché Benigni fu incaricato di creare una rete di spionaggio per scovare i modernisti?

Un incarico ufficiale Pio X ovviamente non glielo affidò. Però succede questo: che quando lui fonda il cosiddetto *Sodalitium Pianum*, la Società che però si richiamava a Pio IX, un pontefice reazionario, e già questa la dice lunga, Pio X gli diede la benedizione: gli mandò perfino un biglietto con gli auguri.

IL SODALIZIO DELLE SPIE BENEDETTO DA PIO X

Un biglietto con gli auguri di Pio X a Benigni quando fonda il suo sodalizio spionistico? È conservato da voi?

Sì, è quello che in gergo noi chiamiamo un «breve»: un documento pontificio formale di benedizione, di buoni auspici. Quindi non c'è dubbio che Pio X approvò la fondazione di Benigni. Certo Pio X, che era un uomo a volte piuttosto indeciso, di carattere dubbioso, però anche molto buono, prudente, a suo modo anche pastoralmente avanzato, non era per nulla un papa reazionario, anzi fu fautore di riforme della curia molto buone e persino lungimiranti. Però Pio X apprezzò questa Società perché si rendeva conto, avendo come pontefice la responsabilità del mantenimento della sana dottrina, che i modernisti, in tanta parte, diventavano degli oppositori della Chiesa. Non si aveva ancora la maturità per vedere che certe posizioni di tanti modernisti, sia in letteratura che in teologia, filosofia, storia della Chiesa e anche nelle scienze, erano posizioni avanzate che si potevano discutere. E invece ci fu proprio un rifiuto. Lo schema era modernista uguale eretico, fuori dalla retta dottrina. E perciò Benigni istituì un ufficio in cui lavorava lui stesso, aiutato mi pare dalle sorelle. Benigni conosceva diverse lingue, anche il russo. E le sue sorelle gli diedero una mano per le lingue, lo aiutano nell'ordinamento di tutte queste carte. Lavorano con lui anche alcuni sacerdoti, ma soprattutto Benigni si costruì una rete di corrispondenti antimodernisti in tutta Europa. In Francia, in particolare, dove ha una corrispondenza, «Cahier de France», molto continua e ricca di notizie. Ma anche in Spagna, in Belgio, persino in Olanda, naturalmente in tutta Italia, quasi in tutte le diocesi italiane poteva contare su sacerdoti che erano suoi corrispondenti e gli passavano notizie.

Venivano chiamati «corrispondenti», come se fosse un giornale?

Sì, come se fosse un giornale.

E lui come li reclutava?

Attraverso le amicizie antimoderniste: conosciuto un prete che era di fede antimodernista, questi faceva il nome di altri dieci. Tutti questi dieci venivano incaricati di spiare – noi usiamo questo termine, che forse non è corretto –, diciamo di sorvegliare e soprattutto informare il Sodalizio su ciò che si scriveva, si diceva, si insegnava nei seminari, perché i seminari sono i luoghi di formazione del nuovo clero. Si invitava a prestare attenzione alla dottrina dei rettori e dei professori; e poi a sorvegliare le curie vescovili, le università e le scuole cattoliche, i giornali, le opere, i libri che si pubblicavano, che bisognava contrastare con ogni forza. Questa mentalità spionistica di Benigni lo portò a crearsi un codice, addirittura; parlava con i suoi amici e corrispondenti in codice. C'è un codice, nelle sue carte, in cui lui dice ai suoi corrispondenti: tra noi bisogna parlare cifrato per non essere intercettati. Quindi, se io di un vescovo...

Comunicazioni telefoniche o per iscritto?

No, sulla carta, per posta. E quindi, ad esempio diceva: «Se io voglio parlare male di un vescovo perché è sospetto, ne dirò tutto il bene, esagerando. Ma voi dovete capire che sotto questa mia esagerazione c'è invece una lettura negativa del suo operato». I nomi delle persone venivano puntati... tante volte venivano cambiati artificialmente proprio con un vero cifrario. All'interno del Sodalizio si sapeva, ad esempio, che «don Romano» era in realtà Romolo Murri, e così via. I rettori dei seminari avevano il nome puntato, gli scrittori che si volevano censurare venivano spesso trattati con una terminologia ironica. Benigni capiva il cognome perché il vero cognome era storpiato in modo evidente.

Quindi monsignor Benigni scrive le regole di questo cifrario perché i suoi corrispondenti possano seguirle e rispettarlo.

Benigni organizzò una rete di informazioni scritte che oggi si possono trovare nel nostro «fondo Benigni». Ma bisogna aggiungere un'altra parte del suo Archivio, che la famiglia non ci ha venduto e che è finita all'Archivio storico del Ministero degli Esteri italiano, dove c'è un'altra sezione di carte Benigni, forse più «politica». Quella però è più piccola; è stato già pubblicato l'inventario. Invece queste carte nostre sono state comprate, lo dice il giovane Montini che era sostituto della Segreteria di Stato vaticana, proprio per evitare che andassero in mani altrui. Perché, così si pensava allora, erano molto compromettenti per la Chiesa, per il papa, per la curia: perché si vedeva bene, si vede bene ancora oggi, il metodo di denunce sia anonime che firmate, però incrociate, di tutti i generi. Benigni era informato non dico di tutto, questo è impossibile, ma di molta parte della vita di centinaia di persone. Tutte schedate.

C'erano ricatti di tipo dottrinale o si indagava anche sulla vita privata per colpire queste persone?

Abbiamo trovato, qualche volta, anche bruttissimi rapporti sulla vita privata di alcune persone, soprattutto ecclesiastiche. Ma non era tanto questo che interessava a Benigni; era piuttosto la teoria, la posizione intellettuale, il pensiero. Lo era per monsignor Benigni, così come purtroppo, bisogna dirlo, anche per Pio X. Noi abbiamo già pubblicato diverse carte di papa Giuseppe Sarto. E, al di là del movente che per un pontefice è quasi obbligatorio, e cioè difendere la sana dottrina, Pio X non poteva stare fermo mentre, da parte delle università, di studiosi, sacerdoti, vescovi o altri si cominciavano a diffondere idee pericolosissime. Perché, diciamo la verità, una parte di modernismo era veramente eretico, fuori strada. Si comincia magari a sospettare di modernismo chi scrive che la casa di Loreto non è la casa della Madonna, che non è stata trasportata dagli angeli, ma da una famiglia Angeli che la trasportò via mare ecc. Cose enormi, per Pio X, perché toccavano la fede dei semplici, delle masse, ma in sé storicamente indagabili. Ma da lì si passò a negare la presenza reale di Cristo nell'eucarestia, come fece Ernesto Buonaiuti. Si arrivò a negare la figliolanza divina di Cristo, nel senso che Cristo sarebbe stato un profeta che poi sarebbe «divenuto» figlio: una vecchissima eresia adozionista. Si voleva storicizzare il massaggio di Gesù (Alfred Loisy) come evoluto nel tempo della sua vita. Ci fu persino chi mise in dubbio la resurrezione di Cristo: cioè problemi gravissimi.

IL FRUTTO DI UN VATICANO SPAVENTATO DALLA MODERNITÀ

La descrizione è quella di un Vaticano spaventato dalle conseguenze dottrinali alle quali poteva portare una elaborazione modernista, non controllata e non...

Certo. Soprattutto lo spavento era evidente. Era il riflesso della paura che prende, ma non senza ragione, la curia romana, per dire: di questo passo si apre la stura a eresie senza fine, per cui se noi non interveniamo per dire che siamo contrari con ragioni dottrinarie a queste idee, queste idee si diffondono e provenendo da preti, vescovi e religiosi, facilmente attecchiscono fra i fedeli.

Questo porta a pensare che monsignor Benigni abbia potuto creare la sua rete spionistica perché ha intercettato una fase di grande timore della Chiesa di allora, e del papa di allora, nei confronti di una modernità incontrollabile e travolgente.

Incontrollabile da molti punti di vista. Però, facendo questo, come ormai riconoscono tutti, insieme agli eretici si sono colpite moltissime persone degnissime che avevano soltanto espresso qualche idea, qualche linea pastorale, qualche linea interpretativa del Nuovo Testamento, dei Vangeli. Toccare i Vangeli e la Sacra Scrittura era pericolosissimo, si era subito tacciati di modernismo. Ecco perché avere combattuto così i modernisti, anche quelli che tali non erano e che invece rappresentavano intelligenze avanzate, ha tenuto la Chiesa ferma forse vent'anni: dai primi del Novecento, in pratica dalla morte di Leone XIII, quantomeno fino alla morte di Pio X. Benché la lotta al modernismo sia continuata, ma in maniera meno violenta, anche sotto Benedetto XV (1914-22).

La morte di Leone XIII quando avviene?

Nel luglio del 1903.

E Pio X quando scompare?

Nel 1914. Poi venne Benedetto XV. È con Pio X che Benigni organizza tutto questo, e naturalmente influisce sulla curia e sul papa stesso con quel clima. Però, così facendo, ha mortificato le intelligenze migliori del cattolicesimo che intravedevano la possibilità di progressi, sia nella critica biblica – curioso a dirsi che proprio Pio X abbia fondato a Roma l'Istituto Biblico dei Gesuiti –, sia in un mondo che si apriva a un tentativo di reinterpretazione della realtà della fede. Sono stati repressi crudelmente i fermenti migliori, e anche con sofferenze personali, perché ai sospettati facevano perdere le cattedre, i sacerdoti venivano allontanati dalle loro parrocchie, molti di essi non avevano più sostegno economico, venivano isolati. Alcuni erano addirittura sospesi *a divinis*, non potevano più celebrare la messa e i sacramenti. Erano persone che soffrivano moltissimo.

Questa durezza nasceva anche da antipatie personali di Benigni, oppure era semplicemente un fatto di ottusità dottrinale?

Benigni aveva certamente i suoi amici, che favoriva. Ma questi erano tutti dalla sua parte, coltivavano le sue idee. E lui si muoveva sempre e solo con l'obiettivo di combattere il modernismo sotto tutti gli aspetti.

Le persone che lui spiava erano sempre inconsapevoli di questo o no? Perché di fronte al fenomeno che lei sta esponendo, nel quale sono colpite numerose persone, nessuna di loro aveva il sospetto di essere spiata?

Alla fine, se ne rendevano conto certamente. Perché non è che finiva lì la cosa. Benigni, quando prendeva di mira una persona, attraverso i suoi molti collaboratori, mettiamo il caso di un religioso che avesse insegnato a Milano, e che fosse molto chiacchierato, cominciava a bersagliarlo e demonizzarlo sulla stampa. Si serviva molto dei suoi giornalisti. E sulla stampa cattolica integrista, che doveva essere al servizio suo e dell'ottica di Pio X, i sospettati venivano denunciati come pericolosi eretici, eversivi, come sacerdoti indegni. Le loro opere, denunciate come moderniste, erano sovente poste all'Indice. Quindi molti sapevano di essere nella sua rete, ma non potevano farci niente, perché...

Perché era protetto dal papa?

Certo, perché Roma voleva così...

Dov'era la sede del Sodalizio Pianum?

All'inizio era nello stesso ufficio di Benigni alla Segreteria di Stato, ma dal 1911 era nella sua casa, nella città di Roma. Lui aveva un ufficio, per la verità, che si era ricavato adesso non so in quale palazzo, ma comunque stava a Roma. Avrà avuto forse due o tre collaboratori. E riceveva i dossier di cui parliamo, li numerava tutti con una matita rossa e blu, per cui i nostri documenti hanno dei numeri molto vistosi, che sono di mano di Benigni; di questo siamo sicuri. Nell'inventario che ho pubblicato ho mantenuto questi numeri. Attraverso questi numeri aveva creato anche uno schedario, per cui rintracciava tutti i precedenti di un modernista, se voleva, e aveva organizzato bene il suo ufficio.

Una rete di spionaggio seria.

Seria. E le sorelle lo aiutavano.

Le sorelle spiavano con lui?

Lo aiutavano soprattutto per le lingue, correggevano, scrivevano loro stesse le minute. E poi i collaboratori, lui aveva giornalisti, sacerdoti che scrivevano sui giornali che erano dalla sua parte, collaboravano in tutti i modi. Penso all'«Osservatore Cattolico» di Milano, «L'Unità Cattolica» di Firenze, «Le Armonie della Fede» di Paolo de Töth, «La Riscossa» di Breganze (con i terribili fratelli sacerdoti

Jacopo, Andrea e Gottardo Scotton), la «Liguria del Popolo» di Genova, «La Vigie» di Parigi, i «Die Petrus Blätter» di Treviri; aveva insomma molti amici corrispondenti...

I fratelli Scotton?

Erano tre fratelli sacerdoti: Jacopo, Andrea e Gottardo, nati a Bassano del Grappa nella prima metà dell'Ottocento, uno dei quali, Andrea, fu arciprete di Breganze, un piccolo centro non lontano da Bassano del Grappa, tutti e tre impegnati a scrivere su giornali cattolici integristi del Veneto, come «La Riscossa».

Questi rapporti venivano poi consegnati a Pio X?

Pio X leggeva questi giornali, arrivavano in Vaticano.

Sì, ma le schedature cifrate non arrivavano al papa?

No, le schedature no, arrivavano le informazioni. Il papa era al corrente che Benigni si muoveva su questa pista. E poi non è che il papa fosse responsabile di qualunque atto compiuto da Benigni; no, non possiamo assolutamente dirlo. Anzi, a volte penso che Pio X non avrebbe voluto tanta crudezza, tanta ferocia come aveva Benigni. Però, partita la macchina, non si poteva più fermare.

QUANDO IL SANT'UFFICIO «VIGILAVA» PERFINO SU RONCALLI

Venivano presi provvedimenti di tipo dottrinale, teologico, disciplinare verso questi modernisti, veri o pre-

sunti? Doveva essere comunque trasmesso tutto a qualche ufficio?

Al Sant'Ufficio. La Congregazione competente era quella. In quel momento era segretario del Sant'Ufficio, se non erro, il cardinale Serafino Vannutelli, senza dubbio un antimodernista. Al Sant'Ufficio vengono denunciati parecchi sacerdoti, compreso padre Giovanni Genocchi, dei Missionari del Sacro Cuore, padre Giovanni Semeria, barnabita, don Romolo Murri amico del fondatore del Partito popolare italiano Luigi Sturzo, il famoso Ernesto Buonaiuti. E vengono processati, con procedure certo meno rigide che in precedenza. Si tratta spesso di sacerdoti in sé bravissimi, che erano caduti in una rete di spionaggio che praticava una sistematica diffamazione. D'altra parte, lo stesso Giovanni XXIII, Angelo Roncalli, quando era giovane segretario del vescovo di Bergamo Giacomo Radini Tedeschi, e insegnava storia della Chiesa nel locale seminario, argomento pericolosissimo in quegli anni, venne accusato a Roma di aver usato per le sue lezioni il famoso manuale di Louis Duchesne (*Storia della Chiesa antica*). Duchesne, celebre sacerdote francese, storico della Chiesa antica e medievale, uno tra i più grandi, stimato anche da Pacelli giovane, a un certo punto, per i suoi scritti onesti e scientifici, agli occhi dei conservatori divenne uno dei peggiori fautori del modernismo. E Giovanni XXIII fu denunciato anche lui, come simpatizzante...

Da Benigni?

No, non fu denunciato da Benigni, ma probabilmente

da preti integristi della scuola di Benigni della diocesi o del seminario di Bergamo.

Da una spia locale di Benigni?

Probabilmente sì. Il denunciante anonimo mise in guardia i superiori della curia di Bergamo e lo stesso vescovo: «Guardi che il suo segretario usa quel libro di storia lì che a Roma non è per nulla apprezzato». Giovanni XXIII, divenuto papa, si difenderà, dicendo: Io sì, usavo quella storia ma non mi sono mai sognato di aderire al movimento modernista. Capisce? Bastava, a volte, adottare un libro per essere accusati come simpatizzanti di possibili eretici.

Molto significativo: vero maccartismo religioso.

Si combatteva una guerra terribile *erga omnes*, che gettava un'ombra su tutti. Indizi, spie: bastava un discorso di un certo sacerdote riferito da un altro in termini negativi e partiva una segnalazione...

Era un sistema di delazione capillare.

Capillare. Non sarà giunto, certo, dappertutto, però...

Com'erano i rapporti di Benigni con Ernesto Buonaiuti? Buonaiuti era un po' il leader di questa tendenza, e Benigni era uno dei suoi professori.

Benigni era stato suo professore ed era stimato da Buonaiuti. Però, alla fine anche su Buonaiuti Benigni cominciò a dare giudizi liquidatori. Nelle carte si vede che lo definiva una persona, anche quella, pericolosa e scivolata su posizioni eretiche. Poi Benigni morì, ma proseguirono le altre denunce, e riuscirono a far sospendere Buonaiuti dall'insegnamento all'università di Roma...

Quanto durò questo cosiddetto «Sodalizio», questa rete di spie?

Durò finché fu in vita Benigni, anzi, per meglio dire: morto Pio X, nel 1914, venne eletto Benedetto XV, tutt'altro uomo. Era anche lui avverso al modernismo teologico, per forza, era il papa, doveva tenere il punto, però era molto più duttile, e soprattutto più prudente. Quando venne denunciata a Benedetto XV questa rete di sorveglianza, messa in atto da Benigni, una rete di spionaggio, lui non l'approvò. La bloccò; la carriera di Benigni si chiuse, e il *Sodalitium Pianum* venne sciolto. Quindi, in pratica, sotto Benedetto XV perde forza questa campagna di sorveglianza e schedatura di tanti modernisti o ritenuti tali; poi Benigni si ritira nella casa privata e muore al principio del 1934. Lasciando, però, tutte queste carte che sono preziosissime, e che erano chiuse in sessantuno faldoni Buffetti; buste Buffetti che io trovai quasi abbandonate nell'Archivio Segreto.

SESSANTUNO FALDONI COMPRATI DAL VATICANO PERCHÉ FOSSERO «DIMENTICATI»

Erano sessantuno faldoni?

Sì. Sono migliaia e migliaia di casi riflessi in quelle carte.

Un lavoro certosino. E Paolo VI, l'allora Montini, lo considerava molto imbarazzante per questa struttura spionistica?

L'Archivio Vaticano mandò un sacerdote a visionare quel materiale che stava in casa dei parenti menzionati e che era in vendita. Era monsignor Pio Cenci, che lavorava in Archivio anche lui, umbro, uno dei due traduttori italiani della *Storia dei papi* di Ludwig von Pastor. Cenci nel 1934 andò, vide questo materiale e disse che l'acquisto sarebbe stato importante per la Santa Sede per evitare che le carte finissero in mano di altri. E la Santa Sede spese quindicimila lire per comprare questi documenti che poi vennero sistemati chissà dove, prima di arrivare a noi. A un certo punto, dopo il 1984, i registri Buffetti vengono spostati nel bunker, e lì dimenticati.

Non tutti però avevano dimenticano Benigni e il suo Sodalizio. C'è stato uno studioso francese, Émile Poulat, che nel 1977 aveva pubblicato un saggio dal titolo *Le mouvement catholique et Mgr Benigni: de la naissance du socialisme à la victoire du fascisme*. Il movimento di Benigni qui era già studiato, ma Poulat non conosceva le nostre carte. Quando uscirono i miei articoli, Poulat era vivo, mi chiamò, venne qui in Vaticano e ci incontrammo. Era molto dispiaciuto, perché avrebbe avuto un'altra delle fonti che gli mancavano per la sua opera, comunque utile: tutto quello che scrisse resta ancora oggi valido.

Lei per quanto tempo studiò questo incartamento?

Pubblicai due articoli e ci ho lavorato, se mi ricordo bene, due anni. Sì, perché le carte erano disordinate, in questi contenitori che hanno... sa quei meccanismi a leva che bucano i fogli... Quindi anche i vari fogli erano bucati ai margini. Le carte erano state conservate molto male.

Non è significativo che non ci fosse nessuna indicazione fuori, appunto, mentre adesso ce l'hanno? È come se si trattasse di qualcosa da tenere ma da mettere da parte.

Da mettere da parte e possibilmente dimenticare. Quello, secondo me, era un fondo che non sarebbe stato pubblicato mai. Quando io lo ritrovai, i tempi erano ben altri ormai; quindi, quando dissi al prefetto dell'Archivio che quelle erano le carte di Benigni, ne fu molto contento, perché neanche lui sapeva quante e quali fossero: almeno così credo.

Ho scritto però, e qui ripeto, che ciò che Benigni lasciò ai suoi eredi morendo, non può essere l'intero Archivio del suo Sodalizio, che deve aver prodotto migliaia di carte in più. Sembra anzi che quel che Benigni ci ha *voluto* lasciare, sia stato da lui selezionato prima della sua morte, numerato e in certo modo organizzato dentro faldoni. Ma è quasi certo che molto altro fu da lui distrutto prima della morte.

Beh, è molto indicativo però, che nel momento in cui lei le ha scoperte ci sia stato questo approccio più libero.

È vero, ma in realtà Benigni era stato già studiato, come abbiamo detto, erano stati pubblicati saggi e volumi. Si sapeva ormai bene che questo sodalizio spionistico era appoggiato da un pontefice, non c'era ormai nulla da rivelare di assolutamente inedito. Quindi ho pubblicato sia l'inventario del fondo, sia un saggio sull'organizzazione di Benigni. Comunque, è un fatto sempre impressionante, perché sono le carte di un integrista che non vide che il suo parere apodittico e indiscutibile portò alla distorsione della realtà. E decise che chiunque la pensasse diversamente da lui doveva essere censurato, facendosi scudo del bene della Chiesa. Però diciamo che era un *unicum*. Perché ad esempio Pacelli conosceva Benigni, gli mandava anche dei biglietti di auguri che si trovano nel fondo, ma Pacelli non prese mai la parte di Benigni. C'erano alcuni cardinali che non si sognarono di proteggerlo per nulla e ai quali, anzi, Benigni dava fastidio. Altri, più conservatori, lo appoggiarono.

Perché dice «un unicum»?

Perché è un personaggio che di fatto è una spia, faceva lo spione, ma così tradiva intimamente il suo sacerdozio, che doveva scorgere l'errore, ma non perseguitare in così crudo modo l'errante, posto che lo fosse.

Non ci sono nella Chiesa altre figure simili, nei tempi moderni e contemporanei?

No. Guardi che trovare una mente così acuta, perché intelligente lo era, così pervicace, attiva, ossessiva, non è facile. Chissà quante ore avrà passato su questi dossier per cavarne nomi, indirizzi, indizi. E chissà quali immagini, quali reconditi legami. La sua mente poliziesca non ebbe riposo.

Quasi a livello patologico?

Quasi a livello patologico, sì.

PER BENIGNI LA REPRESSIONE ERA L'UNICA ARMA

Doveva avere un'idea pessimistica, dell'umanità e della storia...

Era molto pessimista, sì. Bisogna anche dire che avendo studiato molto, perché leggeva molte fonti, si era fatto questa idea: che studiare la storia alla fine non servisse a nulla, perché l'uomo è destinato a ripetere gli stessi errori nei secoli. Ecco perché, avendo un fondo così pessimistico, evidentemente lui aveva capito, credeva di aver capito, che la repressione e la prevenzione erano l'unica arma contro questi fenomeni.

Lei condivide?

No, assolutamente, è inutile reprimere in tale forma. Penso che si possa reprimere quanto si vuole, ma le idee hanno un percorso carsico e nel tempo compaiono identiche o mutate senza freno. A parte che serve una mentalità, che io non ho proprio, di spiare gli altri e perdere tempo proprio in questo. Già siamo un mistero per noi stessi, come diceva il grande sant'Agostino, figurarsi giudicare gli altri nell'animo e nella mente. Ci vuole una mentalità ben singolare. E poi, non era quello per Benigni uno sciupare la sua vita e il suo sacerdozio? Evidentemente lui la pensava in maniera diversa.

Mentre lei parlava di questi fondi senza nome, veniva da chiedersi: quanti altri faldoni senza nome ci sono nell'Archivio?

No, adesso è impossibile. Perché proprio da questo fatto del fondo Benigni, che è saltato fuori dal nulla, ho fatto pressione e molta sul prefetto del tempo, e sul viceprefetto, che era monsignor Terzo Natalini, perché favorissero un censimento di tutti i fondi dell'Archivio, che ancora mancava. Incaricarono me di farlo. Io ebbi l'aiuto di due giovani, e cominciai il lavoro. Pubblicai un elenco nel 1991, più ragionato che i precedenti, però ancora difettoso. Poi, dopo quest'elenco, si capì quanto fosse necessario procedere sulla strada del censimento dei fondi. Divenni viceprefetto, e quando sono diventato prefetto ho mosso i primi passi per far studiare e inventariare i fondi dell'Archivio Vaticano il più possibile dai nostri ufficiali. Ormai sono quattro anni che abbiamo progettato una «Guida» generale ai fondi dell'Archivio Vaticano, cioè uno o due volumi che usciranno io spero presto, ma non so quando. Ci stiamo ancora lavorando.

Intende dire che non ci sono più fondi anonimi, registri Buffetti senza indicazioni di sorta?

Non ci sono più, sappiamo più o meno tutto. Può sfuggirci forse qualche piccolo registro che crediamo appartenere a un fondo, e appartiene invece a un altro, però fondi anonimi non ce ne sono.

Quindi oggi nessuno potrebbe trovare delle «carte Benigni»?

No, no.

Che cosa le hanno insegnato quelle carte?

Fanno capire la gravità della materia. E come averle acquistate non sia servito a gran che, se si voleva censurare l'oggetto, perché al Ministero degli Esteri c'è un altro pezzo dell'Archivio di Benigni, come ho detto, e anche là ci sono i numeri di Benigni; sono due fondi che si completano. Il nostro è più interessante perché è la parte più ecclesiastica. Ma è una lotta che Benigni ha combattuto contro tanti personaggi, meritevolissimi invece di essere lasciati liberi, caso mai fermati quando andavano verso l'eresia, ma finché si discuteva. E invece vennero subito sospettati di essere traditori, eretici, nemici della Chiesa.

Che fine hanno fatto tutte le spie di Benigni?

Una brutta fine; erano tutte persone squalificate. Ad esempio, io ho studiato da vicino un certo prete dell'Oratorio, don Arturo Coletti di Genova, che si era preso a denunciare il nostro padre Giovanni Semeria – dico nostro perché io sono barnabita come lui – di modernismo. Ne scriveva su tutti i giornali, sul «Cittadino», sempre contro padre Semeria, fautore di modernisti che rovina i giovani: ne ha fatto una campagna di stampa aggressiva e infinita. Alla fine, Coletti venne screditato, ma purtroppo il povero Semeria dovette sopportare tantissime angherie, mentre invece era una figura bellissima. Era andato cappellano nella Prima guerra mondiale, aveva preso un esaurimento nervoso per tutti i morti che aveva toccato con mano... fu un prete che stava impazzendo dal dolore che dovette toccare e vedere fisicamente. Stava per tentare il suicidio, lo dice lui stesso nelle sue memorie. Semeria era un sacerdote degnissimo che poi creò l'Opera Nazionale per il Mezzogiorno d'Italia per gli orfani della guerra, insieme a don Giovanni Minozzi; è morto pieno di carità verso gli altri. Coletti, il pervicace denunciatore, fu alla fine sospeso dall'insegnamento che aveva ad Assisi e fatto oggetto di distanza dal buon clero genovese. Benigni si serviva di queste persone, che di solito non erano molto intelligenti, però erano buoni spioni. Rendevano servizio perché, se prendevano un sospetto, non lo lasciavano più. Erano sorvegliati da Benigni e dai suoi corrispondenti anche i politici cattolici, e specie in Francia.

Dunque, non erano spiati soltanto i sacerdoti e quanti avevano a che fare con la religione.

Oltre ai sacerdoti erano sorvegliati anche docenti universitari, perché come cattolici non seguivano la sua linea di conservatorismo cieco: diventavano automaticamente vittime.

Insomma, Benigni si considerava una specie di custode parallelo dell'ortodossia cattolica rispetto al Sant'Ufficio?

Questo ruolo se l'è ricavato lui, perché nessuno gliel'ha dato. Però gliel'hanno consentito. Era tollerato, si può dire così, perché era utile. Tante notizie le sapeva Benigni e non le sapeva il papa; perché la Segreteria di Stato non aveva le informazioni che lui aveva. E allora, certi ambienti, scoperti come pericolosi...

Di fatto era proprio una struttura para-poliziesca.

Sì, perché da questo sistema Pio X fu influenzato. Ad esempio, l'idea di mandare visitatori in tutt'Italia, in tutti i seminari, con facoltà di investigare, inquisire... eh, fu un frutto dei sospetti di Benigni.

Pio X decise questo?

Ordinò una grande visita apostolica, verso il 1910-12, mandando visitatori nei seminari di tutt'Italia. Noi abbiamo qui gli atti di quelle visite, che sono importantissimi, perché si vede schedato ogni professore, ogni alunno intelligente, ogni rettore, ogni prefetto degli studi, le classi... fu un tentativo di frenare le idee moderniste dei seminari. E quando qualcuno era in odore di modernismo, veniva sostituito con docenti o rettori conservatori. Ma alla fine l'operazione non è riuscita comunque.

Perché no?

Perché alcuni erano sfuggiti a questa rete, e una volta morto Pio X l'aria cambiò.

Capitolo VII
La scoperta dell'America

UNA SCOPERTA DELL'AMERICA TRAUMATICA: IL «RAPPORTO BEDINI»

La scoperta dell'America da parte dei cattolici fu piuttosto traumatica: America nel senso di Stati Uniti. Quanto al termine scoperta, non è riferito a Cristoforo Colombo ma alla scoperta della frattura tra protestanti e cattolici. Nei vostri Archivi, negli «Spogli di cardinali e officiali della curia», della Segreteria di Stato, in un faldone di cartone celeste chiuso da un nastro di cotone annodato, è custodito il resoconto di un viaggio da incubo compiuto a metà Ottocento dall'«Arcivescovo di Tebe e nunzio apostolico presso la Corte imperiale di Pedro II del Brasile a Rio de Janeiro». È un testo che trovai in quello che allora era ancora l'Archivio Segreto Vaticano occupandomi dei rapporti tra Vaticano e Stati Uniti: i due «imperi paralleli» dell'Occidente.

So bene di che cosa stiamo parlando. Parliamo del «Rapporto Bedini». Fu scritto da monsignor Gaetano Bedini, spedito da Pio IX nella speranza di allacciare rapporti diplomatici con il «Nuovo Mondo». Approdò in nave a New York il 30 giugno 1853, accompagnato da monsignor Ernesto Cologneri, che doveva andare alla legazione vaticana in Messico; e dal suo segretario scozzese, don John Virtue. E ripartì quasi in incognito col suo segretario il 4 febbraio del 1854, dopo mesi di contestazioni, minacce di linciaggio, incomprensioni. Il suo viaggio diventò una metafora dell'incomprensione tra i «due Occidenti», tra Europa e Stati Uniti.

Perché rappresentava il papa, considerato il capo di uno Stato straniero e oscurantista: uno dei simboli di quell'Europa dalla quale molti europei e futuri americani erano fuggiti da perseguitati; e che volevano lasciarsi per sempre alle spalle quel mondo, dopo avere scoperto la democrazia oltre Atlantico. Bedini fu raffigurato come «uno scorticatore di eretici».

Sì, bisogna partire dal «Rapporto Bedini» e dall'immagine tutta negativa che del Vaticano, allora Stato pontificio, era diffusa negli Stati Uniti. Era visto come un potere maligno, segreto, insidioso, oscurantista che gli americani detestavano. E quel pregiudizio è durato a lungo: al punto da impedire l'istituzione di vere relazioni diplomatiche fino al 1984, con la convergenza anche in nome dell'anticomunismo tra Giovanni Paolo II e il presidente Ronald Reagan. Ma tra il 1853 e il 1984 mi pare che si sia registrata un'evoluzione molto positiva. In fondo, con la prima metà del XX secolo, e soprattutto prima e dopo la Seconda guerra mondiale, il miglioramento è stato netto e vistoso, seppure tra resistenze e diffidenze persistenti. D'altronde, il punto di partenza non fu facile. Si racconta che appena costituiti gli Stati Uniti, con le tredici colonie che si dichiararono indipendenti dall'Impero britannico, un comitato di cattolici del Maryland si rivolse ai primi rappresentanti del Congresso per sapere cosa fosse necessario per dare veste legale ai cattolici in questo nuovo Stato.

E allora la risposta fu, almeno in apparenza, incoraggiante?

Certo. La risposta fu che il Congresso non riteneva questa materia di sua pertinenza. A differenza del Regno Unito, con la sua Chiesa anglicana di Stato, gli Stati Uniti nascevano già sotto un'altra veste, come il Paese della tolleranza religiosa. Ciò non significa che i cattolici non siano stati ampiamente discriminati nella storia americana, perché visti come papisti sin dalle origini: cittadini che rispondevano a un potere straniero, il potere di Roma, percepito come un mostro medievale con a capo questa figura un po' strana, un po' sovrano un po' prete che ricordava figure dell'Antico Testamento. Però esisteva anche un altro modo di rapportarsi con l'autorità, totalmente diverso rispetto a quanto avveniva negli stessi anni nell'Europa, dove invece si andava verso il sistema dei concordati. Il Concordato napoleonico, il primo dell'età moderna, superava quelli precedenti, e perpetuava il rapporto tra trono e altare, a volte di collaborazione, altre di antagonismo. Negli Stati Uniti si aprì una fase nuova. E in questa fase nuova si osserva come un establishment protestante mostrasse tolleranza e lasciasse i cattolici liberi di organizzare le proprie diocesi. Ma allo stesso tempo questo establishment li guardava con molta diffidenza, soprattutto perché erano in gran parte un corpo estraneo al mondo anglosassone: in quei tempi i cattolici erano generalmente di origine irlandese o francese. Poi sarà il turno dell'emigrazione tedesca e polacca e, a partire dal XX secolo, delle successive ondate migratorie italiana e ispanica.

IL VATICANO CONTRO LA «REPUBBLICA DEI MASSONI»

E l'atteggiamento della Roma papale di fronte a questa impostazione politico-culturale?

Appariva uno strano mondo, quello statunitense. Non esisteva un interlocutore politico, né c'era bisogno di fare accordi con il potere per delimitare le competenze del sacro e del secolare. E questo spaventava il Vaticano. Era una Repubblica nata sotto il cappello di quegli ideali che poi saranno gli stessi della Rivoluzione Francese. È la Repubblica dei massoni. E questa reciproca diffidenza rimarrà a lungo tra Stati Uniti e Santa Sede, percepita dagli Stati Uniti soprattutto come Stato della Chiesa: quell'entità politico-territoriale che si estende per alcune parti della penisola italiana.

Ma nel 1870, con la breccia di Porta Pia a Roma, l'unificazione dell'Italia e la fine dello Stato pontificio, quell'entità non esisteva più.

E infatti non è un caso che, nel 1870, quando finisce lo Stato della Chiesa, gli Stati Uniti revocano il loro ministro e si interrompono le relazioni diplomatiche. Forse è l'unico caso in quel momento di un ministro straniero che revoca la sua presenza, perché il governo americano non vedeva nessuna necessità di farsi rappresentare in uno Stato che non esisteva più. E questo la dice lunga sui rapporti tra l'una e l'altra sponda dell'Oceano Atlantico, e sull'approccio e l'idea che gli Usa avevano del Vaticano. Bisognerà aspettare Leone XIII per avvertire qualche cambiamento...

Lei accennava a protestanti, che nel «Rapporto Bedini» sono definiti «protestantici», e a massoni. Nelle carte dell'Archivio viene fuori una maggiore diffidenza motivata dal protestantesimo o dalla massoneria?

La diffidenza si nota nei confronti di entrambi. Vengono collegati, anzi, in qualche modo. D'altronde, nell'establishment esisteva un forte legame tra le «confraternite» e le «associazioni» e il retaggio confessionale dei padri fondatori. Non contava tanto l'essere un osservante episcopaliano o battista, quanto riconoscersi in una forma di cristianesimo, avulsa da autorità piramidali che rispondono a un potere esterno.

Esiste qualche altro rapporto dei diplomatici o dei vescovi statunitensi che riesce in quella fase a mettere in rilievo questi aspetti?

La base fornita dal «Rapporto Bedini» è fondamentale per capire. Da allora, per decenni non cambiò molto. Qualche apertura comincia da Leone XIII, che coglie la grande spinta evolutiva del mondo americano. È il mondo verso il quale si sposta una massiccia emigrazione europea. E dal problema dell'emigrazione Leone XIII percepisce la necessità di un confronto, di un controllo soprattutto su un cattolicesimo che si evolve in maniera diversa da quello europeo. Il cattolicesimo americano, proprio perché si muove in un mondo che non ha questo stretto controllo concordatario, è un po' più anarchico rispetto agli standard europei. È la cosiddetta variante dell'«americanismo»: così venivano chiamati questi sacerdoti, o vescovi, piuttosto intraprendenti, anche nel campo sociale, che però si muovevano con una certa indipendenza dalle direttive romane; spesso, cercando anche la collaborazione del mondo laicale protestante. Il che, in quella fase storica del pontificato leonino, non viene affatto visto bene.

L'AMERICANISMO E L'ARRIVO DEI PROTESTANTI A ROMA

Ma non era un modo per gettare qualche ponte in una nazione nella quale i protestanti erano maggioranza, visto che su diciassette milioni di abitanti degli Usa a metà Ottocento, i cattolici erano solo due milioni? La stessa cultura cattolica era minoritaria...

Forse in una situazione normale. Bisogna ricordare che invece in Europa e in Italia la Santa Sede aveva appena perso la sua indipendenza, si sentiva sotto costante minaccia. E cominciavano ad arrivare a Roma le prime pattuglie di protestanti proprio per costruire una specie di contraltare al potere del romano pontefice. Questa tendenza non poteva essere gradita dalle gerarchie cattoliche.

Vuole dire che i protestanti vengono portati a Roma...

I protestanti arrivano a Roma dopo il 1870.

E dall'Archivio emerge la preoccupazione vaticana per l'arrivo dei protestanti?

Nelle carte della Santa Sede l'arrivo dei protestanti a Roma è messo sempre in relazione con la presenza dei massoni, quindi degli occupanti. E di questo troviamo prova tangibile nel tentativo di arginare la propaganda protestante servendosi dell'intervento delle potenze amiche della Santa Sede, come l'Austria, e facendo pressioni diplomatiche sull'Italia appena unita. Ma questo è un gioco di gabinetti diplomatici che esula un po' dalla situazione generale. La verità è che dal 1870 al 1929 Roma è una città diventata un po' straniera per la Santa Sede. A Roma poi in quegli anni verrà costruita la grande sinagoga (tra 1901 e 1904), e anche questo fatto assunse un valore simbolico. Nel 1870 i primi pastori protestanti che arrivano a Roma, e che in genere erano ex preti cattolici o ex frati con trascorsi garibaldini, dove andavano ad attingere i fondi per costruire? Da comitati protestanti britannici o statunitensi. È da lì che proviene il denaro per costruire le prime chiese protestanti a Roma. O per mantenerle e retribuire i pastori. E non ci sono comunità così numerose da poter giustificare il finanziamento di una struttura del genere.

E perché Leone XIII invece finisce per temere una sorta di «eversione» da parte dell'episcopato cattolico statunitense?

Leone XIII iniziò a temere che questa eccessiva vicinanza ai protestanti, o troppa autonomia dell'episcopato o di parte del clero americano, potessero condizionare e allontanare da Roma i cattolici di quella grande nazione. Da lì parte l'iniziativa di mandare qualcuno in visita negli Stati Uniti. E toccherà a monsignor Francesco Satolli, con una visita privata che si trasformerà, alla fine, in qualcosa di diverso: la creazione di una delegazione apostolica. Si capisce che bisogna tenere là un rappresentante che tiri, periodicamente, le orecchie al clero più eccentrico, che dia un occhio a questa Chiesa cattolica dispersa su un territorio immenso. Più organizzata, negli Stati orientali, specialmente in quelli del Sud e del Nord al confine col Sud, il Maryland per intenderci; ma molto più terra di missione, veramente, dalle frontiere aperte, a occidente, nel mitico Far West. Ed è il ruolo svolto da Satolli e dalla delegazione apostolica a partire dal 1898.

Qual era la preoccupazione principale? E qual era il modo migliore per radicarsi e per cercare di coordinare un tipo di Chiesa così esplosiva?

E soprattutto così multietnica. Perché abbiamo irlandesi, tedeschi, francesi. Inizia a diversificarsi sempre di più la presenza cattolica negli Stati Uniti con l'arrivo massiccio di immigrati polacchi e tedeschi. È molto semplice mantenere questo filo diretto con Roma: il delegato apostolico sorveglia, dà informazioni concrete sulle nomine episcopali, fa in modo che i vescovi siano sempre più presenti in questi territori così grandi, controlla le missioni disseminate nelle aree più sperdute. E cerca di mantenere un contatto con le autorità: cosa che si rivelò il tasto dolente. Perché venne accolto bene il delegato apostolico, ma con qualche remora. Lo Stato, o meglio, gli Stati Uniti, Paese protestante, non accettano un rappresentante diplomatico del papa. Il delegato apostolico viene accolto perché è una figura diplomatica di second'ordine rispetto al nunzio; egli è soprattutto il rappresentante del papa presso l'episcopato. Siamo sempre al problema dell'esercizio dell'autorità di una potenza estera su un territorio nazionale.

UNO SCONTRO TRA CULTURE E GRATTACIELI RELIGIOSI

Dunque, più che uno scontro tra fedi religiose è uno scontro tra modelli di società, modelli politici. E, al fondo, si profila un conflitto culturale.

Soprattutto uno scontro di culture, dietro il quale si intravede l'ostilità di un retaggio protestante verso ogni principio di autorità esterna, ma in questo senso gli Stati Uniti non erano soli. Le stesse remore nei confronti di un rappresentante della Santa Sede le aveva lo zar di Russia, che non intendeva accettare una missione diplomatica vaticana permanente. Perciò, il delegato apostolico negli Stati Uniti era una figura presente nella vita della sua Chiesa ma costretta a muoversi in sordina, per non dare troppo nell'occhio. Rimaneva forte, invece, il ruolo dei vescovi americani.

Dove andò ad abitare il delegato apostolico?

Negli anni dall'inizio del Novecento, antecedentemente alla Prima guerra mondiale e anche dopo, abitò stabilmente a Washington.

Quanto era acuta la competizione coi protestanti per la costruzione delle chiese, dei seminari: questa cor-

sa a creare monumenti del cattolicesimo sempre più grandi?

Molto acuta. Quella era la manifestazione di una presenza e di un potere. E questo è stato sempre un fenomeno visibile, radicato nel mondo americano. Esisteva una forte competizione tra cattolici e protestanti, almeno con i più organizzati, gli episcopaliani per intenderci, o i luterani, per manifestare fisicamente la propria presenza. Anche perché per decenni il cattolicesimo era identificato con i poveri, i meno istruiti, gli irlandesi che magari vivevano ai margini. Era vista come una sorta di religione di seconda classe per quel mondo plasmato dalla ricchezza, per il quale i dollari erano una benedizione divina.

Come si esprimeva questa competizione?

Ad esempio nella costruzione delle cattedrali. Le cattedrali erano il segno tangibile di una presenza e di un'autorità grande.

Vuole dire che erano come grattacieli religiosi?

In certo modo. In più il prestigio si esprimeva nella stampa, quindi nella capacità di divulgare la propria parola, e lì c'era un predominio protestante. Mentre magari le cattedrali cattoliche potevano essere più alte anche per i modelli artistici di riferimento, in fatto di giornali e di pubblicazioni i protestanti avevano una «claque» sicuramente molto più forte, con i cattolici sulla difensiva. I protestanti avevano un «fundraising» che era, sicuramente, molto più efficiente e fornito di mezzi finanziari di quello dei cattolici. I cattolici però avevano la forza degli ordini religiosi. Anche se le missioni protestanti erano tante e diversificate a seconda delle molte denominazioni, il coordinamento degli ordini religiosi cattolici era formidabile e perciò imbattibile. Permetteva di mantenere una presenza pastorale anche in territori molto ampi, sterminati, avvalendosi delle competenze e della presenza già radicata di questi ordini.

PIO XI «SCOPRE» LA POTENZA ECONOMICA DEGLI USA

Perché, come accennava prima, la svolta nelle relazioni con gli Usa avviene con Leone XIII?

Dopo la Prima guerra mondiale, già con Wilson i rapporti sono agrodolci, ma con la vittoria nella Prima guerra mondiale, negli anni Venti gli Stati Uniti si profilano come una potenza dominante sul piano economico. E questo coincide con l'avvento al trono pontificio di Achille Ratti, Pio XI. Il buon Ratti, questo almeno viene affermato, era un attento osservatore dei fenomeni economici. Racconta in un suo rapporto l'ambasciatore francese presso la Santa Sede, François Charles-Roux, che il papa andasse sempre a leggere le pagine della Borsa. Da buon milanese potremmo dire, oculato. E poi, il Conclave che lo aveva eletto era stato reso possibile dai dollari dei vescovi americani.

Il Conclave di quale anno?

Quello del 1922. Ma ne parleremo più estesamente dopo.

Tornando all'immagine di potenza economica che gli Stati Uniti cominciavano a trasmettere, lei ha spiegato che Pio XI ne era impressionato ma conservava molte perplessità.

Sì, ne parlano i documenti diplomatici francesi. Pio XI era un osservatore attento del fenomeno degli Stati Uniti, potenza dominante in ascesa, con una forte economia sulla quale però lui nutriva molti dubbi. Gli sembrava un'economia a rischio di bolla finanziaria, soprattutto dopo la crisi del 1929. Ma il cattolicesimo americano ebbe un'impennata proprio in quegli anni, sia per il fenomeno dell'emigrazione dall'Europa, perché aumentando gli immigrati cresceva il numero dei cattolici, sia perché si innalzava il livello intellettuale del clero americano, già a partire dagli anni del cardinale James Gibbons, arcivescovo di Baltimora. Per l'esigenza di contrastare i protestanti, il clero americano era stato sempre più attento ad aggiornarsi e, talvolta, a adottare sistemi simili agli stessi protestanti. Questo fenomeno aveva avuto un momento di crisi e di stasi negli anni del modernismo, e quindi della battaglia antimodernista, di cui abbiamo parlato, ma poi era ripreso.

Una domanda: ci sono nelle vostre carte delle indicazioni che vengono da Roma all'episcopato americano sul modo migliore di tenere unito un cattolicesimo così variegato e multietnico?

Ci sono, nel senso che emerge in continuazione l'idea di occuparsi di questo cattolicesimo così variegato. Le spiego come. Nei rapporti quinquennali che i vescovi mandano alla Santa Sede sullo stato delle proprie diocesi, durante le cosiddette *visitae ad limina*, abbiamo la fotografia di come si evolve il cattolicesimo americano; mentre nell'azione del delegato apostolico abbiamo la reazione.

E la reazione qual è?

La reazione fu quella di preoccuparsi che ci fossero sacerdoti in grado di parlare la lingua per le diverse etnie che componevano il mosaico dell'emigrazione. È qui che voglio arrivare. Non si guarda più l'America come semplice Paese di missione, ma come Paese dove c'è una Chiesa che cresce, e legarla all'azione del delegato apostolico significava interessarsi sempre più capillarmente. C'era bisogno di clero che parlasse le lingue di questi popoli che arrivavano. Quindi c'era bisogno di far arrivare dall'Europa clero polacco, slovacco...

Si chiedono preti stranieri per una popolazione che si deve ancora integrare, o che comunque parlino la stessa lingua degli immigrati? Quindi non sacerdoti statunitensi.

Sì, ma la richiesta arriva dagli stessi vescovi americani e la Santa Sede, in qualche modo, fa da mediatrice. Perché questi sacerdoti devono essere mandati dalle diocesi originarie negli Stati Uniti dove verranno incardinati: come fossero missionari *sui generis*. Ma in questa Chiesa in grande espansione c'è necessità anche di clero anglofono, che viene reclutato regolarmente dall'Irlanda, almeno sino agli anni Cinquanta.

IL PAPA CONTRO UN'AMBASCIATA USA NELLA MOSCA BOLSCEVICA

Accennava prima a papa Ratti, al suo interesse per l'economia americana, e diceva delle perplessità di Pio XI. Si può approfondire questo punto?

Sono quelle legate alla crisi di Wall Street del 1929 e alla successiva Grande Depressione, così come apprendiamo dalla bibliografia sull'argomento. C'è un mondo in grande espansione che però di colpo entra in una forte recessione. Il papa ne parla con qualche ambasciatore. Ritiene di vedere che gli Stati Uniti manchino di stabilità. Consideri che, soprattutto dopo la Grande Depressione, gli Stati Uniti attraversano una grave fase di instabilità sociale e politica. La stessa ascesa di Franklin Delano Roosevelt viene salutata in certi ambienti come quella di un tiranno socialistoide. Ed è qui il problema: come interpretare l'arrivo di questo nuovo interlocutore. Col precedente presidente, Herbert Hoover, si era stabilita una coabitazione positiva, si erano intesi abbastanza bene, pur mantenendo le diversità: mondo protestante e papa della Chiesa cattolica. Roosevelt, che viene presentato proprio da alcuni ambienti cattolici come un socialistoide, un amico dei comunisti...

Certamente lo raffigurava in termini simili un predicatore cattolico come padre Coughlin...

Non solo. Roosevelt decise anche di stabilire relazioni diplomatiche con l'Unione Sovietica. Le relazioni erano state interrotte nel 1917, con la Rivoluzione bolscevica, ma vengono ristabilite proprio da Roosevelt, che farà digerire questa scelta al delegato apostolico dicendo che era meglio essere presenti che non assenti.

Perché, il Vaticano non voleva? Ci fu una protesta?

Dalla Santa Sede arrivò una fortissima protesta. Il Vaticano cercò in ogni modo di non far riconoscere l'Unione Sovietica, e si muoveva per evitarlo premendo su tutti i governi, cattolici e no. Fino a quel momento gli Stati Uniti erano stati un ottimo interlocutore, ma col cambio di amministrazione, Roosevelt puntò a ristabilire una rappresentanza fissa a Mosca, quindi di accreditare di nuovo un ambasciatore in Unione Sovietica. Si assistette a una specie di braccio di ferro tra Santa Sede e Washington; si provò a insistere, gli Usa risposero con un no. Però alla fine il Vaticano riuscì a ottenere che attraverso la copertura dell'ambasciata americana a Mosca, un prete americano cattolico potesse essere presente in quella sede diplomatica: padre Leopold Braun, un assunzionista. E anche quella fu considerata una piccola vittoria. E l'inizio di una modesta collaborazione...

Solo perché la Santa Sede era riuscita a piazzare un suo uomo dentro l'ambasciata Usa? Il fatto che alla fine il Vaticano riuscisse a mettere un piede in Unione Sovietica grazie agli americani era considerato una novità rilevante?

La Santa Sede già era presente, attraverso l'ambasciata francese e anche quella italiana. Ma ora aveva un altro punto di riferimento e di ascolto in un ambiente ostile. In un mondo così chiuso alla presenza dei preti della Chiesa cattolica, avere un solo sacerdote in più era una conquista. E come tale venne salutato l'arrivo di padre Braun, che era di origine tedesca. Ma, per tornare al cattolicesimo statunitense, un aspetto poco esplorato è quello della questione razziale che si affacciò proprio negli anni Venti.

UNA CHIESA CONTAGIATA DAL RAZZISMO CONTRO GLI AFROAMERICANI

Intende dire i rapporti tra bianchi e afroamericani?

Certamente. Nell'Archivio esiste un rapporto del delegato apostolico, che poi diventerà il cardinale prefetto di Propaganda Fide, Pietro Fumasoni Biondi, relativo proprio al clero afroamericano. In questa enorme Chiesa cattolica in ascesa c'erano solo dieci sacerdoti di colore. Al contrario, il numero di cattolici di colore era molto alto. Ma sentendosi abbandonate, queste componenti subivano costanti emorragie verso le sette protestanti: non si riconoscevano nel modo di operare della Chiesa cattolica perché erano comunque discriminati, soprattutto negli Stati del Sud.

Vuole dire che la discriminazione razziale esisteva anche all'interno del mondo cattolico? Che all'ostilità verso neri, cattolici ed ebrei da parte dell'organizzazione razzista del Ku Klux Klan si aggiungevano pregiudizi anche interni alla stessa Chiesa?

A quell'epoca era quasi ovvio, purtroppo! Certo il fatto che ci fossero afroamericani cattolici che frequentavano la Chiesa bianca, anche se stavano in fondo alla chiesa, se ricevevano la comunione dopo i bianchi, non doveva essere visto con tanta simpatia in una società americana ancora percorsa da forti correnti razziste. E nonostante il Ku Klux Klan fosse molto ostile alla Chiesa cattolica e discriminasse i «papisti», forse vi furono anche membri cattolici di questa organizzazione.

E come risolvono in Vaticano i problemi razziali?

Si tratta di una storia molto lunga e molto complessa. Il problema viene posto negli anni Venti e viene sollevato dallo stesso delegato apostolico. C'era una fetta di cattolici che veniva insidiata comunque dai protestanti e non aveva una cura pastorale, perché accadeva che non tutti i preti bianchi avessero cura pastorale. E i sacerdoti afroamericani erano pochi, e dunque bisognava intervenire: doveva arrivare una parola da Roma. E da lì inizia tutto un lavoro di ripensamento su come accogliere e incentivare la presenza di seminaristi di colore. È un processo molto lungo. Che poi, sostanzialmente, diventa una battaglia culturale, combattuta soprattutto dai Gesuiti americani negli anni Trenta. Un nome tra tutti, John LaFarge, che era uno dei redattori di «America».

La rivista dei Gesuiti statunitensi?

Sì. LaFarge era uno dei redattori, autore del volume *Interracial Justice*, edito nel 1937 e che finirà tra le mani di Pio XI. Nell'estate del 1938, quando il buon padre LaFarge venne in Europa per completare i suoi studi, passò anche a Roma e gli venne proposto di incontrare

Pio XI. Andrà a Castel Gandolfo, la residenza papale estiva sul lago omonimo, a sud di Roma, dove si trovava in quel momento il papa, all'udienza del baciamano. Però il rettore della Gregoriana, che era americano, Vincent McCormick, favorì quell'incontro. Poco dopo Pio XI fece cercare LaFarge e lo incontrò di nuovo. Il papa disse a LaFarge che era rimasto colpito dal suo libro e gli chiese di prestare la sua opera per scrivere un'enciclica: la famosa enciclica sul totalitarismo e sul razzismo che poi non vedrà la luce. Ma di questo si è occupato il dottor Giovanni Coco in alcuni suoi studi recenti.

Dai vostri documenti come viene risolto il problema? Quali indicazioni vengono date dal Vaticano per affrontare la questione razziale?

Si muove tutto molto lentamente. L'indicazione è quella di cercare di spingere i sacerdoti cattolici, quasi tutti bianchi, a prestare attenzione anche ai cattolici di colore. C'erano già delle Congregazioni religiose, soprattutto femminili, con una presenza di elementi di colore, che favorirono questo apostolato. In realtà fu una battaglia che, come le dicevo, si combatté soprattutto all'interno della stessa Chiesa cattolica americana. Con un'ala più progressista e una più, non direi refrattaria, ma attenta al suo retroterra, soprattutto negli Stati del Sud...

Ma il Vaticano di allora al fondo era razzista, secondo lei?

Razzista, no. Che poi all'epoca si avesse un'idea di sostanziale arretratezza di molte culture indigene dell'Africa, dell'Asia e dell'Oceania, questo sì; ma in quegli anni era l'opinione diffusa e condivisa in Occidente. Razzista, però, no. Anche se, nel mondo vaticano, persone che avevano idee razziste probabilmente ce ne furono.

PACELLI, IL «CARDINALE TRANSATLANTICO» E LA DUCHESSA BRADY

Pio XII, nella veste di cardinale Pacelli, Segretario di Stato vaticano, dunque prima dell'elezione, è il primo e il più alto dignitario vaticano a mettere piede negli Stati Uniti con una missione «politica». Dalle carte cosa risulta degli incontri che ebbe negli Usa?

C'è addirittura una posizione sul viaggio in America di Sua Eminenza Pacelli nei nostri Archivi. Si tratta di lettere di ringraziamento da parte di vari cattolici americani. Di questo viaggio negli Stati Uniti ha scritto Giovanni Coco nel suo libro *Il labirinto romano*. La prima idea di un viaggio di Pacelli negli Stati Uniti fu accarezzata nel 1934, quando egli andò a Buenos Aires al Congresso eucaristico internazionale. Però poi fu rinviato, i tempi erano ancora prematuri.

Quindi passando per l'America Latina...

L'ipotesi era di fare un viaggio un po' più lungo. Prima magari fare tappa con il piroscafo a New York...

Non in aereo?

Il viaggio del 1936 venne fatto in nave. Tanto che Pio XI prendeva in giro Pacelli. Diceva di lui: «Ecco il mio cardinale transatlantico». Ma Pio XI condivideva questa grande attenzione agli Stati Uniti. Fu lui a inviarlo. Si spiega nei documenti che voleva così prepararlo al papato. «Questo cardinale deve farsi una fama.» E poi, in quegli anni dagli Stati Uniti stavano tornando i dollari. C'era stata una crisi dell'obolo anche legata alla crisi del '29, ma le diocesi americane avevano ricominciato a essere grandi contributrici. È una delle ragioni, anzi forse la principale ragione, se non mi sbaglio, che portò l'attenzione di Ratti sul mondo americano.

Nel 1936, finalmente, ci sono le condizioni per il viaggio di Pacelli negli Stati Uniti.

Anno che corrisponde anche a una fase in cui l'obolo viene alimentato in modo sostanzioso dai benefattori statunitensi attraverso le diocesi. E tra i benefattori statunitensi c'era la famosa duchessa Geneviève Brady. Aveva sposato un abbiente cattolico e ne aveva ereditato il patrimonio. Viveva a Manhasset, a Long Island, vicino New York, in una magione con ottantasette stanze circondata da trecento acri di terreno.

E Pacelli sapeva chi era?

Certo che lo sapeva; e in quell'autunno del 1936 la signora Brady ospitò il cardinale in quella tenuta chiamata Inisfada, una parola in gaelico che sta per «Long Island». A lei e al marito Nicholas, per via di tutte le donazioni fatte al Vaticano, nel 1926 era stato conferito dal papa il titolo di duca e duchessa. E il delegato Giovanni Bonzano aveva benedetto la loro casa prima che si stabilissero lì, in quello che era chiamato «the Irish Channel», il «Canale irlandese», perché era disseminato di ville di irlandesi facoltosi: anche se l'alta società rimaneva storicamente e in maggioranza composta da famiglie protestanti. Pacelli da lì andò a New York, Boston, Washington DC, Chicago, Los Angeles, e di nuovo a New York prima di tornare a Manhasset.

Mrs Brady era davvero una grande finanziatrice del Vaticano?

Quasi leggendaria, e ci teneva a esserlo. Si conserva un appunto successivo alla sua morte, e relativo ad alcune richieste che vennero fatte alla Santa Sede per ottenere alcuni finanziamenti: richieste non dagli Stati Uniti ma da altri Paesi. E Tardini annotava con ironia: «Ma che, credono che la duchessa Brady sia ancora viva?». Per farle capire che era molto generosa. E la duchessa accoglierà il cardinale Pacelli. E lo ospiterà. Con cotanta benefattrice non ci si poteva sottrarre. Perciò fu un viaggio...

Pacelli commenta l'ospitalità di questa duchessa papale?

Non ne abbiamo traccia, però la riconoscenza è chiara. Il Segretario di Stato tornò dal viaggio negli Stati Uniti portando a Roma circa un milione di dollari, tra assegni, titoli e contanti, questo fa capire...

UNA VALIGIA DI DOLLARI E TITOLI NOBILIARI PER I CATTOLICI AMERICANI

Fa capire che quel viaggio valeva molto in tutti i sensi.

Bisognava partire con una valigia vuota per tornare con una valigia pesante. A parte tutto, quel viaggio sottolinea quanto gli Stati Uniti pure fossero attenti alla Chiesa cattolica. E quanto i cattolici americani volessero iniziare a contare di più nelle questioni vaticane, e volessero che il loro ruolo fosse riconosciuto e premiato. Ad esempio, chiesero titoli nobiliari in continuazione.

Che tipo di titoli nobiliari?

Titoli rilasciati dal papa. Infatti, la signora Brady e il marito erano stati fatti duchi da Pio XI. Poi c'erano i Cavalieri di Colombo, altri potenti *fundraisers*, e anche loro ambivano al riconoscimento titolato. La crescita sociale dei cattolici nel mondo statunitense passava anche da questi riconoscimenti di «nobiltà papalina» che arrivavano da oltreoceano. Essere cavaliere di San Gregorio Magno significava palesare davanti all'industriale protestante, massone e legato alla Loggia di Princeton, che si era «qualcuno» per il papa. Abbiamo documentata questa crescita di abbienti americani che chiedevano un riconoscimento pontificio. E facevano cospicue offerte. Se non vado errato, anche il grande storico del papato Ludwig von Pastor, tedesco, che ha pubblicato la sua *Storia dei papi* in diciotto volumi, fu finanziato con dollari di cattolici americani: almeno per gli ultimi volumi. Chi avesse voluto un'onorificenza era disposto a sovvenzionare anche quell'opera. Tanti finanziatori facevano opere per il papato. La cartina di tornasole è la nascita negli Stati Uniti di nuove Congregazioni missionarie. Dove prendevano i soldi? Non certo in Europa, ma dai benefattori americani. Ad esempio, faccio un solo nome, Maryknoll: una società missionaria che da subito si occupa dell'Estremo Oriente, anche lì una scelta geografica non casuale, e che ha una larga espansione. Questa espansione fu sorretta dai contributori, dagli amici americani.

Come fu l'arrivo di Pacelli negli Stati Uniti? Se pensiamo a meno di un secolo prima, a quello di monsignor Bedini che fu quasi linciato dai protestanti...

Contesto e accoglienza furono del tutto diversi, in positivo. La prima cosa che fece Pacelli al suo arrivo fu una dichiarazione alla stampa americana: cosa che normalmente, lei che conosce il mondo americano, un cardinale Segretario di Stato Vaticano non fa. Rilasciò un'intervista che in realtà era una lunga dichiarazione. Fu un capolavoro di abilità, sicuramente rivisto da qualche americano che l'accompagnava o che aveva avuto il testo e l'aveva corretto, forse Spellman o qualcun altro. Era un vero biglietto di presentazione per questo mondo che nei confronti della Chiesa cattolica nutriva ancora forti pregiudizi. Pacelli faceva appello alla libertà di espressione, alla libertà di stampa, alla missione che hanno artisti e giornalisti e scrittori, insomma, un lavoro di abilità che solo una mente sopraffina poteva compiere.

Verrebbe da dire che fu un'abile captatio benevolentiae

Proprio così. Un'opera di *captatio benevolentiae*. Si va a New York e il viaggio prosegue, anche in aereo, per gli

Stati americani, perché bisognava ottimizzare in meno di un mese quelle enormi distanze. Sempre accompagnato dal fido monsignor Spellman, che fungeva anche da interprete perché Pacelli parlava sì inglese, ma in maniera limitata. Abbiamo anche gli appunti di come lui imparasse l'inglese. Potremmo dire con l'approccio comunicativo moderno. «Come sta?» «Che bella giornata è oggi.» «Da dove viene?» e relativa traduzione. Perché era poi sostanzialmente quello che doveva dire.

Chi era il suo insegnante?

Non lo sappiamo, ma pensiamo che di volta in volta siano stati i minutanti della Segreteria di Stato di lingua inglese o forse alcuni padri gesuiti.

Pacelli studiò molto l'inglese?

Parlava sicuramente francese e tedesco, in maniera perfetta, lo spagnolo molto bene; con l'inglese era capace di esprimersi, anche se non di fare grandi discorsi. E anche questo era un altro tetto di cristallo per i romani pontefici. Pio XI pare che si esprimesse in un inglese molto scolastico e in maniera stentata; infatti, era capace di dire poche parole e poi passava al francese. Ma pure papa Ratti parlava bene il tedesco. Pacelli compie questo sforzo in più. D'altronde Pacelli era un grande comunicatore, nel senso che mandava a mente i discorsi e quindi la relativa pronuncia. E così poi li esponeva senza leggerli, quasi.

Cioè li imparava quasi a memoria?

Una memoria proverbiale, prodigiosa. Ma per tornare

al viaggio... Si pose il problema di come e se incontrare le autorità. L'arrivo del cardinale era programmato per l'8 ottobre 1936, cioè in piena campagna elettorale. Pacelli a New York vide Joseph Kennedy, padre del futuro presidente John, con il quale cominciò a parlare di un incontro con Roosevelt.

JOSEPH KENNEDY, IL MEDIATORE TRA ROOSEVELT E PACELLI

Perché Kennedy aveva il potere di fargli incontrare Roosevelt?

Era un buon contributore, ma era anche uno dei grandi elettori di Roosevelt. Ovviamente, di tutto questo noi non abbiamo una documentazione qui, ma abbiamo gli echi. Per questo ci sono imprecisioni. Nei nostri rapporti c'è altro. L'incontro con Kennedy non c'è. Noi lo sappiamo da altre fonti. Noi abbiamo i lamenti del delegato apostolico, che a un certo punto viene a sapere che il cardinale vuole incontrare il presidente e che sono stati fatti alcuni passi. Il momento non era adatto, perché si era in campagna per l'elezione presidenziale, e già al solo sentire la notizia erano piombate sulla scrivania del delegato apostolico quintali di lettere da parte di protestanti, ma anche di cattolici, che si lamentavano per questa ingerenza di uno Stato straniero.

Chi era allora il delegato?

Gaetano Cicognani.

Che non aveva buoni rapporti con Spellman?

Si può dire che due «papi» non possono stare sullo stesso trono. Ma vi fu anche buona collaborazione. Si noti che in America il primo che seppe di un progettato viaggio del cardinale Pacelli fu proprio Spellman, cui però Pio XI aveva imposto il silenzio; e Spellman mantenne il silenzio con tutti, compreso il delegato apostolico. Quando poi il delegato Cicognani venne a sapere del viaggio, che Spellman conosceva, ma solo dopo, fra i due scoppiò qualche moto d'ira, diceva il cardinale Domenico Tardini nel suo diario.

Quindi, cosa accadde?

Accadde che Cicognani riuscì a fare rinviare questo incontro presidenziale attendendo almeno fino alle elezioni. E così fu. Dunque, il 3 novembre vi furono le elezioni e il 5 novembre Pacelli incontrò Roosevelt nella sua residenza privata a Long Island...

C'era Spellman come interprete?

Non credo che quella volta fosse presente Spellman e non esiste un resoconto diretto di quell'incontro. In seguito, il presidente Roosevelt farà solo alcune confidenze su quel colloquio, rivelando ad esempio che il cardinal Pacelli, che portava dietro di sé le preoccupazioni del mondo vaticano, confessò apertamente al presidente i timori per la diffusione del comunismo negli Stati Uniti. Roosevelt pare sorridesse, spiegandogli che questo era proprio un timore che potevano dimenticare: di comunismo negli Stati Uniti, salvo qualche eccentrico personaggio, non ce ne sarebbe mai stato; che la sua politica sociale aveva disinnescato ogni problema e che, piuttosto, egli incontrava resistenza nel mondo delle banche. Chissà se gli disse che anche nel mondo cattolico americano c'era qualcuno che lo ostacolava, sebbene Roosevelt sapesse di dovere la sua elezione anche all'elettorato cattolico.

Secondo lei è stato trattato il tema di padre Coughlin, il predicatore cattolico che attaccava Roosevelt per le sue «idee socialiste»?

Potrebbe essere stato trattato, è un'ipotesi. Anche perché in seguito padre Coughlin si ritrovò a incorrere in sanzioni sempre più stringenti da parte del Vaticano.

Ma se queste sono ipotesi, quali tracce scritte avete di questo colloquio negli Archivi Vaticani?

L'eco della stampa e qualche rapporto del delegato apostolico, tra cui i suoi lamenti per le vicende legate alla visita, ma soprattutto abbiamo il progresso nelle trattative per stabilire una rappresentanza bilaterale.

Non c'è niente sui contributi per l'obolo?

Arrivano direttamente in cassa dalle diocesi. Nelle carte ci sono le offerte dell'obolo, ma non rapporti specifici. Abbiamo l'elenco annuale delle somme, la contabilità. E direi che la presenza degli Stati Uniti diventa sempre più determinante, come obolo. Con la Seconda guerra mondiale e nel dopoguerra, sicuramente. Ma il problema che viene esaminato credo sia quello della rappresentanza degli Stati Uniti.

NIENTE RELAZIONI DIPLOMATICHE TRA USA E VATICANO...

Quindi comunismo, rappresentanza degli Stati Uniti...

Su padre Coughlin, dall'ambasciatore italiano a Washington, che credo fosse Suvich, abbiamo un'altra indiscrezione: il Messico. Perché in Messico c'era ancora la persecuzione religiosa, molti vescovi messicani si erano rifugiati negli Stati Uniti e fu lì che Pacelli li incontrò. Nel marzo del 1937 venne anche promulgata l'enciclica *Firmissimam constantiam* sul Messico. E probabilmente venne chiesto l'intervento degli Stati Uniti sul governo messicano per allentare questa presa. Ma cosa si siano detti esattamente non si sa. Sicuramente si ruppe un muro di ghiaccio. Perché Pacelli ebbe in simpatia Roosevelt, e pare che Roosevelt ricambiasse questa simpatia.

Avete qualche commento di Pacelli su Roosevelt?

Direttamente no, ma basta il telegramma immediato al rinnovo della nomina presidenziale e l'immediata risposta autografa di Roosevelt. Autografa. E poi ci sono i risultati definitivi riguardo al contenuto del colloquio. Sul transatlantico che lo riportava a Roma, Pacelli stava preparando alcuni articoli per «L'Osservatore Romano», perché di tutta questa trionfale tournée bisognava fare il resoconto per il giornale vaticano, e si stava mettendo in cantiere un articolo sull'incontro con Roosevelt. Che poi però non venne pubblicato. Significa che qualcuno, forse anche da Washington, fece capire che non era il caso di diffondere il contenuto dei colloqui, che era meglio tenere una linea di riservatezza, un profilo basso.

Come si sa che fosse previsto questo articolo?

Dalla posizione sul viaggio negli Stati Uniti del cardinale Pacelli, conservata nel nostro Archivio Apostolico.

Quindi, negli Archivi è quasi un incontro-fantasma.

Un po' è così, mentre invece fu un incontro molto strategico. Ma le remore erano anche da parte di Roosevelt, anzi soprattutto di Roosevelt.

E i contatti con Joseph Kennedy?

Joseph Kennedy fu incontrato da Pacelli nel 1938 a Roma, ma già si parlava di una collaborazione su un altro piano, che è quello politico internazionale. L'anno 1938 è l'anticamera della guerra.

Questa collaborazione è più contro il comunismo o il nazismo?

Per la Santa Sede contro tutti e due, per gli Stati Uniti soprattutto contro il nazismo. Gli Stati Uniti in quel momento non vedevano la minaccia comunista come preponderante. Torneranno a vedere il pericolo comunista a partire dal 1944-45, ma negli anni Trenta Stalin appariva un problema secondario, non in grado di provocare uno scompenso internazionale, quindi di nuocere. Nuoceva al suo popolo, non agli altri. Il problema erano il nazismo e la politica filonazista intrapresa da Mussolini.

Ma è vero che si parlava di Joseph Kennedy come possibile primo representative *del presidente presso la Santa Sede?*

Nei colloqui dietro le quinte tra il segretario dell'ambasciata italiana al Quirinale e monsignor Hurley, che era il minutante di lingua inglese e americano della Segreteria di Stato, si discusse dell'intenzione di mandare in Vaticano un rappresentante del presidente: parlo del 1938; un cattolico, un magnate del cinema. Non c'erano molti cattolici che avessero interesse per il cinema. Joseph Kennedy aveva le mani in pasta con diverse case produttrici cinematografiche dell'epoca. Giudichi lei.

In realtà doveva arrivare Myron Taylor, no?

Ma alla fine la nomina di un rappresentante in Vaticano saltò, perché il Congresso non votò i contributi; il papa faceva ancora troppa paura, i protestanti rumoreggiavano, e il presidente preferì non presentare la mozione per non bruciarla e mandò Joseph Kennedy a Londra. Ambasciatore a Londra. Significa che gli aveva già promesso qualcosa. Per questo il candidato a Roma suppongo fosse Joseph Kennedy. E chi poteva essere più gradito di lui? Si era incontrato con Pacelli, era cattolico... Ma forse è il caso di approfondire anche il ruolo di Spellman. E del Conclave del 1922.

Capitolo VIII
Spellman, il «papa» americano

210.400 DOLLARI E «9 CENTESIMI» PER IL CONCLAVE DEL 1922

La lotta al nazismo e soprattutto al comunismo cementeranno un'alleanza ideologica e perfino morale tra Vaticano e Stati Uniti. Ma c'erano stati altri episodi che in qualche maniera avevano mostrato alla Roma papale la potenza americana?

Potenza economica, soprattutto.

Vuol dire investimenti, finanziamenti?

Se vuole chiamiamoli in questo modo. E l'episodio che rappresenta un po' uno spartiacque risale alla fine della Prima guerra mondiale e alla scomparsa di papa Benedetto XV; dunque a quando morì il papa nel gennaio del 1922. Come si fa sempre alla morte di ogni pontefice, si ispezionano la biblioteca papale e le stanze dell'appartamento del defunto. Si apre anche la cassaforte nella quale il papa conserva i documenti più riservati e personali e il resoconto dei soldi a sua disposizione. Ebbene, la sorpresa fu che, a quanto pare, il cardinale camerlengo dovette constatare che la cassaforte era vuota. Letteralmente vuota. Non c'erano dentro nemmeno un foglio, una banconota, una monetina.

Era stato rubato tutto?

Peggio, in un certo senso, perché la cassaforte l'aveva svuotata lo stesso Benedetto XV, che si era mostrato piuttosto prodigo nell'elargire sussidi, contributi e «mance» varie.

Un modo discutibile di usare i soldi, non crede?

Sì, e capisco che all'opinione pubblica possa apparire tale. Ma allora era una prassi normale, seguita con una discrezionalità che oggi sconcerta. Quei soldi servivano più che altro a compensare persone a cui il papa chiedeva particolari e anche faticosi servizi. A onor del vero, Benedetto XV, che teneva una sua contabilità, aveva attinto alle riserve anche per alimentare tanta beneficenza e per soddisfare le richieste di alcuni ambienti del Partito popolare, formazione cattolica che si era affacciata da pochi anni in Italia sulla scena politica e chiedeva in continuazione finanziamenti. In più, Benedetto XV spesso era stato costretto a intervenire personalmente per «sanare» qualche strana vicenda...

Quanto strana? Cerchiamo di essere più precisi...

Alcune sono già note, come il «caso Gerlach». Il monsignore tedesco Rudolf Gerlach vantava profonda confidenza da parte di papa Benedetto XV, che era stato suo professore all'Accademia dei Nobili Ecclesiastici. Purtroppo, monsignor Gerlach aveva un debole per la «mondanità» e spesso si trovava «in bolletta», e questa debolezza gli fu fatale. Avvicinato da un diplomatico tedesco, Franz Stockhammern, che ne pagava i debiti, Gerlach divenne informatore al soldo dei servizi segreti della Germania. Può capire bene cosa significasse questo durante la Prima guerra mondiale. Scoperto, Gerlach fu processato dal tribunale di Roma e Benedetto XV, per coprire almeno in parte lo scandalo ed evitare una condanna sicura, spedì in fretta e furia Gerlach in Svizzera. Un'operazione che ebbe i suoi costi... In altri casi intervenne per sostenere economicamente esponenti del Partito popolare. A questo proposito tra le carte dell'Archivio si trova una nota autografa in cui Benedetto XV parla di «soldi buttati dalla finestra». Lo annotò lui stesso di suo pugno. Era ben cosciente che, talvolta, erano «mance» elargite in maniera eccessiva e con poco controllo. Questo dico in base agli studi fatti su Benedetto XV da Antonio Scottà e più di recente da Giovanni Coco.

Scusi ma, se lo sapeva, perché «buttava i soldi dalla finestra»?

Probabilmente aveva seguito questa linea per «realpolitik». Fatto sta che le entrate della cassa papale erano progressivamente diminuite. Quando Benedetto XV morì, all'inizio del 1922, la Prima guerra mondiale era finita solo da circa tre anni. Non ci si trovava in un periodo molto florido per l'Italia o per il resto del mondo. E quando il camerlengo comprese che non c'era un soldo in cassa per preparare il Conclave, si presentava un problema piuttosto serio.

Per tutte le persone che bisogna far venire dall'estero...

Non solo: un Conclave ha un suo costo. E anche se i conclavi di quell'epoca erano molto più spartani degli attuali, c'erano comunque non poche spese da sostenere. Solo per alloggiare ed elargire il vitto ai cardinali e ai conclavisti si prevedeva una certa somma. Perché un cardinale aveva sempre un conclavista, un servitore, e bisogna alloggiarli tutti. In più c'erano le solite mance da dare alle ordinanze...

Le ordinanze?

Guardie, custodi, autisti, inservienti di palazzo... Con il termine ordinanze, in «vaticanese» si intendono tutti gli inservienti in quel momento in «ordine», quindi in funzione. E il problema da risolvere, di fronte a quella cassaforte svuotata dalle mani bucate di Benedetto XV, era quello di riempirla, almeno con i soldi che potevano permettere di celebrare il Conclave.

Vuol dire che il Vaticano non aveva nemmeno i soldi per eleggere il successore?

È così. Tuttavia, il cardinale Pietro Gasparri, Segretario di Stato, era già corso ai ripari. Infatti, lavorando ogni giorno fianco a fianco con il pontefice, sapeva bene che di soldi non ce n'erano. E il 20 gennaio 1922, due giorni prima della morte del papa, Gasparri fece la sua mossa. Quello stesso giorno inviò un telegramma a monsignor Giovanni Bonzano, delegato apostolico a Washington, o, meglio gli inviò un telegramma «cifrato». La «cifra», ovvero un testo in codice formato da lettere e numeri, impiegato nei casi in cui si voleva garantire la massima riservatezza del messaggio, che poteva essere «decifrata» dal solo delegato apostolico o dal suo segretario. E nel suo telegramma il cardinale Gasparri chiedeva a monsignor Bonzano di trasmettere per via telegrafica, e quindi urgente, tutto quanto aveva in cassa e aggiungeva: «*Preghi singoli cardinali americani portare denaro per ingente spesa*». Il giorno seguente, 21 gennaio, monsignor Bonzano rispondeva a Gasparri, sempre in cifra, assicurando di aver seguito le istruzioni e di aver spedito il residuo dell'obolo del 1921 e del primo trimestre del 1922, per un ammontare di 210.400 dollari e «9 centesimi»: equivalenti oggi a 3.610.000 dollari circa.

UN TELEGRAMMA «CIFRATO» AI CARDINALI AMERICANI

Scusi, ma come faceva il Segretario di Stato vaticano a sapere che gli Stati Uniti avevano quei fondi? E soprattutto, che li avrebbero subito fatti arrivare a Roma in tempo per il Conclave?

Gasparri pensò subito agli Stati Uniti perché sapeva che in quel momento era l'unica economia ancora forte. L'Europa era reduce da un conflitto spaventoso, viveva tra mille difficoltà economiche, a livello nazionale le finanze erano dissanguate. Né poteva chiedere certo aiuto ai cattolici inglesi che erano pochi, numericamente. E allora, si bussò alle porte degli Stati Uniti. Non gli

Stati Uniti come nazione, ma come insieme di diocesi, che donavano l'obolo di san Pietro ogni anno. La raccolta veniva fatta dal delegato apostolico, che poi la trasmetteva periodicamente in Vaticano.

Rimane la domanda: come mai pensarono che dagli Stati Uniti avrebbero risposto positivamente a questa richiesta?

Si bussa direttamente alle porte degli Stati Uniti perché sono ricchi. Si sa. Gli oboli che già erano affluiti nel passato apparivano consistenti, e Gasparri pensò di chiedere con urgenza un anticipo dell'obolo, sicuro che il delegato apostolico in cassa doveva avere denari; e Gasparri di contabilità se ne intendeva ed era sicuro di risolvere la questione con un primo sostanzioso contributo americano.

Gasparri si intendeva di economia?

Eh, era un buon calcolatore, in fatto di soldi. Si vantava di avere umili origini. Il «pecoraro di Ussita»: era chiamato scherzosamente così, in Vaticano. Ma aveva anche un invidiabile senso pratico e rapidità di decisione.

Insomma, Gasparri sapeva bene a chi rivolgersi.

Proprio così. E parla direttamente con il delegato apostolico degli Stati Uniti; sa che da lì vengono i denari, si fa mandare questo anticipo che permette, effettivamente, di sostenere le spese del Conclave, almeno per l'imminente organizzazione.

E in quanti giorni arrivano i dollari?

Erano operazioni che venivano effettuate in maniera telegrafica. Quindi ci volle il tempo che il delegato impiegò per capire il senso del telegramma, che suonava ovviamente alquanto atipico. Non a caso, il cardinale Gasparri diceva esplicitamente: «Non si allarmi per quello che le dico, ma faccia in questo modo». Perché era in effetti una richiesta insolita. E poi non si potevano nemmeno spiegare troppo le cose in dettaglio in un messaggio cifrato. Davanti a un ordine del genere, in sede vacante, il delegato poteva avere qualche dubbio, qualche perplessità. «Perché mi viene chiesto di anticipare del denaro mentre il papa non è ancora morto?»

Però questo delegato apostolico, evidentemente, o già aveva i soldi, o sapeva molto bene...

Li aveva in gran parte già presso di sé, perché la raccolta dell'obolo viene fatta in maniera periodica, non solo alla fine di ciascun anno. Ora io non conosco i ritmi con cui il delegato apostolico negli Stati Uniti raccogliesse dalle varie diocesi l'obolo, però si vede bene che Gasparri, guardando al passato, supponeva che già vi fosse qualche somma discreta da parte.

Un'iniziativa molto concreta e molto ben definita negli obiettivi...

E molto rapida, perché in Vaticano si dovevano avere quei soldi in banca per poter pagare tutte le spese preparatorie e nella prima fase del Conclave. Probabilmente non era tutto l'obolo delle chiese nordamericane, ma una parte di quello raccolto, comunque sufficiente allo scopo.

In questo caso si muovevano tramite Ior o tramite banche?

Lo Ior (Istituto per le Opere di Religione) nei fatti ancora non esisteva. Nel 1904 Pio X aveva rinominato una vecchia commissione per «le cause pie», chiamata «Commissione Cardinalizia per le Opere di Religione». Ma lo Ior come tale fu creato solo nel 1942, durante la Seconda guerra mondiale da Pio XII.

E come si muoveva l'amministrazione per le questioni finanziarie?

Penso che a livello esterno ci si servisse del Banco di Roma, ma anche la Banca Commerciale spesso faceva da sponda per queste operazioni finanziarie.

Lei sta dicendo che il Conclave del 1922 venne fatto grazie a quei 210.400 dollari e 9 centesimi dell'obolo anticipato dai cattolici americani.

So che questo può suonare strano, ma fu così.

E DOPO IL CONCLAVE FURONO PROMOSSI CARDINALI GLI AMERICANI

Ma se ci fu bisogno di correre con i finanziamenti, come fecero ad arrivare in tempo a Roma tutti i cardinali?

E infatti alcuni non ci riuscirono, anche dagli stessi Stati Uniti. E si irritarono. Non a caso Pio XI, appena eletto papa, fece cambiare lievemente il regolamento del Conclave, ampliando l'intervallo con il quale si permetteva ai cardinali di arrivare a Roma da tutte le parti del mondo. Certo è che l'episodio del 1922 fece mutare l'atteggiamento della Santa Sede nei confronti degli Stati Uniti. Nel marzo del 1924 Pio XI tenne il suo quarto concistoro. Vennero creati due cardinali ed erano due statunitensi: Hayes e Mundelein. Patrick Joseph Hayes era l'arcivescovo di New York, quindi ci può stare come sede cardinalizia, ma George William Mundelein era quasi una novità, perché era l'arcivescovo di Chicago.

Era la prima volta che Chicago aveva un cardinale?

Mi pare che fosse la prima volta; in genere le sedi cardinalizie erano Boston, Philadelphia, New York: toccava alle grandi sedi della costa avere questo primato. Tra l'altro venne allora scelto da papa Ratti un prelato di famiglia tedesca, Mundelein (sebbene nato a New York), che in qualche modo era l'espressione di un altro mondo cattolico americano, quello del ceto operaio, del mondo degli emigrati tedeschi, ma anche di tutti gli altri emigrati, i polacchi e gli italiani: cioè il mondo dei cattolici di prima o di seconda generazione, che non era più quello degli irlandesi, o dei pochi cattolici inglesi, dei francesi, dei francofoni... cioè quelli, storicamente, americani.

Quindi viene dato una sorta di premio in cardinali per il contributo finanziario del cattolicesimo statunitense? Si può dire così?

Penso si possa dire. Nel 1924 c'è un premio in porpore;

sale cioè la quota di partecipazione del mondo statunitense nel senato della Chiesa, nel collegio cardinalizio.

Si registrarono reazioni di cardinali degli altri Paesi davanti a questa iniziativa?

Pare proprio di sì; ci fu chi si lamentò, forse chi si aspettava il cappello rosso e non lo ebbe. Questo storicamente ogni tanto accade. Quando si celebra un concistoro, si muove qualche ambasciatore. E in quegli anni, soprattutto dal Sudamerica, c'erano ambienti diplomatici e religiosi che premevano molto per un cappello rosso per una loro diocesi. Tanto in Colombia, quanto in Brasile, quanto in Argentina... Tutti rivendicano un cappello cardinalizio. Era e rimane un segno di prestigio, per una nazione, specialmente del Sudamerica. La stessa cosa avveniva e avviene in Europa. La Spagna da tempo rivendicava sempre nuovi cappelli cardinalizi. La prima volta che Alfonso XIII, re di Spagna, incontrò Pio XI nel 1923, gli chiese di nominare alcuni cardinali del suo regno. E pare che il papa abbia risposto in maniera evasiva, ma senza dare tante assicurazioni. Pio XI era gelosissimo delle nomine cardinalizie, e non tollerava intromissioni. Quando, poco meno di un anno dopo, la Spagna rimase a bocca asciutta, l'ambasciatore spagnolo protestò, soprattutto perché re Alfonso credeva la cosa già fatta, come ai tempi dell'Ancien Régime. Molto piccato, Pio XI fece rispondere all'ambasciatore spagnolo, che «sulla materia, il papa ha un'ultima parola, è gelosissimo e non ammette intromissioni di alcuno». Quindi, nemmeno di teste coronate o di governi. E di fatto i cardinali spagnoli arriveranno un po' più tardi.

Gli americani preferiti a cardinali di una potenza cattolica: una mezza rivoluzione...

E questo fa capire e conferma che, insomma, cambiò la prospettiva della Santa Sede nei confronti degli Stati Uniti. Tra l'altro, nel 1925 compare in Roma per la prima volta un certo Francis Spellman: già alunno del Pontificio Collegio Americano, entrò in Segreteria di Stato come minutante per la lingua inglese.

SPELLMAN, IL «COMMISSARIO» DI ROMA NEGLI USA

Secondo lei anche questo arrivo di Spellman è legato a quella vicenda o no?

Non strettamente legato, però...

Perché era giovane, allora, Spellman.

Giovanissimo, doveva avere trentasei anni; però assumere minutanti di lingua inglese fu un passo diverso, inedito. Normalmente i minutanti della Segreteria di Stato erano italiani, francesi, qualche tedesco, molto raramente si avevano di lingua inglese. E, in questo caso, al massimo erano irlandesi. Ora compariva un americano. È una piccola novità. Si può dire che sono tanti piccoli tasselli che portano a segnali di un cambiamento di attenzione nei confronti del mondo statunitense. Spellman diventa una creatura «romana», tant'è vero che poi nel 1932 verrà nominato vescovo e consacrato nella Basilica Vaticana dall'allora cardinale Pacelli. Ma segna anche uno spartiacque.

Rimane in curia per sette anni?

Resta sette anni, che non sono pochi.

E impara anche l'italiano?

Già lo aveva imparato un po' da studente. Ma a Roma necessariamente lo affina. Parla bene l'italiano, e nel '32 torna negli Stati Uniti come vescovo ausiliare di Boston, non gradito dal vescovo cardinale di Boston, William O'Connell, che non amava avere un ausiliare: soprattutto questo ausiliare mandato da Roma.

Lo vedeva come una sorta di commissario del papa?

Sì, e forse addirittura come una spia di Roma. Possiamo dire che il vecchio cardinale di Boston O'Connell aveva un cumulo di problemi di gestione della diocesi. Non era una novità, potremmo dire, per quel mondo. Era soprattutto anziano. Però non voleva lasciare ad altri. E da Roma gli mandarono questo giovane ausiliare, glielo imposero. È poco più che quarantenne, ma per la media ecclesiastica comunque sempre giovane. E questa presenza non venne molto gradita, ma il cardinale la dovette ingoiare.

Da cosa si deduce che non fosse gradita? Ci sono dei documenti?

È ampiamente documentato. Un po' nelle nostre carte, ma anche nelle carte degli Affari Ecclesiastici Straordinari ci sono prove di questo contrasto: il rifiuto iniziale ad averlo, il tentativo di emarginarlo. Ma Spellman invece si prese più potere, se lo prese da sé, sapendo di avere le spalle coperte da Roma, e quindi anche dal delegato apostolico.

Spellman già allora aveva rapporti con Pio XI e col futuro Pio XII? Chi erano i suoi protettori a Roma?

Inizialmente credo che il suo «protettore» fosse il cardinale Fumasoni. Pietro Fumasoni Biondi, prefetto della Congregazione di Propaganda Fide, fu delegato apostolico negli Stati Uniti fino al 1932. Era stato anche docente, in precedenza, all'Urbaniana, quindi Spellman lo conosceva. E Fumasoni era anche uno dei pochi cardinali di curia anglofoni: era un'eccezione all'epoca; in genere i porporati erano francesi, spagnoli, tedeschi. Ma gli anglofoni erano pochi. Fumasoni parlava correntemente l'inglese. Anzi, aveva perfino un leggero slang americano, secondo qualcuno. Ma soprattutto Spellman conosceva direttamente monsignor Domenico Tardini, che lo aveva avuto alunno all'Urbaniana, e anche monsignor Borgongini Duca: due amicizie fondamentali. Inoltre, conobbe molto bene monsignor Giuseppe Pizzardo. Credo che avesse conosciuto anche Pacelli, nel corso di qualche periodo di vacanza di Pacelli a Roma, perché non dobbiamo dimenticare che nel periodo degli anni Venti il futuro papa Pio XII era nunzio a Monaco di Baviera. Ma c'erano dei periodi in cui tornava. A ogni modo si può affermare che Pacelli si muoveva con Spellman con una certa confidenza, e viceversa. Possiamo dire che Spellman aveva in Tardini e in Pizzardo degli amici e protettori.

«IL VATICANO È IL MIGLIOR SERVIZIO SEGRETO D'EUROPA»

Spellman torna negli Stati Uniti, ma l'Europa si avvia allo scontro con le dittature: quella nazista e fascista, oltre al comunismo in Unione Sovietica. E ci si avvia verso la Seconda guerra mondiale. Gli Stati Uniti osservano, in apparenza da lontano. E Hugh Wilson, all'epoca ambasciatore statunitense a Berlino, diceva: «Il Vaticano è il miglior servizio segreto d'Europa». Questo è contenuto nei vostri Archivi?

Sì, ma possiamo aggiungere che si potrebbe obiettare quanto diceva Domenico Tardini.

Pare non fosse entusiasta del mondo vaticano. Tardini commentava, sarcastico: «Figuriamoci gli altri come sono messi».

È proprio così. Gli americani hanno avuto sempre questa visione del Vaticano come grande centrale dell'intelligence europea. E senza dubbio la rete dei delegati apostolici, dei nunzi, dei vescovi, erano e sono fonti di informazione: fonti molto diverse rispetto a quelle di uno Stato. Questa «potenza» del Vaticano era molto sovrastimata. In America a quel tempo si credeva questo quando ci si avvicinava alla Santa Sede. Ma che ci fosse un'organizzazione di intelligence come s'intende oggi... no. Anzi, penso che non tutti i rappresentanti pontifici fossero di molta lungimiranza.

Era una realtà mitizzata.

Per quello che ho potuto vedere e studiare, penso di sì. O comunque sia, c'era una diversità di approccio tale da fare apparire tutto in modo un po' esotico. L'esotismo giocava la sua parte. Poi esistevano rappresentanti pontifici molto efficienti, capaci di decifrare situazioni politiche, insomma ottimi analisti, ma anche burocrati che svolgevano il loro lavoro senza riuscire ad andare oltre la superficie delle cose.

Spellman, da quello che risulta dalle carte, aveva diversi «amici» in Europa, prima e dopo la guerra. C'era una «rete di Spellman» in Europa? Si dice che il cardinale di Berlino fosse suo grande amico.

È probabile, sebbene questo, dalle nostre carte, emerga con difficoltà. Quello che possiamo dire, senza paura di smentita, è che Spellman si muoveva con molta agilità, quando andava all'estero, il che significa che aveva una vasta rete di conoscenze. Non è un caso che nel 1939, quando scoppiò la guerra in Europa, Spellman, che era già passato alla sede di New York, venne nominato vescovo castrense, cioè ordinario militare delle forze armate americane.

Dunque prima ancora che gli Stati Uniti entrassero in guerra.

Sì, e quella scelta appare non casuale, ma strategica. Spellman è un uomo che conosce l'establishment statunitense; divenire vescovo castrense permetteva di muoversi molto, raggiungendo anche i teatri di guerra, inaccessibili ad altri. E durante la guerra Spellman compirà molti viaggi. Uno dei quali in Italia, proprio durante il conflitto, mentre Italia e Stati Uniti sono belligeranti. Tant'è vero che per la venuta di Spellman in Italia ci vollero particolari permessi; il regime fascista chiuse gli occhi, accettò la sua presenza.

Quando venne? In che anno?

Parliamo dell'anno 1943. Mentre la guerra mette Italia e Usa di fronte come nemici.

Venne a trovare il papa?

Venne a Roma a vedere anche il papa. Ma la sua posizione fu stralciata, per dir così, in considerazione della sua veste. E a quel tempo non era nemmeno cardinale. Questo forse può dare l'idea del ruolo che Spellman ormai si era ritagliato.

In questo caso colpisce non solo il fatto della visita a Pio XII, ma anche il regime fascista che lo lascia venire.

Il regime fascista non voleva apparire troppo ostile al Vaticano. Ci fu sempre questo equilibrio strano e precario nei rapporti con la Santa Sede. Siamo nel 1943, che è l'anno in cui l'Italia accusa terribilmente i colpi della guerra e il regime fascista sente vicina la fine; la venuta di Spellman avrebbe potuto essere utile, forse, anche per altro. Si sperava, e si temeva, che Spellman venisse a nome del presidente degli Stati Uniti per sottoporre qualche piano di pace.

Già allora?

Credo di sì. O comunque era sospettato di fare un poco di spionaggio. E allora... è come quando si accetta che una spia entri nel tuo territorio. Si è coscienti che si tratta di una spia, però non si vuole escludere che possa convenire la sua presenza. Si fa entrare Spellman, gli si permette di andare a Roma, di incontrare il papa e altre personalità, e poi di ripartire, sapendo che questo viaggio avrebbe potuto avere una parte nella risoluzione del conflitto, facilitando forse una pace separata per il regime fascista.

Incontrò anche qualche esponente di spicco fascista?

No, che ci risulti. Sarebbe stato troppo compromettente, a quel punto. A ogni modo, sulla visita in Italia di Spellman nel '43 ha scritto cose interessanti un gesuita americano, padre Gerald Fogarty.

In quella fase si riaffacciava anche il problema del rappresentante degli Stati Uniti in Vaticano. C'era solo un inviato personale del presidente, Harold Tittmann, che viveva nella vecchia Casa Santa Marta, quella che ancora oggi si vede accanto alla nuova Casa Santa Marta dove vive papa Francesco. Si dice tra l'altro che al figlio il futuro Paolo VI desse lezioni di latino...

Si tratta di una voce, ma dai documenti almeno non risulta. Ed è anche difficile che dai documenti risulti un dettaglio del genere. Ma è vero che in quei mesi si affacciò di nuovo il tema delle relazioni diplomatiche. E Spellman venne considerato un possibile facilitatore, mentre invece, alla fine, uno dei suoi fallimenti è considerato il fatto che non riuscì a far superare al presidente statunitense, al Senato degli Stati Uniti, al Congresso, queste resistenze di tipo ideologico, politico...

IL PROGETTO FALLITO DI UN AMBASCIATORE USA IN VATICANO

Resistenze Wasp, dell'America bianca, anglo-sassone e protestante, soprattutto. Qual è l'atteggiamento di Spellman su questa vicenda delle relazioni diplomatiche?

Sicuramente le caldeggia. È suo il progetto del 1938 per lo stabilimento di una rappresentanza statunitense presso la Santa Sede. Progetto che poi fallì, perché c'era opposizione, come abbiamo ricordato, soprattutto in alcuni settori, contro questa normalizzazione; ne ha scritto Giovanni Coco nel *Labirinto romano*. Spellman è uno di quelli che preme per la soluzione trovata da Roosevelt del rappresentante personale. Che è quella che funzionò meglio. Perché oltrepassava l'approvazione del Congresso e permetteva ai presidenti degli Stati Uniti, prima Roosevelt e poi Truman, di mantenere un collegamento diretto con il Vaticano. E Spellman fu uno dei sostenitori del progetto. E tutto sommato, sebbene fosse un fallimento non essere riusciti nell'impresa di normalizzare definitivamente le relazioni, conveniva a Spellman, perché un rappresentante permanente si sarebbe ritagliato spazi che erano occupati da lui. Un ambasciatore si sarebbe mosso autonomamente con le autorità statunitensi al posto di Spellman. Mentre ad esempio Tittmann si relazionava o con il Segretario di Stato o con il presidente degli

1a. Il portone di bronzo dal quale si accede all'Archivio Apostolico Vaticano, opera dello scultore anagnino Tommaso Gismondi (1906-2003), realizzata nel 1985.

1b. Un particolare del portone con il simbolo dell'Archivio.

2. Lettera dei membri del Parlame
to inglese a Clemente VII (13 lugl
1530). Ottantatré membri della C
mera dei Lords e altri dignitari ingl
si sottoscrivono la petizione volu
dal re inglese Enrico VIII e rivolta
papa Clemente VII perché il ponte
ce volesse sollecitare la soluzione d
suo «caso» matrimoniale; annulla
cioè il suo matrimonio con Cateri
d'Aragona per celebrare nuove no
ze con la giovane Anne Boleyn, c
cui sperava di ottenere il sospira
erede al trono. La petizione reca 8
sottoscrizioni e 81 sigilli di altretta
ti dignitari firmatari. La supplica
papa, com'è noto, non conseguì l'e
fetto sperato (AAV, *A.A., Arm. I-X
VIII* 4098A).

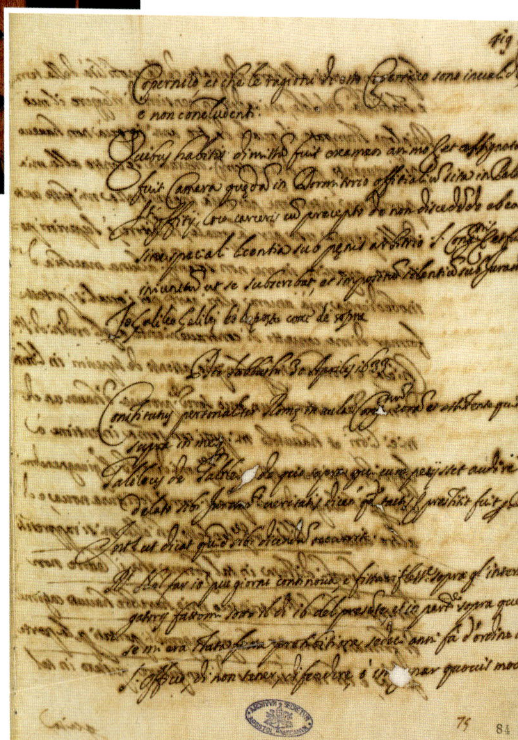
419

Copernico et che le ragioni di esso Copernico sono invalide
e non concludenti.

Io Galileo Galilej ho deposto come di sopra

3. Atti originali del processo di Galileo Galilei. Nelle prime 7 righe del testo si legge la chiusura della deposizione di Galileo Galilei di fronte all'Inquisizione rilasciata il 12 aprile 1633. All'ottava riga abbiamo la sottoscrizione giurata della sua deposizione di mano dello stesso scienziato: «Io Galileo Galilej ho deposto come di sopra» (AAV, *Misc. Arm.* X 204, f. 84[r]).

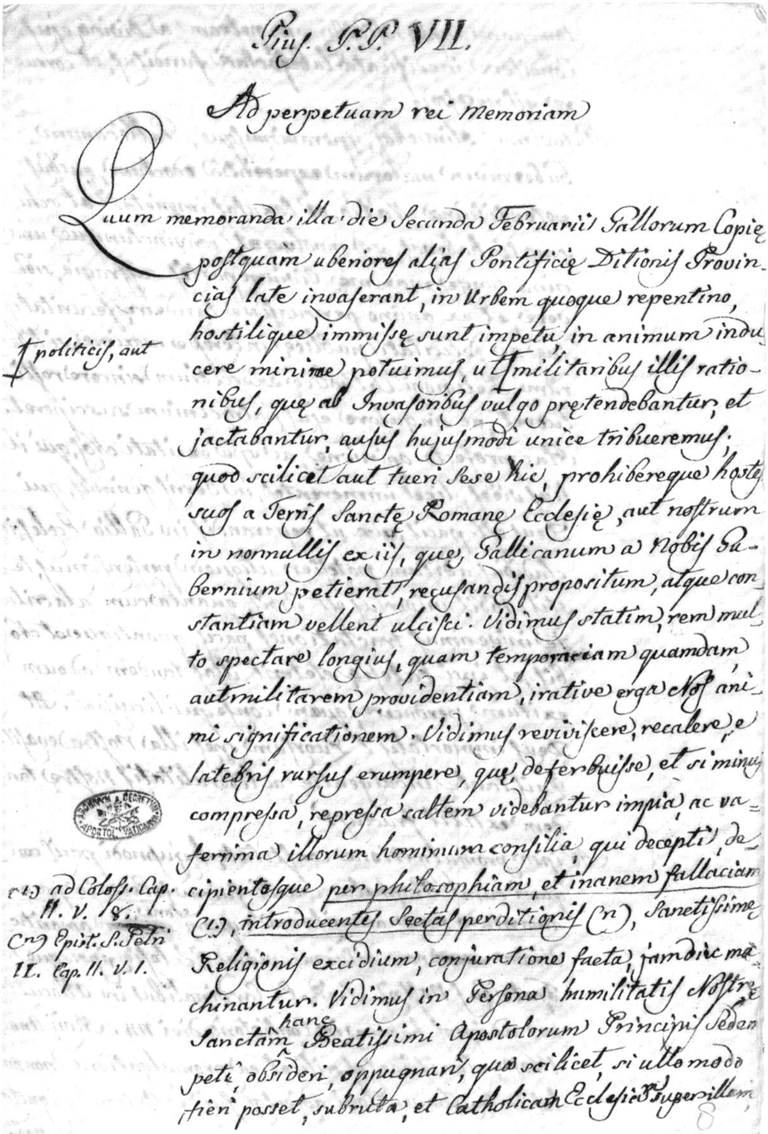

Pius P.P. VII.

Ad perpetuam rei Memoriam

Quum memoranda illa die secunda Februarii Gallorum Copiæ
postquam uberiores alias Pontificiæ Ditionis Provin-
cias late invaserant, in Urbem quoque repentino,
hostilique immissæ sunt impetu, in animum indu-
cere minime potuimus, ut politicis, aut militaribus illis ratio-
nibus, quæ ab Invasoribus vulgo prætendebantur, et
jactabantur, ausus hujusmodi unice tribueremus;
quod scilicet aut tueri sese hic, prohibereque hostes
suos a Terris Sanctæ Romanæ Ecclesiæ, aut nostrum
in nonnullis ex iis, quæ, Gallicanum a Nobis Gu-
bernium petierant, recusandis propositum, atque con-
stantiam vellent ulcisci. Vidimus statim, rem mul-
to spectare longius, quam temporaneam quamdam
aut militarem providentiam, irative erga Nos ani-
mi significationem. Vidimus reviviscere, recalere, e
latebris rursus erumpere, quæ deferbuisse, et si minus
compressa, repressa saltem videbantur impia, ac va-
ferrima illorum hominum consilia, qui decepti, de-
cipientesque per philosophiam, et inanem fallaciam
(1.), introducentes sectas perditionis (2.), Sanctissimæ
Religionis excidium, conjuratione facta, jamdiu ma-
chinantur. Vidimus in Persona humilitatis Nostræ
Sanctam hanc Beatissimi Apostolorum Principis Sedem
peti, obsideri, oppugnari, quo scilicet, si ullo modo
fieri posset, subruta, et Catholicam Ecclesiam super illam

(1.) ad Coloss. Cap. II. v. 8.
(2.) Epist. S. Petri II. Cap. II. v. 1.

foto 4a

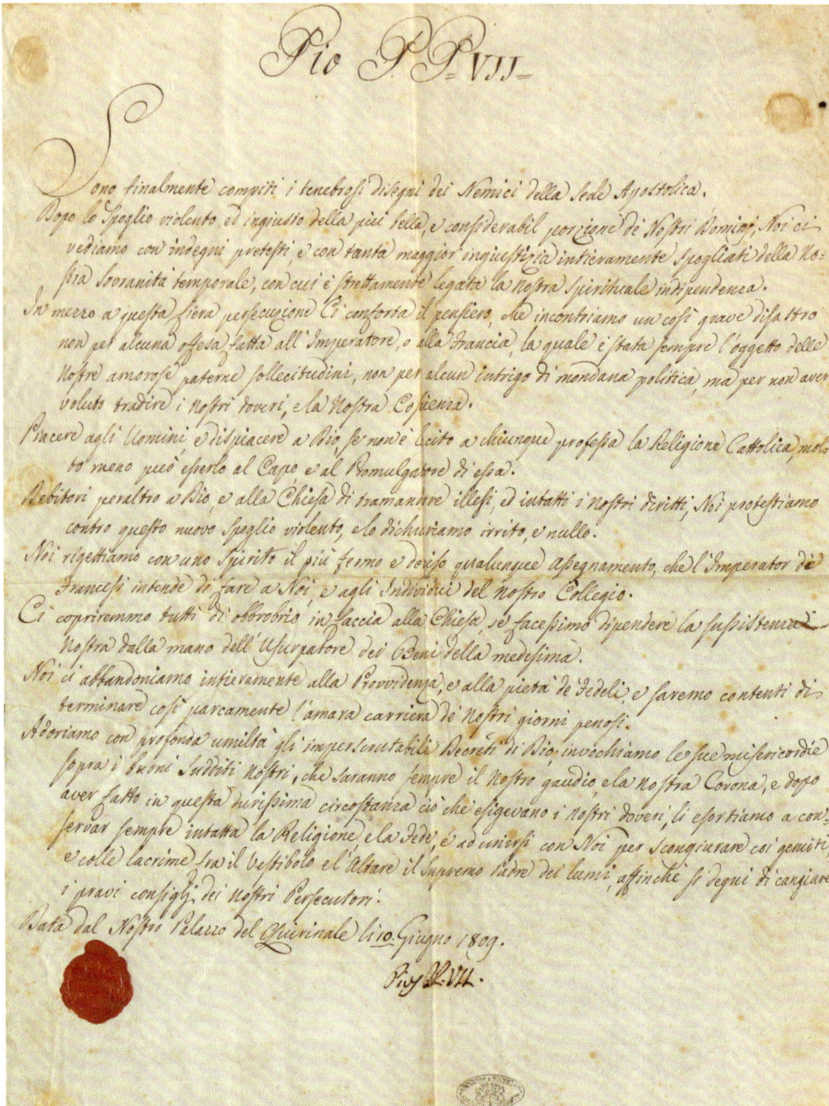

Pio PP. VII

Sono finalmente compiti i tenebrosi disegni dei Nemici della Sede Apostolica.
Dopo lo Spoglio violento ed ingiusto della più bella, e considerabil porzione de' Nostri Dominj, Noi ci vediamo con indegni pretesti, e con tanta maggior ingiustizia intieramente Spogliati della Nostra Sovranità temporale, con cui è strettamente legata la Nostra Spirituale indipendenza.
In mezzo a questa fiera persecuzione Ci conforta il pensiero, che incontriamo un così grave disastro non per alcuna offesa fatta all'Imperatore, o alla Francia, la quale è stata sempre l'oggetto delle Nostre amorose paterne sollecitudini, non per alcun intrigo di mondana politica, ma per non aver voluto tradire i Nostri doveri, e la Nostra Coscienza.
Piacere agli Uomini e dispiacere a Dio se non è lecito a chiunque professa la Religione Cattolica, molto meno può esserlo al Capo e al Promulgatore di essa.
Debitori peraltro a Dio, e alla Chiesa di tramandare illesi, ed intatti i Nostri diritti, Noi protestiamo contro questo nuovo Spoglio violento, e lo dichiariamo irrito, e nullo.
Noi rigettiamo con uno Spirito il più fermo e deciso qualunque assegnamento, che l'Imperator de' Francesi intende di fare a Noi e agli Individui del Nostro Collegio.
Ci copriremmo tutti di obbrobrio in faccia alla Chiesa, se facessimo dipendere la sussistenza Nostra dalla mano dell'Usurpatore dei Beni della medesima.
Noi ci abbandoniamo intieramente alla Providenza, e alla pietà de' fedeli, e saremo contenti di terminare così parcamente l'amara carriera de' Nostri giorni penosi.
Adoriamo con profonda umiltà gli imperscrutabili Decreti di Dio, invochiamo le sue misericordie sopra i buoni Sudditi Nostri, che saranno sempre il Nostro gaudio e la Nostra Corona, e dopo aver fatto in questa durissima circostanza ciò che esigevano i Nostri doveri, li esortiamo a conservar sempre intatta la Religione e la Fede, e ad unirsi con Noi per scongiurare coi gemiti, e colle lacrime tra il vestibolo e l'Altare il Supremo Padre dei lumi, affinchè si degni di cangiare i pravi consigli dei Nostri Persecutori.
Data dal Nostro Palazzo del Quirinale li 10 Giugno 1809.

Pius PP. VII.

foto 4b

4. Il 10 giugno 1809, avuto il parere del Sacro Collegio, Pio VII scomunica i soldati e i politici francesi «depredatori del Patrimonio di Pietro» e lo stesso imperatore Napoleone I, senza nominarlo, con il breve *Quam memoranda*, una minuta preparatoria del quale si conserva in Archivio Vaticano (foto 4a). Il medesimo giorno il pontefice elevava formale e pubblica protesta contro l'usurpazione del suo Stato e dei beni della Chiesa compiuta da Napoleone, autore di «tenebrosi disegni» contro la Sede Apostolica (foto 4b; sottoscrizione autografa del papa, *Pius PP. VII*, e sigillo particolare dello stesso pontefice (AAV, *Segr. Stato, Epoca Napol., Italia* 7, fasc. 14, f. 8; *Arch. part. Pio IX, Oggetti vari* 2238, ff. 1^r, 8^r-17^r).

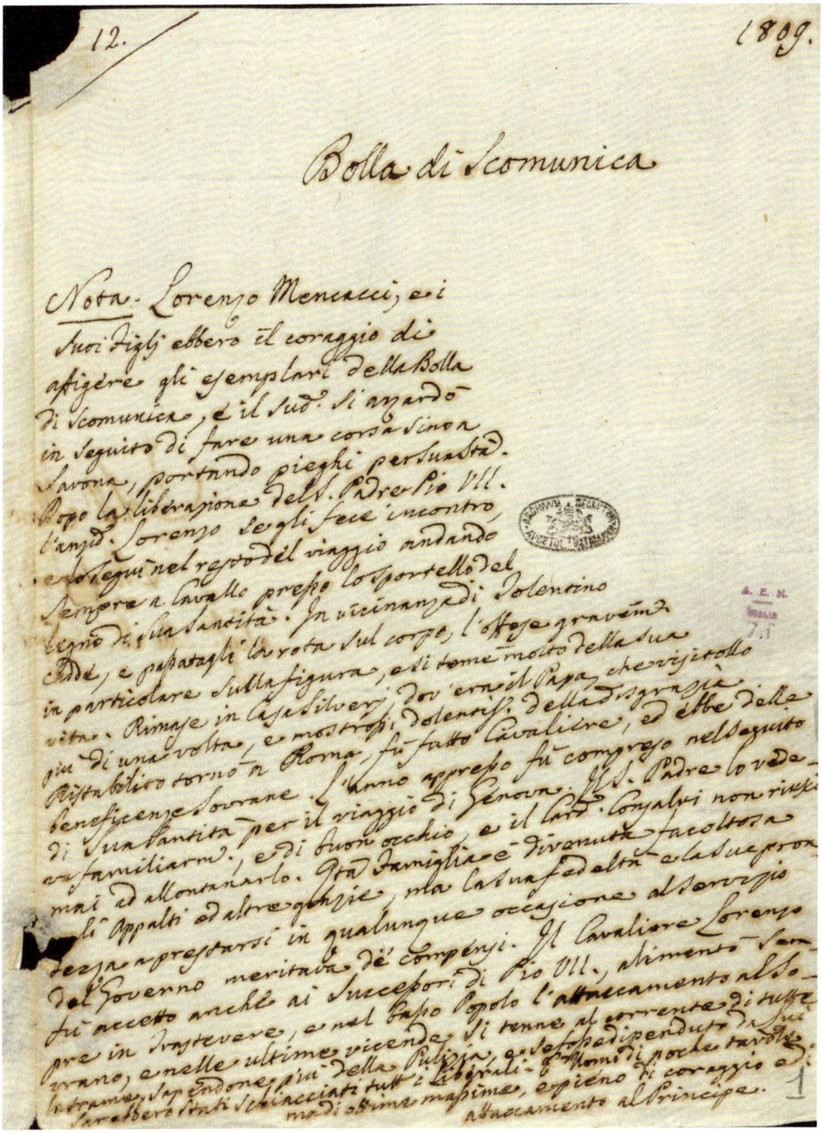

12. 1809.

Bolla di Scomunica

Nota- Lorenzo Mencacci, e i suoi figli ebbero il coraggio di affigere gli esemplari della Bolla di Scomunica, e il Sud.° si azardò in seguito di fare una corsa sino a Savona, portando pieghi per sua Sta. Dopo la liberazione del S. Padre Pio VII. l'anzid.° Lorenzo se gli fece incontro, e lo seguì nel resto del viaggio andando sempre a cavallo presso lo sportello del legno di sua Santità. In vicinanze di Tolentino cadde, e passatagli la rota sul corpo, l'offese gravem.te in particolare sulla figura, e si temé molto della sua vita. Rimase in Casa Silveri, dov'era il Papa, che visitollo più di una volta, e mostrossi dolentiss. della disgrazia. Ristabilito tornò a Roma, fu fatto Cavaliere, ed ebbe delle beneficenze Sovrane. L'anno appresso fu compreso nel seguito di Sua Santità per il viaggio di Genova. Il S. Padre lo vedeva familiarm.e, e di buon occhio, e il Card. Consalvi non riuscì mai ad allontanarlo. Ora la famiglia è divenuta facoltosa negli Appalti ed altre genzie, ma la sua fedeltà e la sua prontezza a prestarsi in qualunque occasione al servizio del Governo meritava de' compensi. Il Cavaliere Lorenzo fu accetto anche ai Successori di Pio VII., e il mento sempre in Trastevere, e nel basso Popolo l'attaccamento al Sovrano, e nelle ultime vicende si tenne al corrente di tutte le trame, sapendone più della Polizia, e se sopra dipenduto fosse sarebbero stati schiacciati tutti i Liberali. Uomo di poche parole, ma di ottime massime, e pieno di coraggio e di attaccamento al Principe.

5. Nota della Segreteria di Stato di Pio VII del 1809. In essa si dice che «Lorenzo Mencacci e i suoi figli ebbero il coraggio di affiggere in Roma gli esemplari della Bolla di scomunica» fulminata da Pio VII contro Napolone (10 giugno 1809), rischiando con ciò la fucilazione, da cui sfuggirono; il Mencacci raggiunse poi Pio VII a Savona e lo accompagnò verso Roma, subendo un serio incidente presso Tolentino (AAV, *Segr. Stato, Epoca Napol., Italia* 7, fasc. 14, f. 1r).

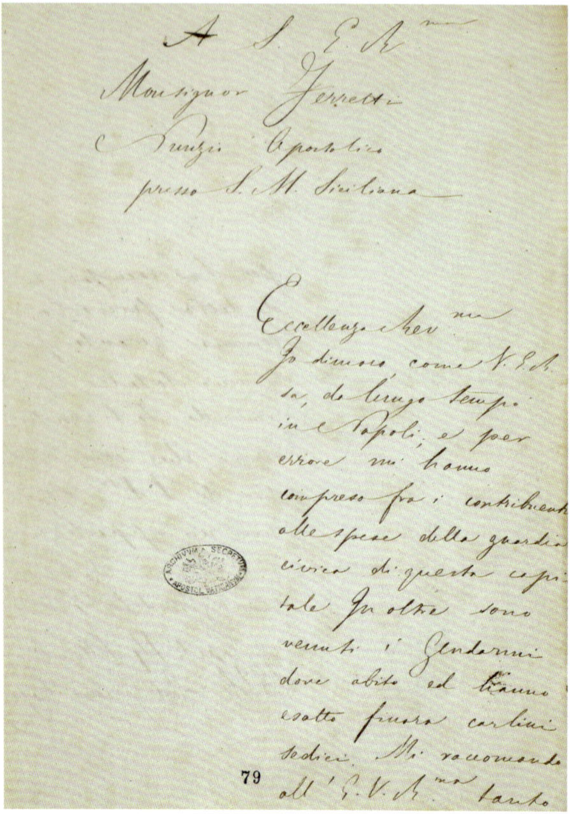

A S. E. R.ma
Monsignor Ferretti
Nunzio Apostolico
presso S. M. Siciliana

Eccellenza Rev.ma
Io dimoro, come V. E. R.
sa, da lungo tempo
in Napoli; e per
errore mi hanno
compreso fra i contribuenti
alle spese della guardia
civica di questa capi-
tale In oltre sono
venuti i Gendarmi
dove abito ed hanno
esatto finora carlini
sedici. Mi raccomando
all'E. V. R.ma tanto

6. Lettera autografa del poeta Giacomo Leopardi (1798-1837) al nunzio apostolico alla corte di Napoli, mons. Gabriele Ferretti (1795-1860), futuro cardinale, scritta dalla città partenopea il 14 settembre 1836, in un periodo di particolari ristrettezze economiche del letterato, costretto a chiedere aiuto agli amici. Nella lettera Leopardi si lamenta con il diplomatico vaticano perché «per errore mi hanno compreso fra i contribuenti alle spese della guardia civica di questa capitale. In oltre sono venuti i Gendarmi dove abito ed hanno esatto finora carlini sedici. Mi raccomando all'Eccellenza Vostra Reverendissima tanto per la recupera di detta piccola somma quanto per la mia totale esenzione da tal contribuzione, che come suddito di Sua Santità (Dio Grazia) non m'appartiene» (AAV, *Arch. Nunz. Napoli* 329, f. 79rv).

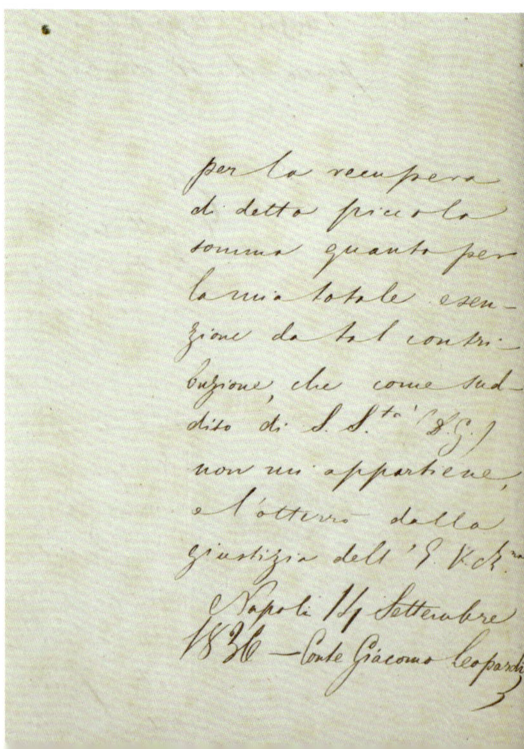

per la recupera
di detta piccola
somma quanto per
la mia totale esen-
zione da tal contri-
buzione, che come sud-
dito di S. S.tà (D. G.)
non mi appartiene,
e l'otterrò dalla
giustizia dell'E. V. R.ma
Napoli 14 Settembre
1836 — Conte Giacomo Leopardi

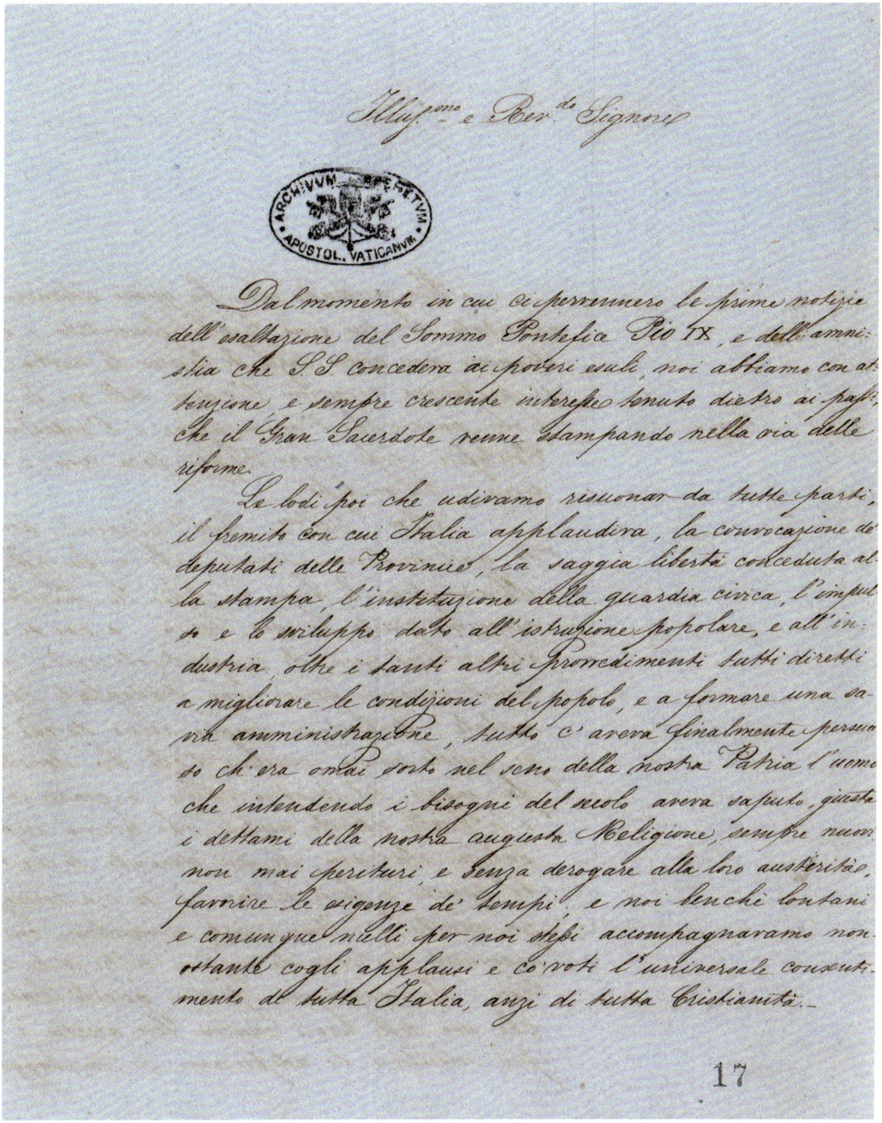

Illu.mo e Rev.do Signore

ARCHIVVM SECRETVM APOSTOL. VATICANVM

Dal momento in cui ci pervennero le prime notizie dell'esaltazione del Sommo Pontefice Pio IX, e dell'amnistia che S.S. concedeva ai poveri esuli, noi abbiamo con attenzione e sempre crescente interesse tenuto dietro ai passi, che il Gran Sacerdote venne stampando nella via delle riforme.

Le lodi poi che udivamo risuonar da tutte parti, il fremito con cui Italia applaudiva, la convocazione de' deputati delle Provincie, la saggia libertà conceduta alla stampa, l'instituzione della guardia civica, l'impulso e lo sviluppo dato all'istruzione popolare, e all'industria, oltre i tanti altri provvedimenti tutti diretti a migliorare le condizioni del popolo, e a formare una savia amministrazione, tutto c'aveva finalmente persuaso ch'era omai sorto nel seno della nostra Patria l'uomo che intendendo i bisogni del secolo aveva saputo, giusta i dettami della nostra augusta Religione, sempre nuovi non mai perituri, e senza derogare alla loro austerità, favorire le esigenze de' tempi, e noi benchè lontani e comunque nulli per noi stessi accompagnavamo non ostante cogli applausi e co' voti l'universale consentimento di tutta Italia, anzi di tutta Cristianità.-

17

7. Lettera di Giuseppe Garibaldi e del suo comandante in seconda Francesco Anzani a Pio IX, scritta da Montevideo (Uruguay) il 12 ottobre 1847, inviata per il tramite dell'internunzio apostolico a Rio de Janeiro mons. Getano Bedini, nella quale l'«eroe dei due Mondi», fiducioso in papa Mastai (dopo la celebre amnistia concessa nel suo Stato dal pontefice), offriva le sue «braccia» e le sue armi al papa. Sottoscrizioni autografe di Garibaldi e di Anzani (AAV, *Segr. Stato*, an. 1848, rubr. 251, fasc. unico, ff. 17-18).

Ma quando non ha guari udimmo il sacrilego attentato, con cui una fazione fomentata e sostenuta dallo straniero non ancor sazio di lacerar la nostra povera patria si proponeva rovesciar l'ordine delle cose in oggi esistente, a noi parve che l'ammirazione e l'entusiasmo pel Sommo Pontefice fosse omai troppo poca cosa, e che un grave dovere c'incombesse.

Noi, Ill.mo e Rev.do Signore, animati sempre da quel medesimo spirito, che ci fece affrontare l'esilio, abbiamo preso le armi in difesa di Montevideo, perchè credemmo giusta la sua causa; a noi si sono riunite alcune centinaia di compatrioti nostri, che qui eran venuti cercando giorni men travagliati che nella terra natale; durante i cinque anni dacchè l'assedio strin-ge queste mura, ciascun d'essi ha dovuto più volte far saggio del proprio valore, e, grazie alla Provvidenza, e a quello spirito antico che ancora infiamma il sangue italiano, in più cimenti la nostra Legione eb-be campo a farsi notare, e, se c'è permesso il dirlo sen-za vanità, s'è pur veduta rimunerare con onori, non raggiunti per anco da nessun altro corpo in questa guer-ra. Se adunque ponno queste braccia con qual-che uso delle armi riuscire ben accette a S.S., noi ben più volontieri le adopreremo in vantaggio di Colui,

che sì bene serve alla Chiesa e alla Patria. - Pur-
chè sia in sostegno dell'opera redentrice di Pio IX, per
ben avventurati ci terremo noi, e i nostri compagni nel
di cui nome parliamo, se ci sarà dato mettervi la
vita - è quanto possiamo offrire. E se ella, Illustre
e Rev.do Signore, crede che l'offerta non possa giun-
gere discara al Sommo Pontefice, voglia degnarsi di
farla pervenire all'augusto suo trono.

Nessuna puerile presunzione che l'opera nostra
possa colà essere necessaria, ci spinge a dar questo pas-
so; troppo bene sappiamo che sovra basi contro cui
non ha potere umano sforzo, posa saldo l'edificio
che ebbe a institutore S. Pietro, e che numerosi e
devoti difensori conta il nuovo ordine di cose, i quali
sapran virilmente respingere le ingiuste aggressioni
de' perturbatori; ma perchè dei buoni sieno più
ripartiti i travagli, a noi sia fatta parte dell'ono-
re di parteciparvi, e perchè valga a nuovo argomen-
to, ad amici e nemici, dell'unanimità dei voti e dei
desideri che scaldano ogni petto italiano dovunque
si trovi, noi ci prendiamo la libertà di far nota
alla S. V. Reverend.ma la nostra determinazione.

Frattanto noi ringraziamo la Provvidenza
per aver preservato S. S. dalle macchinazioni de' tristi,

e facciamo i più ardenti voti perchè lungamente la Conceda alla Cristianità e all'Italia.

Non ci resta ora se non pregare la S. V. Illma e Rev.^ma a volerci condonare l'incomodo che le abbiamo recato, e ad accettare i sentimenti della nostra sincera stima, e profondo rispetto con cui ci pregiamo d'inchinarla.

Montevideo 12 Ottobre 1847

Devotiss.^mi ed Osseq.^mi Servi

G. Garibaldi

F.^co Anzani

oto 8a

oto 8b

8. Monumento celebrativo del concilio cumenico Vaticano I, alto ben 36 mt., opera dell'architetto Virginio Vespignani (1808-1882); la statua bronzea di S. Pietro, che sormonta la colonna, è opera dello scultore Filippo Gnaccarini (1804-1875). Pio IX aveva deciso nel 1870 di erigere in monumento sul Gianicolo (piazza di S. Pietro in Montorio), ma la breccia di Porta Pia e la concquista di Roma da parte dei «Piemontesi» rese impraticabile l'operazione. Il monumento fu quindi collocato in Vaticano, al centro del Cortile della Pigna (foto 8a). Pio XI nel 1936 fece sezionare il monumento in varie parti, collocate poi nei Giardini Vaticani (foto 8b), per far spazio alla Mostra Mondiale della Stampa Cattolica.

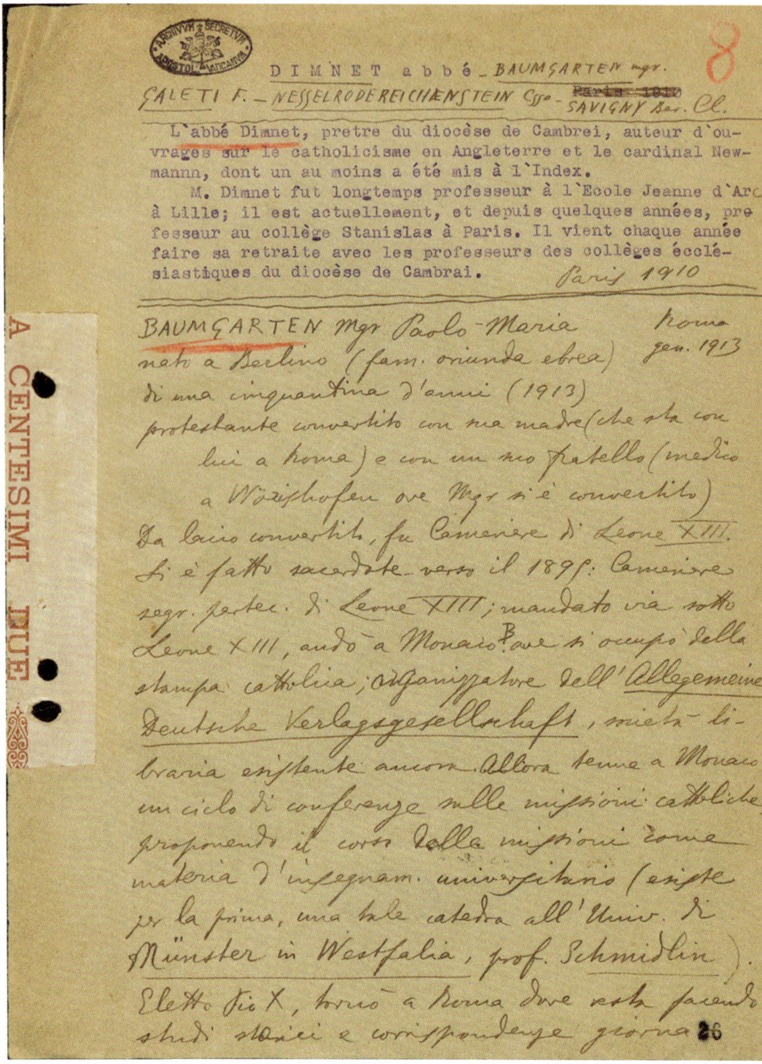

8

DIMNET abbé _ BAUMGARTEN mgr.
GALETI F. _ NESSELRODEREICHENSTEIN Cssa. ~~Paris 1910~~ SAVIGNY Bar. Cl.

L'abbé Dimnet, pretre du diocèse de Cambrei, auteur d'ouvrages sur le catholicisme en Angleterre et le cardinal Newmannn, dont un au moins a été mis à l'Index.

M. Dimnet fut longtemps professeur à l'Ecole Jeanne d'Arc à Lille; il est actuellement, et depuis quelques années, prefesseur au collège Stanislas à Paris. Il vient chaque année faire sa retraite avec les professeurs des collèges ecclésiastiques du diocèse de Cambrai. Paris 1910

BAUMGARTEN Mgr Paolo-Maria — Roma gen. 1913

nato a Berlino (fam. oriunda ebrea) di una cinquantina d'anni (1913) protestante convertito con sua madre (che sta con lui a Roma) e con un suo fratello (medico a Wörishofen ove Mgr si è convertito) Da laico convertito, fu Cameriere di Leone XIII. Si è fatto sacerdote verso il 1895: Cameriere segr. partec. di Leone XIII; mandato via sotto Leone XIII, andò a Monaco B. ove si occupò della stampa cattolica; organizzatore dell'Allgemeine Deutsche Verlagsgesellschaft, società libraria esistente ancora. Allora tenne a Monaco un ciclo di conferenze sulle missioni cattoliche, proponendo il corso delle missioni come materia d'insegnam. universitario (esiste per la prima, una tale catedra all'Univ. di Münster in Westfalia, prof. Schmidlin). Eletto Pio X, tornò a Roma dove resta facendo studi storici e corrispondenze giorna

26

A CENTESIMI DUE

9. Una pagina delle schede lasciate da mons. Umberto Benigni (1862-1934). Esempio di come l'ideatore del «Sodalitium Pianum», vero centro di sorveglianza di modernisti o presunti tali, raccoglieva informazioni su ecclesiastici e laici in odore di modernismo o simpatizzanti tali. Qui sono menzionati il sacerdote francese Ernest Dimnet (1866-1954), della diocesi di Cambrai; Ferdinando Galeti, spagnolo di famiglia oriunda italiana, «carlista militante» (qui sola menzione); la contessa Auguste von Nesselrode-Reichenstein (1881-1946) (qui solo menzionata, ma altrove di lei si dice: «abita con tre figlie a Roma, via del Babuino... relazioni con i diplomatici tedeschi ecc., ben pensante»); il barone Clemens von Savigny (qui pura menzione, ma altrove: «Monterstrasse 11, München; amico di moltissimi amici di Mgr Paolo de Mathies [1868-1924]. Ben pensante»); mons. Paul Maria Baumgarten (1860-1948), «nato a Berlino (fam. oriunda ebrea), di una cinquantina d'anni (1913), protestante convertito con sua madre...» (AAV, *Fondo Benigni*, b. 1, n. 8, f. 26r).

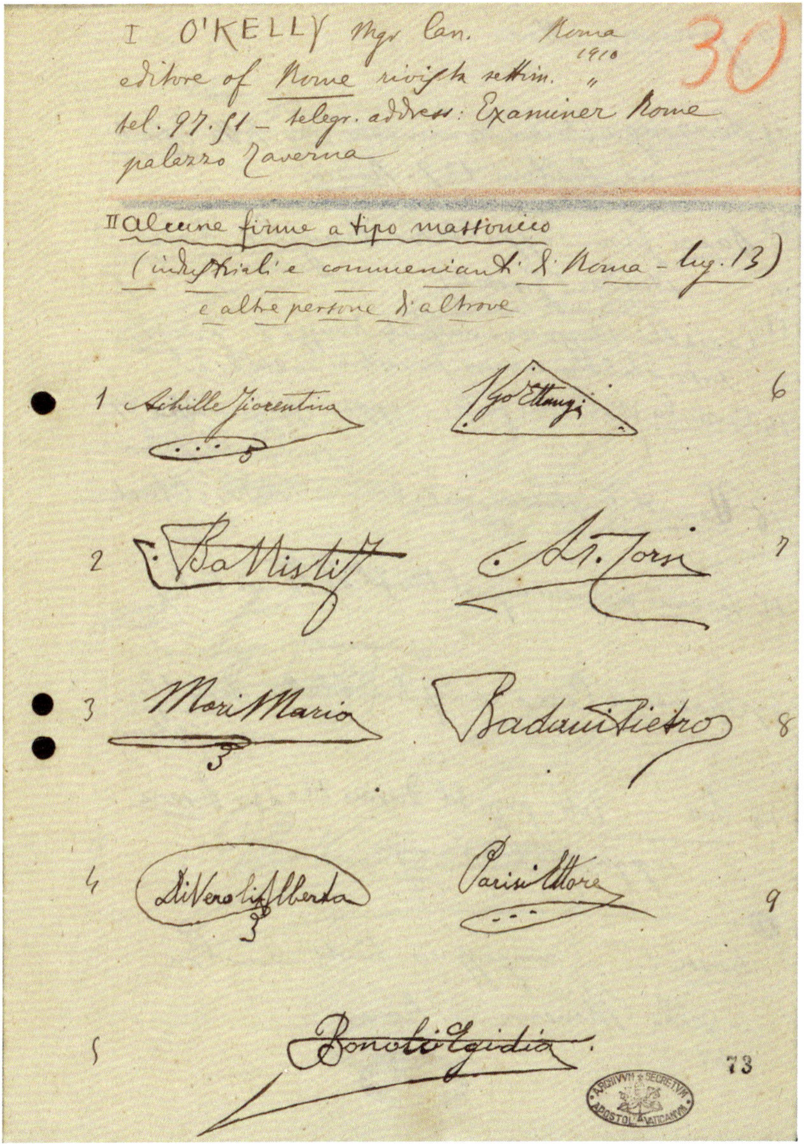

10. Schede di mons. Umberto Benigni, ideatore del «Sodalitium Pianum». Qui egli copia «alcune firme di tipo massonico, industriali e commercianti di Roma, luglio [19]13, e altre persone di altrove» per meglio identificare detti massoni (AAV, *Fondo Benigni*, b. 1, n. 30, f. 73r).

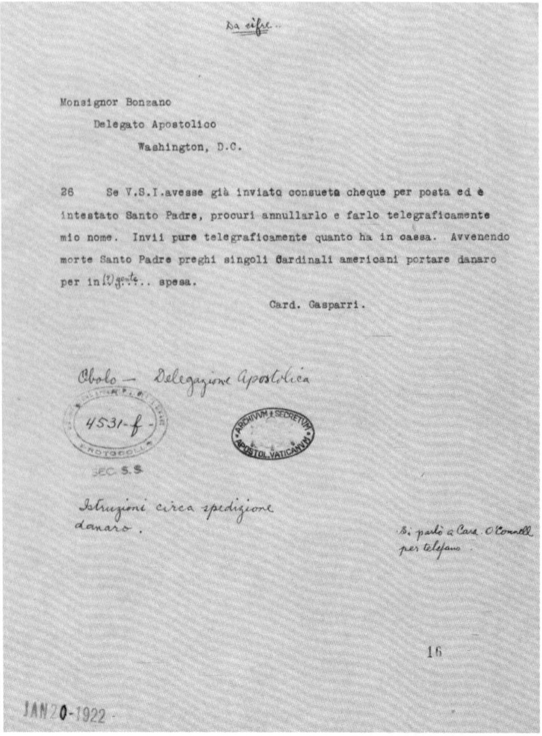

Da cifr...

Monsignor Bonzano

Delegato Apostolico

Washington, D.C.

26 Se V.S.I.avesse già inviato consueto cheque per posta ed è intestato Santo Padre, procuri annullarlo e farlo telegraficamente mio nome. Invii pure telegraficamente quanto ha in cassa. Avvenendo morte Santo Padre preghi singoli Cardinali americani portare danaro per in(?)genti.. spesa.

Card. Gasparri.

Obolo — Delegazione Apostolica

4531-f

SEG. S.S.

Istruzioni circa spedizione danaro.

Si parlò a Card. O'Connell per telefono.

16

JAN 20 1922

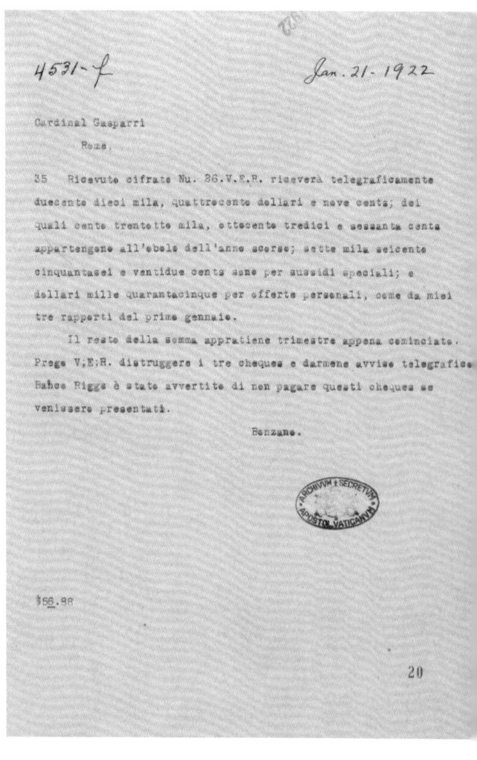

4531-f Jan. 21-1922

Cardinal Gasparri

Roma.

35 Ricevuto cifrato Nu. 26.V.E.R. riceverà telegraficamente duecento dieci mila, quattrocento dollari e nove cents; dei quali cento trentotto mila, ottocento tredici e sessanta cents appartengono all'obolo dell'anno scorso; sette mila seicento cinquantasei e ventidue cents sono per sussidi speciali; e dollari mille quarantacinque per offerte personali, come da miei tre rapporti del primo gennaio.

Il resto della somma appartiene trimestre appena cominciato. Prego V.E.R. distruggere i tre cheques e darmene avviso telegrafico. Banca Riggs è stata avvertita di non pagare questi cheques se venissero presentati.

Bonzano.

$56.88

20

11. Telegramma cifrato del cardinale Segretario di Stato Pietro Gasparri (1852-1934) al delegato apostolico a Washington, mons. Giovanni Vincenzo Bonzano (1867-1927), futuro cardinale, con il quale, in data del 20 gennaio 1922, considerata imminente la morte di Benedetto XV (deceduto infatti due giorni dopo), gli chiedeva di inviare «telegraficamente quanto ha in cassa. Avvenendo morte Santo Padre preghi singoli Cardinali americani portare denaro per in[genti] spese»; le spese del futuro conclave. Il delegato rispondeva a Gasparri con cifrato del 21 gennaio dicendo di aver spedito «telegraficamente duecento dieci mila quattrocento dollari e nove cents; dei quali cento trentotto mila ottocento tredici e sessanta cents appartengono all'obolo dell'anno scorso; sette mila seicento cinquantasei e ventidue cents sono per sussidi speciali; e dollari mille quarantacinque per offerte personali» (AAV, *Deleg. Stati Uniti*, Tit. I, Pos. 118, ff. 16r, 20r)

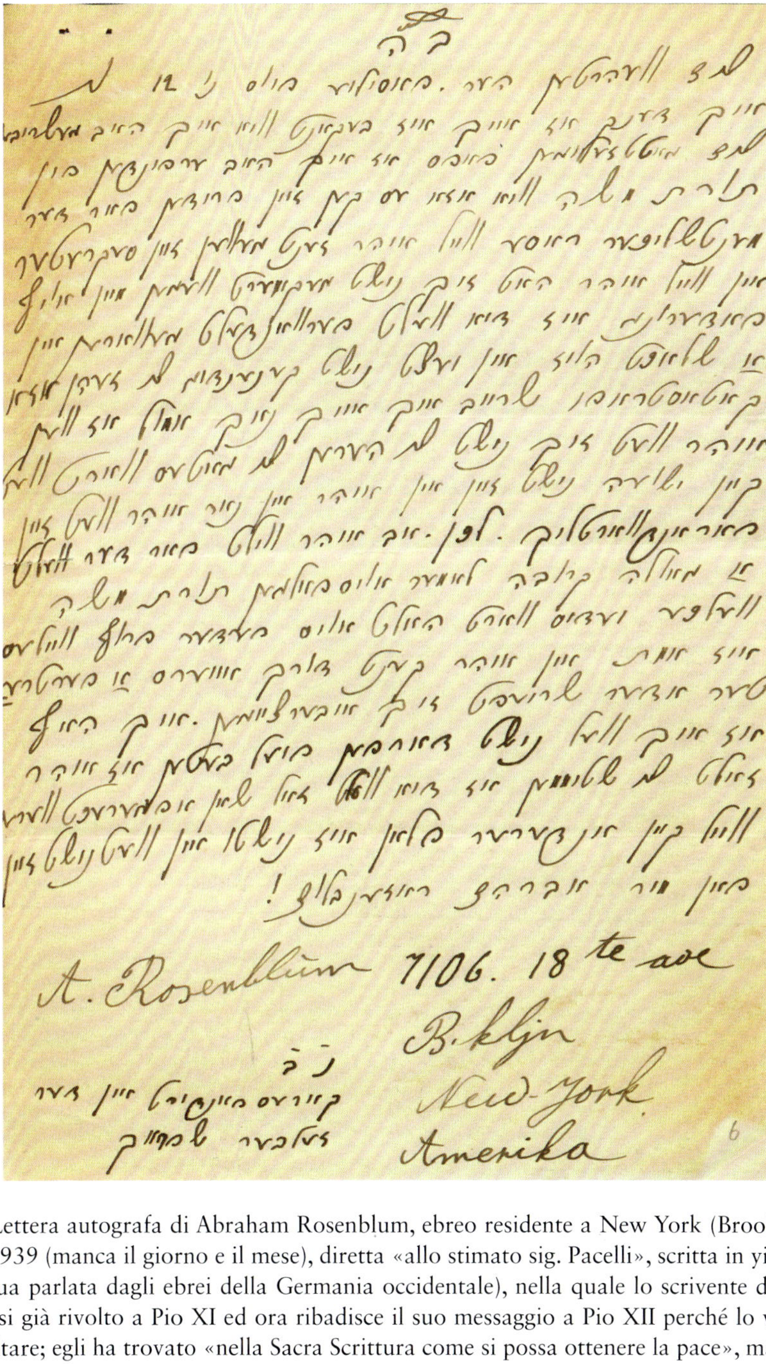
A. Rosenblum 7106. 18te ave
B.klyn
New-York
Amerika

12. Lettera autografa di Abraham Rosenblum, ebreo residente a New York (Brooklyn), del 1939 (manca il giorno e il mese), diretta «allo stimato sig. Pacelli», scritta in yiddish (lingua parlata dagli ebrei della Germania occidentale), nella quale lo scrivente dice di essersi già rivolto a Pio XI ed ora ribadisce il suo messaggio a Pio XII perché lo voglia ascoltare; egli ha trovato «nella Sacra Scrittura come si possa ottenere la pace», ma poiché il suo appello non è stato ascoltato da alcuno, «il mondo è stato trasformato in un ammazzatoio»; egli proponeva la salvezza dell'umanità attraverso le leggi di Mosè (AAV, *Carte Pio XII*, *Affari Ordinari*, b. 5, fasc. 2, f. 6r).

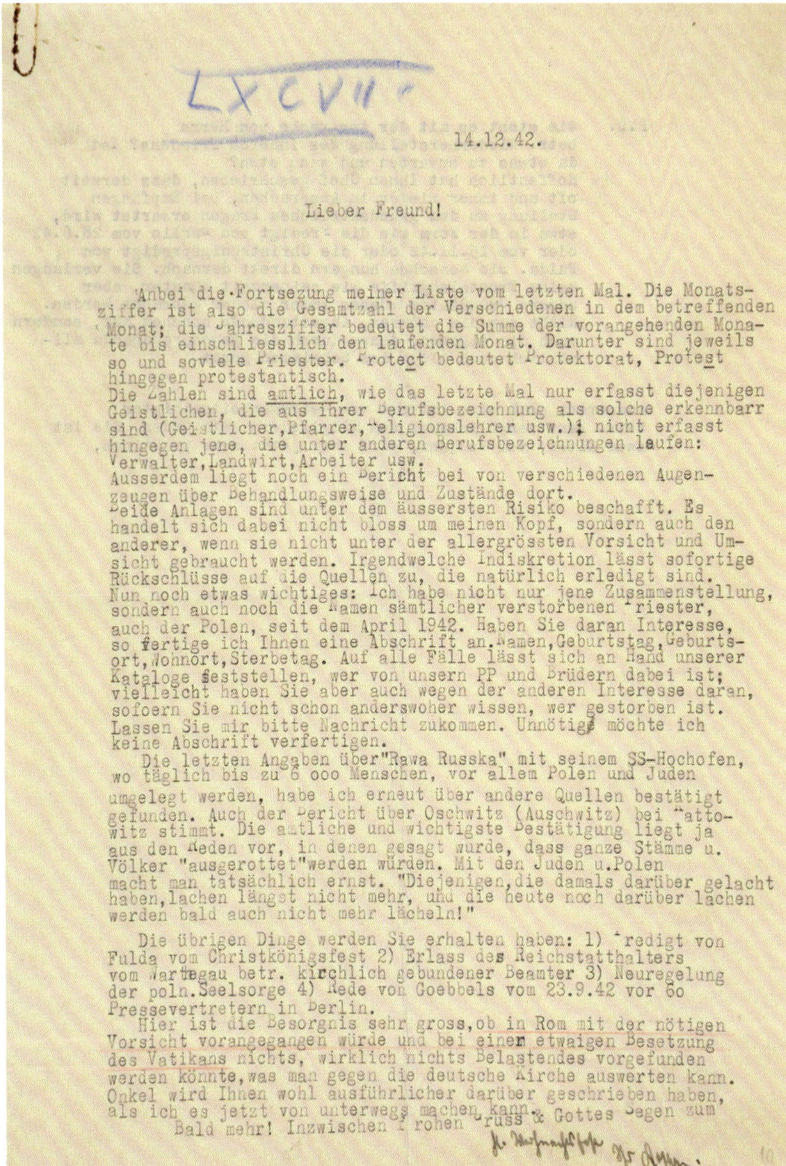

LXCVII

14.12.42.

Lieber Freund!

Anbei die Fortsezung meiner Liste vom letzten Mal. Die Monatsziffer ist also die Gesamtzahl der Verschiedenen in dem betreffenden Monat; die Jahresziffer bedeutet die Summe der vorangehenden Monate bis einschliesslich den laufenden Monat. Darunter sind jeweils so und soviele Priester. Protect bedeutet Protektorat, Protest hingegen protestantisch.
Die Zahlen sind amtlich, wie das letzte Mal nur erfasst diejenigen Geistlichen, die aus ihrer Berufsbezeichnung als solche erkennbarr sind (Geistlicher, Pfarrer, Religionslehrer usw.); nicht erfasst hingegen jene, die unter anderen Berufsbezeichnungen laufen: Verwalter, Landwirt, Arbeiter usw.
Ausserdem liegt noch ein Bericht bei von verschiedenen Augenzeugen über Behandlungsweise und Zustände dort.
Beide Anlagen sind unter dem äussersten Risiko beschafft. Es handelt sich dabei nicht bloss um meinen Kopf, sondern auch den anderer, wenn sie nicht unter der allergrössten Vorsicht und Umsicht gebraucht werden. Irgendwelche Indiskretion lässt sofortige Rückschlüsse auf die Quellen zu, die natürlich erledigt sind.
Nun noch etwas wichtiges: Ich habe nicht nur jene Zusammenstellung, sondern auch noch die Namen sämtlicher verstorbenen Priester, auch der Polen, seit dem April 1942. Haben Sie daran Interesse, so fertige ich Ihnen eine Abschrift an. Namen, Geburtstag, Geburtsort, Wohnort, Sterbetag. Auf alle Fälle lässt sich an Hand unserer Kataloge feststellen, wer von unsern PP und Brüdern dabei ist; vielleicht haben Sie aber auch wegen der anderen Interesse daran, sofoern Sie nicht schon anderswoher wissen, wer gestorben ist. Lassen Sie mir bitte Nachricht zukommen. Unnötig möchte ich keine Abschrift verfertigen.

Die letzten Angaben über "Rawa Russka" mit seinem SS-Hochofen, wo täglich bis zu 6 ooo Menschen, vor allem Polen und Juden umgelegt werden, habe ich erneut über andere Quellen bestätigt gefunden. Auch der Bericht über Oschwitz (Auschwitz) bei Kattowitz stimmt. Die amtliche und wichtigste Bestätigung liegt ja aus den Reden vor, in denen gesagt wurde, dass ganze Stämme u. Völker "ausgerottet" werden würden. Mit den Juden u. Polen macht man tatsächlich ernst. "Diejenigen, die damals darüber gelacht haben, lachen längst nicht mehr, und die heute noch darüber lachen werden bald auch nicht mehr lächeln!"

Die übrigen Dinge werden Sie erhalten haben: 1) Predigt von Fulda vom Christkönigsfest 2) Erlass des Reichstatthalters vom Wartegau betr. kirchlich gebundener Beamter 3) Neuregelung der poln. Seelsorge 4) Rede von Goebbels vom 23.9.42 vor 6o Pressevertretern in Berlin.
Hier ist die Besorgnis sehr gross, ob in Rom mit der nötigen Vorsicht vorangegangen würde und bei einem etwaigen Besetzung des Vatikans nichts, wirklich nichts Belastendes vorgefunden werden könnte, was man gegen die deutsche Kirche auswerten kann. Onkel wird Ihnen wohl ausführlicher darüber geschrieben haben, als ich es jetzt von unterwegs machen kann.
Bald mehr! Inzwischen frohen Gruss & Gottes Segen zum

13. Lettera del gesuita Lothar König, del 14 dicembre 1942, al gesuita Robert Leiber, segretario particolare di Pio XII, con la quale trasmetteva al pontefice la statistica dei sacerdoti detenuti a Dachau e dava informazioni sullo sterminio di ebrei e polacchi nei lager, chiedendo in pari tempo silenzio e prudenza da parte della Santa Sede (AAV, *Carte Pio XII*, *Segreteria Privata* 9, fasc. 6, f. 10).

Stati Uniti; un rappresentante diplomatico avrebbe dovuto avere relazioni anche con il sottosegretario, con il Congresso, con il senatore che andava a chiedere ecc.

E avrebbe intaccato il potere di Spellman?

Alla fine, sarebbe stato intaccato anche quello. Perciò, tutto sommato, credo che convenisse anche a Spellman quello stato di cose.

Risulta che Montini protestò molto per il fatto che non si era raggiunta la rappresentanza diplomatica e lo rimproverò a Spellman. Disse: «Si è avuta quasi l'impressione che la comunità cattolica statunitense non si sia sollevata abbastanza per questo»; e Spellman gli rispose, ricordandogli i duecentomila dollari che erano stati mandati: «In questo senso non siamo secondi a nessuno». Quindi aveva anche una sua durezza nel rinfacciare i finanziamenti.

Pare di sì, e sicuramente Montini non era Tardini. Domenico Tardini una volta raccontò, in uno dei suoi appunti del 1934, un episodio che vide protagonista un vescovo statunitense. Ricorda Tardini che a una cena con monsignor Ottaviani e altri prelati, era presente monsignor Thomas Walsh, intraprendente vescovo di Newark, che Tardini descriveva come «amante più della réclame che del mite lavoro». A un certo punto monsignor Walsh si vantò di avere speso persino un milione di dollari per comprare un terreno per costruire una chiesa; e Tardini replicò col suo modo di fare romanesco: «Non c'è male...», provocando l'ira del vescovo americano e le risate fragorose degli altri commensali.

Montini non aveva avuto questa prontezza di spirito, di obiettare sui duecentomila dollari. Non c'è dubbio che Spellman fosse un grande collettore di dollari, e anche un grande distributore. Nei suoi viaggi, compiuti anche durante il conflitto, portava denaro alle comunità cattoliche presenti sui luoghi. E nel dopoguerra Spellman compì un viaggio anche nell'Estremo Oriente, e anche lì credo che sia stato collettore di richieste e magari distributore di qualche sussidio, legato soprattutto all'American Relief, i comitati cattolici americani che facevano poi da ponte per questi finanziamenti.

Qual era il giudizio di Spellman sull'Italia del dopoguerra? Era per la monarchia o per la Repubblica?

Questo non lo so, ma non credo fosse un problema ai suoi occhi. Comunque, da allora si imposero due considerazioni. La prima è che per gli Stati Uniti il Vaticano era il fattore permanente della politica italiana. La seconda è che Spellman divenne, di fatto, il cardinale della Guerra Fredda. Ecco, in qualche modo è quello che si stava dicendo, mi pare. Cioè c'era una saldatura che avvenne in nome dell'anticomunismo: della stabilizzazione dell'Europa e dell'anticomunismo.

L'ANTICOMUNISMO COME BUSSOLA COMUNE

Spellman era un anticomunista feroce come Pio XII?

Certamente, e come Pio XI prima di lui. Non c'è niente di nuovo. Era pienamente allineato in questo. Ma poi era la «linea». Mi dica lei se era facile trovare qualcuno non comunista, ma che tendesse verso quel mondo, soprattutto a mano a mano che questo mondo diventava sempre più oppressivo nei confronti della Chiesa. Perché non dobbiamo dimenticare che negli anni della guerra, Roosevelt cercò di ammorbidire Pio XII nei confronti dell'Unione Sovietica.

E per placare le diffidenze di Pio XII fece entrare nella delegazione statunitense a Mosca un sacerdote cattolico...

Sì, ma ci sono altri episodi interessanti al riguardo. Ci fu un tentativo effettuato da Stalin di imbonire il Vaticano. Serviva al prestigio dell'Unione Sovietica. Doveva togliersi di dosso la fama di «cattivo» che si trova nella stessa barca dei «buoni», gli Alleati, per accreditarsi come alleato a tutti gli effetti, «buono» a tutti gli effetti. Pur non dimenticando che l'Unione Sovietica era assolutamente una dittatura.

E atea.

E sanguinaria: le «grandi purghe» del 1937. Tra l'altro, si ricordi che poco prima della Seconda guerra aveva stipulato un patto di alleanza con Hitler, il patto Molotov-Ribbentrop. Agli occhi del mondo bisognava risciacquare un po' i panni per essere presentabili e così, al momento opportuno, Stalin resuscitò la Chiesa ortodossa, un provvedimento preso soprattutto per consolidare il fronte interno e creare consenso al regime in pericolo. Allo stesso modo provò anche a rabbonire il mondo cattolico, più per una questione internazionale che interna, perché i cattolici russi furono sempre una sparuta minoranza. Il problema era come ottenere quel risultato, e il ponte furono gli Stati Uniti.

Quindi Stalin usa Roosevelt per cercare di portare il papa non dico dalla sua parte ma per evitare che ci siano ostilità...

Diciamo che Stalin non lo fece direttamente, ma lo lasciò intendere. Sarà Roosevelt che svolse questa parte; d'altronde Stalin puntò sul mondo cattolico americano. Proprio nel 1943 un sacerdote americano di origine polacca, Stanislaw Orlemansky, compì un viaggio a Mosca, o meglio venne invitato a Mosca. Dove incontrò i maggiori dirigenti del Partito comunista sovietico, persino Stalin. E a questo sacerdote polacco, molto impegnato nel sociale negli Stati Uniti, venne raccontata la storia che l'Unione Sovietica era un Paese non ateo, ma rispettoso di tutti i culti, come la Chiesa ortodossa. «Li vedete qui? Ecco, ora possono essere liberi di praticare il loro culto, questo può avvenire anche per i cattolici.» Era più o meno questo un messaggio mandato al mondo cattolico americano. Si ricorda che una base di quel mondo era anche tedesca e italiana, e che poteva premere in un altro senso, verso il condizionamento nei confronti dei Paesi dell'Asse: non saranno sconfitti del tutto.

L'interesse di Stalin era invece di continuare la guerra, vincerla e se possibile stravincerla, perché egli già aveva in mente il suo passaggio oltre i confini dell'Unione Sovietica del '39.

Mentre invece Pio XII già vedeva i cavalli cosacchi che si abbeveravano a piazza San Pietro.

Certo che Pio XII qualche timore in più lo nutriva. Infatti, il viaggio di Orlemansky che tornò negli Stati Uniti rilasciando interviste a destra e a manca lodando quella presunta apertura staliniana, non venne affatto approvato dal Vaticano.

Si hanno notizie di questo disappunto negli Archivi?

Venne come «censurato», passato in silenzio. Venne chiamato il suo vescovo e gli fu chiesto di precisare i moventi, gli ideatori di quel viaggio, chi fosse quel sacerdote e a nome di chi avesse parlato.

Già, la domanda è: a nome di chi è andato?

Infatti, si può dire che quelle iniziative sono tipiche di un certo mondo americano. Sono il movimentismo volontaristico.

IL VATICANO COME «FATTORE PERMANENTE» DELLA POLITICA ITALIANA

È vero che c'era anche, da parte di Myron Taylor, una certa irritazione per l'attivismo filodemocristiano di Spellman?

Questo io l'ho letto, però non potrei confermarlo. Quasi certamente dei molti soldi che portava Spellman in Italia, una parte andava anche a finanziare la Dc, negli anni che vanno dal 1945 in poi, e che segnano le grandi tornate elettorali e i grandi scontri con il Partito comunista. Magari Myron Taylor aveva un'idea più laica di questo intervento, o avrebbe voluto che fosse più controllato dal governo statunitense.

Mentre Spellman invece voleva mano libera?

Se erano soldi che venivano dai cattolici americani, il papa ne disponeva come voleva.

È vero che Spellman rappresentava un'America, degli Stati Uniti che si consideravano «il braccio di Dio»? Che c'era anche qualcosa di teologico in questa opposizione al comunismo?

Credo di sì. Era una visione molto forte. Non mi sorprende, perché è stata sempre una tentazione costante portare «Dio dalla propria parte»... trema il pensiero a ricordare il motto *Gott mit uns*. Ma il tentativo di dare una lettura teologica alla contrapposizione tra Stati Uniti e Unione Sovietica c'era sia in ambito protestante, sia in ambito ebraico, sia soprattutto in quello cattolico. Tanto più che esso servì a motivare e tenere compatto il mondo cattolico vaticano e il mondo cattolico americano, e quindi gli Stati Uniti. Divenne anche un collante politico.

Quindi è vero che in quella fase c'è l'individuazione della Chiesa come fattore permanente della politica italiana che garantisce che non ci siano sbandamenti, agli occhi degli Stati Uniti?

Visto dagli Stati Uniti sì.

Per gli Stati Uniti, l'interlocutore non è tanto il premier democristiano Alcide De Gasperi quanto Pio XII.

Penso si possa dire. Il vero viceré d'Italia in quella fase era Pio XII. Ma questo fin dall'8 settembre del 1943, con l'armistizio. Quando si disintegrava la monarchia, ciò che rimaneva come istituzione era il papato romano. Il re d'Italia era scappato, l'istituzione nazionale era sempre più svuotata. L'unica autorità rimasta era quella del papa. Ed è con quella che, d'altronde, tratta il presidente degli Stati Uniti. Roosevelt scrisse a Pio XII e Pio XII corrispose con Roosevelt, e si continuerà con Truman. Poi ci sarà di nuovo un re, per dir così, un presidente della Repubblica in Italia, ma il papa rimaneva sempre il vero interlocutore.

Da che cosa si vede?

Dalle lettere ufficiali. Gran parte della corrispondenza Roosevelt-Pio XII è pubblicata proprio da Myron Taylor, e non è una pubblicazione casuale, perché avvenne mentre era in vita Pio XII. Cioè, *post mortem* di Roosevelt, ma mentre è in vita Pio XII.

Una sorta di manifesto?

Può essere considerato il manifesto di quella intesa che poi in realtà non fu così perfetta come viene raccontata, perché Pio XII aveva molte recriminazioni da fare verso gli Stati Uniti.

Ne aveva?

Parecchie.

Allude alle memorie di Myron Taylor?

No. Taylor pubblicò proprio la corrispondenza tra Roosevelt e Pio XII. E in quella corrispondenza Taylor voleva inserire alcuni colloqui avuti in udienza con il papa, ma gli venne proibito.

Chi lo proibì, il papa?

Sì, perché Myron Taylor voleva pubblicare qualcosa che il papa aveva detto in udienza. E ormai è noto che Pio XII aveva dato una severa disposizione in una udienza con monsignor Montini dell'11 dicembre 1951: «Ciò che si tratta in udienza col papa rimane riservato; questa è la regola». È riportato anche nel primo volume del mio libro *In quotidiana conversazione*. E tale regola papa Pacelli tenne sempre ferma.

È un riserbo che usava anche con altri diplomatici?

Sì. Anche all'ex ambasciatore di Polonia presso la Santa Sede, Kazimierz Papée, che nel 1948 voleva pubblicare le sue *Memorie* e in esse inserire colloqui avuti con Pio XII in udienza; venne proibito proprio dal papa.

Quindi c'è una sfera pubblica e una privata nella quale non bisogna mai entrare?

Il papa aveva timore che si potessero strumentalizzare le sue parole dette in colloqui molto informali. In udienza il pontefice parlava in modo molto più libero; ma se tale libertà dell'udienza veniva ridotta alla versione che ne voleva dare l'interlocutore ricevuto dal pontefice, ciò era evidentemente molto pericoloso, anche perché in caso di contestazione, bisognava chiamare in causa la stessa persona e la voce del papa. E questo Pio XII non lo volle mai concedere.

Come mai si registrò un contrasto così aspro tra Spellman e il telepredicatore americano Fulton Sheen che pure era un altro teorico della guerra teologica al comunismo? Era un fatto solo di potere, di popolarità, o c'era dell'altro?

Credo di sì. Fulton Sheen era un astro in ascesa del cattolicesimo americano. Un telepredicatore molto americano, direi, su un versante diverso da Spellman. Mentre questi era un «manager», Fulton Sheen era un «frontman»: un uomo che si offriva al pubblico, aveva la parola facile, trascinava le folle con le sue prediche. Aveva anche una sua interiorità, che era molto diversa e più profonda di quella di Spellman; si direbbe uomo più formale, devozionale, più curiale.

SPELLMAN, IL «PAPA» DEGLI STATI UNITI, E I SUOI NEMICI

Spellman era un po' un manager della fede mi pare.

Buona definizione. Eh, sì. Era un po' un manager. Era il papa degli Stati Uniti. Nella Chiesa americana era lui il vero referente.

... E il «papa degli Stati Uniti» era colui che soprattutto, al di là della sua fede, doveva garantire il governo del cattolicesimo in quella nazione.

Sì, e con un certo standard che era molto alto e molto romano, mentre Fulton Sheen rompeva questo schema. C'era del resto una differenza generazionale fra i due. Sebbene poi i metodi di Fulton Sheen in qualche modo piacessero a Roma, perché sotto Pio XII l'uso dei mezzi della comunicazione era particolarmente apprezzato, ovviamente se sorvegliato: una novità rispetto ai suoi predecessori. Pio XII compariva in televisione, nei cinegiornali, si faceva riprendere, teneva discorsi alla Radio Vaticana in moltissime circostanze.

Lei sostiene che era un professionista dei mezzi di comunicazione.

Fu il primo che capì la loro portata e potenzialità. Quando nel 1936 andò negli Stati Uniti, essendo ancora il cardinale Pacelli, volle incontrare subito i giornalisti. E sapeva bene che cosa dire. Per un verso Pio XII era una sfinge, ma quella sfinge sapeva però bene come mostrarsi in pubblico.

È vero che Pio XII a un certo punto aveva pensato a Spellman come possibile Segretario di Stato?

Credo sia solo una voce. Pensare a uno statunitense Segretario di Stato non era un'ipotesi plausibile. E poi il papa dopo il 1944, dalla morte di Luigi Maglione, non voleva un Segretario di Stato. Se avesse voluto, avrebbe avuto al suo servizio Montini e Tardini. Voleva promuovere qualche suo amico? Avrebbe optato con tutta probabilità per Giuseppe Pizzardo o Federico Tedeschini, da lui ben conosciuti fin da giovane. Ma uno statunitense no. Occorreva qualcuno con una lunga esperienza di curia, quindi di governo della Chiesa.

Perché uno statunitense no? Perché rappresentava un mondo di valori capitalistici opposto a quello della Chiesa?

Rifletteva una «forma mentis» diversa da quella europea, e non tanto per il capitalismo: per quanto Spellman fosse molto «romano». Una scelta per un Segretario di Stato valeva sia per un nordamericano che per un sudamericano. Anzi, direi che valeva in genere per qualsiasi straniero. Anche per un europeo. Ricordiamoci che per avere il primo straniero Segretario di Stato vaticano si dovrà attendere Paolo VI, quindi il Concilio Vaticano II. In più, verso il mondo americano Pio XII aveva sempre qualcosa di fondo che lo teneva quasi diffidente, perché la Costituzione americana si fonda sulla libertà religiosa, ammette le Chiese, le sette. E questa parola, «sette», per Pio XII suonava come terribile.

PIO XII E IL TERRORE PER LE SETTE STATUNITENSI

Per questo non si fidava fino in fondo degli americani?

Temeva il mondo delle sette protestanti. Lui le aveva viste in azione di persona nell'unico mese passato negli Stati Uniti. Era un pullulare di chiese e chiesuole, e dove arrivavano gli Stati Uniti arrivavano chiese e chiesuole. Ecco un tema di contrasto con gli Stati Uniti nel dopoguerra: perché? Perché gli Stati Uniti erano e sono sponsor della libertà religiosa, che significava soprattutto in Paesi cattolici come l'Italia l'arrivo e il permesso di diffusione delle sette protestanti o dei Testimoni di Geova, o della Chiesa Avventista e così via.

Era questo uno dei motivi dell'ostilità all'ambasciatrice in Italia Clare Boothe Luce?

Anche questo. Perché gli Stati Uniti pretendevano dai governi il rispetto di queste norme che non erano sicuramente gradite dal papa. Pio XII conosceva anche la debolezza del popolo italiano; per cui fondare una Chiesa in Sicilia, in Calabria o a Roma stessa, non era difficile. Bisognava difendersi: soprattutto in tempi di necessità, quando gli americani arrivavano con valigie di dollari.

Vuol dire che il proselitismo si abbinava a una grande disponibilità di denaro?

Quasi sempre. Valeva per i cattolici e la stessa cosa avveniva anche in campo diverso. E perciò si voleva governare il mondo cattolico cercando di arginare quello protestante.

Di questo Spellman era consapevole?

Penso proprio che lo fosse. E credo che abbia speso le sue energie, con quanto successo non lo so, per fermare queste infiltrazioni. D'altronde era la stessa lotta che si combatteva negli Stati Uniti in quegli anni, e in modo molto forte, tra mondo cattolico e mondo protestante. Segnare il territorio, costruire una cattedrale, era un modo per dire: qui ci siamo noi e siamo più forti, siamo di più. Oppure: siamo di meno ma siamo più attivi. Ecco, nei fogli di udienza di Pio XII, abbiamo la prova di quel che dicevamo. C'è Spellman che informa: «Guardate che i protestanti continuano ad attaccare», quindi era ben informato. Ma in Vaticano rispondevano a Spellman che già lo sapevano benissimo.

Informava il Vaticano degli attacchi?

Sì, e infatti leggo in una udienza del 23 febbraio 1953: «Risposta al cardinale Spellman sugli attacchi dei protestanti»; cioè Spellman avvisa che i protestanti attaccavano in America i cattolici. Ma in Vaticano replicano di esserne già al corrente. Dunque, Spellman ha svolto un ruolo anche su questo terreno, come anche nella questione dell'alleanza anticomunista... alleanza sì, ma non crociata. Perché così la volevano far passare negli Stati Uniti. Ma il termine crociata non piaceva a Pio XII, anche se lo usava per altre realtà. Parlava di crociate spirituali, per la morale, per la famiglia.

PIO XII: NO ALLE CROCIATE DECISE DAGLI USA

Non voleva essere identificato con gli Usa?

L'idea di benedire una crociata anticomunista in salsa statunitense non lo convinceva. E questo già era accaduto durante la guerra, quando si prospettò e poi ci fu lo sbarco statunitense in Italia. Non dico niente di nuovo: sta nella corrispondenza Roosevelt-Pio XII già pubblicata. Roosevelt giustificava questo atto, che comunque toccava anche la sede del papa, dicendo che era indispensabile, che gli americani avrebbero cercato di arginare tutti i danni possibili, specialmente alle istituzioni cattoliche, ma che era utile per combattere e abbattere il mostro del nazifascismo. Nel frattempo, negli Stati Uniti la stampa cattolica vendette lo sbarco in Italia, in Sicilia e poi ad Anzio come una crociata per liberare il papa dal giogo dei tedeschi. Però Pio XII mandò a dire ai vescovi americani che stessero calmi, che non c'era bisogno di crociate per liberarlo.

Risulta dagli atti conservati nell'Archivio Vaticano?

Sì. Il papa chiese che cambiassero i toni. Sia per non irritare i tedeschi, sia perché Pio XII non amava marchi altrui sulla propria azione. Non voleva apparire come un papa che senza il soccorso degli americani non avrebbe saputo difendersi da solo. Non voleva avere padroni, né marchi di appartenenza. La stessa cosa era avvenuta anni prima, con l'ingresso in guerra dell'Italia contro l'Unione Sovietica. Si insisteva sulla crociata anticomunista. Il regime fascista premette molto su Pio XII, ma il papa si rifiutò sempre di benedire quella crociata anticomunista, che molti vescovi italiani però appoggiavano.

Pur detestando il comunismo?

Pur detestandolo, certo. Per lui, una cosa era la battaglia della Chiesa contro il mondo comunista, altra cosa era la guerra contro l'Unione Sovietica. Infatti, questa è una sfumatura che non molti colgono nell'azione di Pio XII. Tanto tra i suoi detrattori come tra i suoi apologeti. Lui non voleva marchi di appartenenza. Si muoveva rifiutando crociate per procura: se la crociata avesse dovuto farla, l'avrebbe fatta lui.

Invece l'episcopato americano era molto schierato con Roosevelt? Era un episcopato a stelle e strisce durante e dopo la guerra, più di quanto fosse il Vaticano?

Sì, ma è normale. Prevaleva un elemento nazionale che la guerra aveva poi risvegliato, senza dubbio.

Dopo la morte di Spellman chi ha preso il suo posto come «cardinale degli americani» a Roma?

Spellman è stato un caso a suo modo unico. E poi sono cambiati anche i pontificati. Si entrò in età conciliare, cambiò molto il mondo. Bisogna però riconoscere che fra i cardinali di peso continuano a essere cospicui quello di New York, di Boston, e, in misura minore, di Chicago: una figura come Spellman, o come Gibbons prima di lui, è difficile da individuare.

Insomma, non c'è più un «papa americano».

Di questo livello no.

Di Spellman si dice che usasse il pugno di ferro con chi non gli era gradito, negli Usa. Ad esempio, siccome Fulton Sheen gli faceva ombra disse: «Farò i conti con te». La lite arrivò fino a Pio XII, e Pio XII diede ragione a Sheen. Ma in realtà fu mandato via dalla tv da Spell-

man, e anche nelle chiese di New York era considerato persona indesiderata, perché Spellman gli aveva fatto terra bruciata intorno.

Questo fa capire il potere di Spellman, oltre che il carattere. Era molto duro. Per questo, come ho detto, sono due personaggi: Spellman va dritto, segue la sua linea e chi non la segue viene zittito o ignorato. Mentre Sheen era uno spirito indipendente. E questo forse faceva arrabbiare Spellman più ancora che il suo dissenso: perché in fondo poi combattevano le stesse battaglie. Però il fatto che Sheen fosse così in mostra, così indipendente e popolare tra i ceti più bassi, molto più di Spellman, a quest'ultimo dava un enorme fastidio.

SPELLMAN BENEFATTORE, TRA FIUMI DI DOLLARI E POTERE

Lei ha scritto due tomi sui fogli di udienza di Pio XII, raccolti da monsignor Giovanni Battista Montini. Compare spesso il nome di Spellman?

Molto spesso. Esistono tante prove delle soluzioni che Spellman offre, della sua presenza. Ad esempio, sul quotidiano filocomunista «Paese Sera», nel 1952, erano apparsi articoli sul «laborioso soggiorno romano del cardinal Spellman»; ironicamente laborioso, perché trovava soldi e li portava. «Parlato a lungo col generale Clarke», l'uomo dello sbarco di Anzio, diceva il giornalista, ma fu smentito da «L'Osservatore Romano»; questo però dice quanto i viaggi di Spellman fossero operosi, sia per soldi sia per la politica.

Per le persone che incontrava, le reti che tesseva?

I riscontri sono tanti. Montini scrive, riportando le indicazioni di Pio XII del 25 maggio 1952: «Telegrafare al cardinale Spellman per la morte della sorella». Il papa dice che ci voleva un telegramma, perché era morta la sorella del cardinale: un segno di grande considerazione e vicinanza del papa. Sempre nei taccuini di udienza di monsignor Montini ci sono anche riferimenti sibillini quanto a Spellman o all'America. Nel 1953, il papa stabiliva che i vescovi americani che fossero venuti a Roma per l'inaugurazione del nuovo Collegio Nordamericano al Gianicolo, tra cui c'era Spellman che ne era stato il promotore, fossero esonerati dalla periodica visita «ad limina». Tanto il papa teneva a questa inaugurazione del nuovo Collegio, che fu celebrata in sua presenza, giungendo da Castel Gandolfo, il 14 ottobre 1953. E per restare al Gianicolo, si pensi all'Ospedale Bambin Gesù, dove esiste il «Padiglione Spellman».

L'ospedale Bambin Gesù è stato finanziato da lui?

Una parte degli allargamenti, realizzata negli anni Cinquanta, avvenne grazie all'intervento del cardinale americano, che raccolse ben ottantacinquemila dollari per ampliare il Bambin Gesù. Ma non è l'unica realizzazione. Da poco tempo è uscito un libro sui restauri della chiesa di San Giovanni e Paolo al Celio, a Roma, in cui si parla anche della parte che ha avuto Spellman nei lavori di restauro. Il suo titolo cardinalizio era legato a quella chiesa, per la quale ha speso tanti soldi; quindi, del bene anche a Roma ne ha fatto. Leggo nei fogli di udienza tutte le offerte del cardinale che sono registrate. E sono sempre contributi, sostanziosi o meno, ma continui. Trovo: quindicimila dollari promessi dal cardinal Spellman..., e avanti così. C'è un ringraziamento al porporato per l'invio di venticinquemila dollari. Poi a un certo punto troviamo quindici milioni di dollari per l'Istituto Biblico di Roma provenienti dall'offerta del cardinale Spellman. Cospicuo, eh? E poi centottantamila dollari, a cui seguono ringraziamenti. Essere amici del cardinale Spellman rendeva. E non voleva essere nemmeno nominato duca. Bastava farlo cardinale!

Al di là dei finanziamenti che faceva affluire, qual era il rapporto con Pio XII?

Molto stretto, penso. E non sempre decifrabile. Ecco un ordine papale di Pio XII a Montini del 1948: «Cardinal Spellman, ringraziare delle notizie, ogni anno mandi. Tenga riservato». E difatti è qualcosa che non compare nella corrispondenza, cioè Spellman ogni anno «mandi informazioni» su qualche problema, o religioso o politico; «tenga però riservato», non passi cioè per la corrispondenza ordinaria.

Era la conferma di un filo diretto col papa?

In certo modo sì, ma tramite un canale speciale che non si conosce. Quindi Spellman ha un canale che arriva al papa senza intermediari. Interessante. Infatti, non troviamo quel genere di corrispondenza tra la documentazione in nostro possesso. E in un altro passaggio papa Pacelli scrive: «Cambio!». E si capisce che quando dovevano cambiare i dollari in altra valuta, c'era il cardinale Spellman che poteva aiutare. Si rivolgevano a lui anche per questo. Quindi c'è parecchio.

Si trattava di una figura strategica, ma anche un po' ingombrante, non crede?

Sicuramente una figura pesante nella storia del cattolicesimo statunitense. E forse per molti versi è stata anche una figura ingombrante. Perché aveva cercato di marchiare il cattolicesimo americano in un certo modo, di «romanizzarlo». Non è riuscito ad andare molto in fondo, però ha tracciato un solco profondo anche post-conciliare. Spellman ha lasciato una traccia indelebile sotto diversi aspetti.

Ma perché esisteva invece questo contrasto con il delegato apostolico Cicognani? In fondo era un'espressione anche lui della Chiesa romana. Era solo un fatto di potere?

Piuttosto forse di gestione. Perché essere amici del cardinale Spellman significava entrare nelle sue grazie e venire proposti per avanzamenti, magari anche per una promozione episcopale, che spettava però di competenza al delegato apostolico Cicognani, non a lui. Pensiamo alla costruzione di un seminario. Ho accennato prima all'aneddoto del vescovo americano che aveva speso i soldi per il suo seminario e Tardini ironizzava sulla cifra; quando si iniziano a spendere tanti soldi, quello è un momento in cui la Chiesa americana costruisce. Diventa faraonica, si ingrandisce nelle sue costruzioni. C'era, anzi iniziava a esserci un problema di conflitto di poteri, finanze e autorità ecclesiastica. Cicognani, che si muove come un diplomatico pontificio, voleva avere il controllo di alcune cose, e Spellman si sottraeva. Certamente Spellman non va contro il delegato, ma segue i propri canali indipendenti da lui.

Cioè i cordoni della borsa dei contributi statunitensi erano nelle mani di Spellman, non di Cicognani.

Penso proprio di sì, almeno per gran parte. A Cicognani arrivavano comunque offerte, anche cospicue, a cominciare dall'obolo delle diocesi americane, ma poi anche soldi, offerte di privati. D'altra parte, se qualcuno avesse desiderato avere un'udienza a Roma, passare dall'anticamera del cardinale Spellman era molto più rapido ed efficace che rivolgersi al delegato apostolico. Vediamo dalle nostre carte quale fosse la considerazione che il papa aveva per Spellman.

Di dov'era la famiglia?

Nativo di Whitman, Massachusetts. Alunno all'Urbaniana, sacerdote nel 1916, tornato a Boston, fu cancelliere della curia dal 1924 al 1935, viceufficiale della Segreteria di Stato, eletto vescovo titolare di Sila nel 1932, e promosso a New York nel 1939. Cardinale nel '46. Fu il primo concistoro di Pio XII per le creazioni cardinalizie. Del resto, papa Pacelli fece solo due concistori, nel 1946 e nel 1953.

Nel 1946 nominò subito Spellman. Fu l'unico cardinale statunitense?

No, perché nello stesso concistoro del 18 febbraio 1946 vennero creati cardinali, oltre a Spellman, anche John Joseph Giennon, arcivescovo di St Louis, Edward Aloysius Mooney, arcivescovo di Detroit, e Samuel Alphonse Stritch, arcivescovo di Chicago.

Capitolo IX
Pio XII uomo solo

PIO XII, A PRANZO CON I SUOI CARDELLINI

Lei e i suoi archivisti avete studiato per anni la figura di Pio XII. Si è parlato molto, e si è discusso molto, giustamente del suo ruolo prima, durante e dopo la Seconda guerra mondiale, dello sconcerto e in molti dell'indignazione per i suoi silenzi sulla Shoah. Di Pacelli privato si sa meno: un po' perché era un uomo riservato, compreso totalmente nel suo ruolo pubblico; un po', forse, perché erano altri tempi. Che persona era, in privato, Pio XII?

Fondamentalmente era un uomo solo, che dedicava tutto il suo tempo al servizio e al governo della Chiesa. Studiava moltissimo, cercava di essere informato su ogni argomento. Era ossessionato dal perfezionismo. Esaminava i dossier e preparava i discorsi con una meticolosità e una costanza impressionanti: leggeva i dossier anche a tavola. Faceva comprare libri aggiornati sui temi che avrebbero formato oggetto dei suoi discorsi. Voleva che nulla gli sfuggisse, secondo i limiti umani, naturalmente.

Chi erano di solito i suoi commensali?

Non aveva mai commensali. Pranzava sempre da solo, perché allora era usanza che il papa mangiasse sempre da solo, servito forse da una suora o da un cameriere; ma sia a pranzo che a cena non aveva compagnia.

Dipendeva dal suo carattere o da una scelta che si era imposto?

A quei tempi, era sconveniente che un papa fosse visto mentre mangiava, tanto più insieme con altri. Capisco che oggi possa apparire un'esagerazione, perfino un'aberrazione, perché un pontefice è comunque un uomo.

Mentre riteneva che vederlo compiere un gesto naturale, umano fosse inappropriato? È così?

Soprattutto quel gesto di mangiare, o di mostrare dove dormiva... Non era considerato prudente, non era bello vedere il papa quando mangiava, che cosa mangiava, che cosa beveva. Non doveva essere visto nei momenti privati.

Era una persona frugale?

Molto frugale, lo raccontava suor Pascalina, la sua assistente. Mangiava pochissimo. E a tavola rileggeva i discorsi che doveva pronunciare, li mandava a memoria. Non sprecava un attimo del suo tempo, perciò questo papa era solo. Per propria scelta. Di persone ne vedeva ad abbondanza nelle udienze, negli incontri con la curia, nelle udienze private. Ma si voleva ritagliare alcuni momenti in cui potesse riflettere in solitudine e in pace.

E stare solo a tavola era uno di questi.

Sì, e racconto un dettaglio poco noto. In questi pochissimi momenti di riposo, quasi per avere un contatto con la natura, con le cose semplici, faceva volare alcuni uccellini che teneva in gabbia nel suo appartamento. Erano dei cardellini che lasciava liberi. E naturalmente poteva capitare che sporcassero anche la tovaglia, ma a Pio XII non davano nessun fastidio anche se gli si posavano sulla testa, sulle mani, sul piatto, da tutte le parti. In quel momento diventava una persona semplicissima, disarmata, era quasi un bambino. Curioso, no?

Molto curioso, visto il personaggio. Ma da dove erano spuntati questi cardellini?

La gabbia con i cardellini gli era stata regalata da una associazione di coltivatori diretti cattolici all'incirca nel 1943. Negli anni successivi furono pubblicate diverse fotografie del papa che accarezza un cardellino nel suo appartamento privato. E sulla «Domenica del Corriere», un settimanale allora molto popolare, il 4 maggio del 1952 venne pubblicata un'illustrazione che presentava il papa mentre si faceva la barba e un cardellino si posava sul lavabo. Pare perfino che Pio XII chiamasse due dei cardellini Hänsel e Gretel, come i personaggi della fiaba dei fratelli Grimm.

IL NAZISTA MESSO ALLA PORTA DAL PAPA

Da questa sua descrizione emerge una personalità estremamente complessa, per alcuni aspetti sorprendente. Si parla spesso dell'enorme capacità di autocontrollo di Pacelli, del suo perfezionismo, della sua esigenza di controllare non solo quanto scriveva e diceva ma come veniva recepito. A parte questa storia curiosa dei cardellini, esistono documenti che rivelino o completino la personalità vera di Pio XII? Altri casi in cui emerse la sua spontaneità?

Esistono, anche se non li troviamo nelle sue carte d'ufficio, ma nei ricordi o nelle carte d'ufficio di altri, che pure conserviamo nel nostro Archivio. C'è ad esempio un rapporto dell'ambasciatore d'Italia presso la Santa Sede, Bonifacio Pignatti, in cui è riportato un dialogo tra lo stesso Pignatti e Pacelli che tocca la questione del nazismo. Il capo dei nazisti olandesi, Anton Mussert, era venuto in Italia e aveva chiesto di essere ricevuto dal papa, e il governo italiano aveva fatto da tramite per questo incontro: ne ha scritto il dottor Giovanni Coco nel suo libro *Labirinto romano*. Mussert era riuscito a incontrare Pacelli come Segretario di Stato, e tra l'altro allora non si poteva sapere che sarebbe diventato capo del governo fantoccio nazista olandese durante la guerra. Ebbene, Mussert a un certo punto era stato messo alla porta da Pacelli.

Lo aveva congedato, colloquio finito? E per quale motivo?

Ci arriviamo. Mussert se n'era lamentato con l'ambasciatore Pignatti, e Pignatti era andato a protestare garbatamente. A un certo punto, scrive il diplomatico nel rapporto, Pio XII perde il controllo: «Gli si gonfiano le vene al collo, alza la voce, inizia a diventare paonazzo»... un'immagine alla quale non siamo abituati.

E qual era il motivo della sua irritazione?

Disse peste e corna del nazista. «Loro vengono a parlare di nazismo a me, a dire che i nazisti vogliono vivere in accordo con la Chiesa, che si può essere cattolici e nazisti, che non si perseguita la Chiesa in Germania...» Era tutto un prorompere di invettive contro quel Mussert e le sue fandonie, davanti al povero Pignatti. Lì esce fuori il Pacelli più genuino: lo stesso Pacelli che con Tardini ripeteva gli stornelli del poeta popolare romanesco Gioachino Belli. Tardini, che era un «romanaccio» e non lo nascondeva, racconta che una volta stavano facendo dei lavori agli ascensori della Segreteria di Stato che portano all'appartamento pontificio, e gli operai avevano bloccato l'ascensore. Il papa era andato con Tardini e continuava a chiamare l'ascensore, fino a che gli operai cominciarono a rispondere in modo tipicamente romanesco contro quella insistenza. Pacelli si volta e dice a Tardini: «Monsignore, ce baccaiano pure?».

Ci sono stati altri episodi dai quali emerga la reazione esplosa contro il nazista Mussert?

Esiste un aneddoto, che non si trova nei nostri documenti ma è certo. Padre Riccardo Lombardi, gesuita, grande raccoglitore di voti e telepredicatore nell'immediato dopoguerra, pare che durante la prima udienza con Pio XII fosse stato piuttosto irruento. Lombardi era così caratterialmente, e infatti cominciò a usare toni un po' imperativi con il papa. «Bisogna fare questo, bisogna cambiare il cardinale vicario...» Le mostro la scena come viene raccontata nei documenti. Dunque, il papa lo ascolta attentamente, poi a un certo punto si alza, mentre Lombardi continua a parlare, fa il giro della poltrona di Lombardi, si accosta all'altra poltrona e poi dice: «Prego, vuole sedersi lì?», cioè al posto del papa. Pare che Lombardi sia sbiancato, perché capì in quel momento quanto era andato oltre. E infatti, da quel momento in poi, per molto tempo, Lombardi verrà ricevuto, ma sempre in compagnia di un altro gesuita, perché Pio XII non aveva gradito quel modo di fare, la sua spiccata imperiosità. Però gliel'aveva detto con grande eleganza.

Si diceva però che a volte da papa strapazzasse i cardinali. Qualcuno mise in giro perfino la voce che li schiaffeggiasse. E Giulio Andreotti chiosò: «Si vede che lo meritavano!». Le risulta nulla del genere?

No, e mi suona molto strano. Pacelli era un uomo delicatissimo, sempre molto formale, non si sarebbe mai permesso gesti del genere, con chiunque. La reazione con Mussert, messo alla porta, si spiega con una ribellione alle falsità e all'ipocrisia di quel nazista. Per il resto, era un uomo attento ai dettagli, scrupoloso, rispettoso. Questo dicono tutti i dossier e i documenti su di lui che ho studiato per anni. Non è stato valutato appieno perché dopo la guerra la sua personalità è stata schiacciata sotto il peso dei suoi silenzi sulla Shoah. Quella è stata la sua grande macchia, se così si vuol dire. E la sua persona è stata letta attraverso quelle lenti: dunque hanno pensato che fosse timoroso, pauroso, insicuro.

Il suo perfezionismo non era il riflesso della sua paura di apparire inadeguato?

No, secondo me era il riflesso della sua volontà di rappresentare al meglio l'istituzione papale. Si informava bene, non parlava delle cose che non conosceva a fondo, e si preoccupava di non offendere l'interlocutore che aveva davanti con affermazioni superficiali o approssimative. Quando voleva escludere certi argomenti, li escludeva totalmente nel timore che le sue parole potessero essere strumentalizzate. Le pesava una a una. Ecco perché, a forza di pesarle tutte, arrivava ai silenzi.

Aveva paura di ammalarsi?

No, anzi, nei documenti che abbiamo si vede che non parlava mai delle sue malattie. Non è che dicesse: «Oggi sto male, ho la febbre»; frasi così non si trovano mai per Pacelli. Pio XI sì, si lamentava dei suoi malanni, ma lui no. Anche se soffriva, non lo faceva pesare. Ha tenuto alcune udienze, di questo sono convintissimo, anche con la febbre, anche quando era dolorante, perché aveva un rispetto sacro verso i fedeli che venivano in udienza: venivano a vedere il papa, e lui non si negava a nessuno.

Proprio a nessuno? Si stenta a crederlo.

Naturalmente, se erano persone con le carte in regola ai suoi occhi. Se si trattava di atei convinti che avevano attaccato la Chiesa, non li riceveva di certo, e anche sui divorziati tendeva a non riceverli, anche se in quel campo appariva comprensivo. Se ad esempio nelle cause matrimoniali vedeva che la ragione era da una parte e dall'altra c'era il torto evidente, non era subito per il «no» a una udienza, ma diceva «vediamo, studiamo, troviamo una soluzione». Ma era con i gruppi di fedeli, soprattutto, che si spendeva fino in fondo. Tardini nelle sue memorie sostiene che «le udienze erano il martirio di Pio XII». Pacelli fisicamente era un uomo debole, malaticcio, che suppliva a questa debolezza fisica con la tenacia e la tenuta nervosa. Cominciava le udienze verso le nove del mattino e le proseguiva fino alle due del pomeriggio, e faceva un discorso a ogni gruppo, passando da una sala all'altra dei palazzi vaticani.

E NEL 1949 ARRIVÒ IL PRIMO TELEVISORE IN VATICANO

Lei spiegava che preparava i suoi discorsi meticolosamente.

È così. Quando doveva ricevere gruppi dall'estero, si preoccupava di sapere in quale lingua dovesse rivolgersi loro. Era un poliglotta, e si entusiasmava anche quando non parlava italiano. Imparava quello che doveva dire quasi a memoria. Scriveva a penna la brutta copia, poi la ricopiava, la faceva correggere e la mandava a memoria. Quando una volta ricevette alcuni gruppi di ragazze di Azione Cattolica, in un grande ricevimento in piazza San Pietro, fece un discorso un po' lungo. Era presente Gilberto Martire, un giornalista che si era rifugiato in Vaticano e seguiva gli avvenimenti della Santa Sede. Martire raccontò che a un certo punto si mise a piovere. Queste povere ragazze erano lì in piazza, alcune con l'ombrello ma altre no, e quindi si sarebbe dovuto tagliare il discorso che era troppo lungo. Ma il papa lo aveva imparato a memoria, e se si fosse interrotto forse non lo avrebbe saputo riprendere. Le ragazze si inzupparono sotto la pioggia, e una giornalista dell'«Unità» prese in giro Pio XII: «Vedete, questo è tanto insensibile che fa i suoi sproloqui mentre queste si bagnano. In pratica» aggiungeva «queste giovani sono venute a vedere e ascoltare un vecchio rintronato». Il papa rimase così male per quel commento che alcuni mesi dopo, ricevendo questa volta i giovani di Azione Cattolica, si rivolse a loro chiedendo: «Siete voi venuti a vedere un vecchio decrepito? Sono davvero morto; il papa non serve più?», e prese il via per un discorso bellissimo. Poi aggiunse: «Oggi non piove...», inserendo il riferimento a quel giorno di pioggia. Quindi un papa ben lucido.

Anche piuttosto permaloso...

Sì, questo aspetto del suo carattere si nota: di fronte a parole molto dirette contro di lui, era piuttosto irascibile.

È vero che fu il primo a capire in Vaticano l'importanza della radio e della televisione?

Sì, e prima che la televisione arrivasse in Italia. Preparava i messaggi radiofonici e le sue rare apparizioni in televisione studiando ogni minimo particolare: l'inquadratura, lo sfondo, le persone che dovevano essere presenti. E naturalmente ogni parola che pronunciava. Era un po' il regista di sé stesso.

Quando compare il primo apparecchio tv in Vaticano?

Durante il suo papato. Un «apparecchio per televisione» – il regalo fu presentato così – fu donato a Pio XII il 25 novembre del 1949 dal vicepresidente della Televisione francese Pierre-Henri Teitgen, ministro della Comunicazione in Francia dal 1949 al 1950. Il televisore fu presentato al pontefice in una cerimonia tenutasi il 13 marzo del 1950 nell'Aula delle Benedizioni, alla presenza dell'ambasciatore di Francia presso la Santa Sede, Vladimir d'Ormesson. Fu una cerimonia solenne, con una delegazione di registi televisivi e cinematografici francesi, che fecero dono al papa di questo nuovo mezzo. E lui li accolse, fece anche un discorso...

Aveva compreso quanto fosse importante la comunicazione in generale, e la televisione in particolare. Prese mai una posizione ufficiale, diramò mai un documento o diede indicazioni su come utilizzare questo mezzo di comunicazione?

Sulla televisione Pio XII non scrisse mai una enciclica, ma indirizzò una lettera ai vescovi italiani sui benefici e sui pericoli della televisione, perché Pio XII vedeva sempre le due realtà, positiva e negativa, insite in quasi tutto quello che l'uomo fa. Tanto in questo caso, come, per fare un altro esempio, nel progresso della medicina. Il papa studiava per tanto tempo la materia su cui fosse chiamato a esprimersi, e il famoso discorso alle ostetriche che tenne a Castel Gandolfo nel 1951 provocò un mezzo scandalo, perché scese nei particolari e nei problemi delle donne gestanti; proprio lui, che aveva ritrosia a parlare di sessualità, in questo campo fu il primo che aprì alla riflessione della genitorialità femminile, tutti i problemi della mamma, il problema della mortalità dei bambini... Studiò moltissimo, e non lasciava niente al caso. Se mi si chiede se fosse un buon comunicatore, io rispondo che penso di sì. Ma lui sentiva questa attività come un dovere pastorale: lui era il papa, e al papa devono avere accesso tutti, e il papa deve essere il papa.

Si preparava quando doveva apparire in televisione con la meticolosità con la quale impostava i discorsi?

Preparava i messaggi radiofonici e le sue rare apparizioni in televisione erano studiate come fosse un regista. Abbiamo infatti quasi la regia che prepara di persona per il discorso che doveva tenere alla Televisione italiana il 6 giugno 1954, domenica di Pentecoste, per l'inaugurazione della Eurovisione, nella Sala del Concistoro. Il papa precisava in udienza a Montini: «Televisione: senza armi impugnate! - spada nel fodero - presenti: Monsignor Callori e un Cameriere Segreto - Montini - 2 Guardie Nobili (senza spade sguainate)».

Due guardie svizzere?

No, volle due guardie nobili, ma senza le spade. E poi precisa anche chi doveva assisterlo: monsignor Callori di Vignale, maestro di camera, e monsignor Montini, il suo fidato pro-segretario di Stato. Abbiamo la foto di quella scena pubblicata dall'«Osservatore Romano» nel numero del 7-8 giugno 1954, in prima pagina. Da lì si vede che tutto si svolse esattamente così come aveva voluto il papa.

Secondo lei, misurava le pause, in certi casi quasi aspettava l'applauso?

In alcuni casi sì. Certe pause nei discorsi di Pio XII si spiegano solo così. E guardava e riguardava la scena. Voleva che il papa stesse sul trono, che avesse gli indumenti previsti dal cerimoniale per quella determinata cerimonia. Prevedeva tutto: che cosa fosse stabilito dal cerimoniale, cosa dovesse dire, chi dovesse assistere, in che lingua dovesse parlare. Pio XII ha una personalità ricca, complessa. Ho potuto vedere anche i suoi appunti, studiare un po' le sue prediche da giovane prete, e già allora era curioso di tutto. Pacelli non ha fatto scuole regolari; sia il seminario che la scuola l'ha fatta a casa sua, perché era malaticcio; quindi, è stato un autodidatta fino all'università. Poi ha frequentato l'Accademia Pontificia. Ora in questi ambiti in cui si forma e cresce culturalmente ha interessi curiosissimi, che non si sospetterebbero in un Pacelli. Ad esempio l'astronomia. Lui divenne consigliere spirituale di alcune dame americane, che ogni tanto gli scrivevano e lo consultavano su questo argomento.

Parlava inglese?

Come abbiamo ricordato, all'inizio lo parlava poco ma poi lo affinò con gli anni. In realtà con quelle signore si scrivevano in italiano, perché erano dame italo-americane, ricche, che vivevano negli Stati Uniti. Quando farà il viaggio negli Stati Uniti da cardinale e Segretario di Stato andrà a trovare queste anziane signore che gli rivolgevano molte domande, perché avevano creato un piccolo cenacolo, una scuola, si può dire un salotto a casa loro. Non ricordo di dove fossero. A ogni modo, discutevano di vari problemi, religiosi ma anche scientifici. E noi abbiamo una modesta corrispondenza tra Pacelli giovane e queste signore, due lettere, in cui esse pongono il problema del processo di Galileo: perché fu condannato, cosa significava quel tal decreto eccetera. E Pacelli mostra già di conoscere le cose, e risponde per filo e per segno, da persona competente. E credo di poterlo affermare, perché ho studiato il caso Galileo. Eppure, Pacelli era allora molto giovane. Perciò vuol dire che le sue letture spaziavano dalla teologia, alla filosofia, ma anche alla matematica, alle scienze, alla musica. Molta musica, perché in famiglia la sorella Elisabetta suonava il mandolino, lui invece «pizzicava il violino». E da papa continuò a seguire la musica.

UNA PREDILEZIONE PER TOSCANINI E MASCAGNI

È vero che aveva una predilezione per il direttore d'orchestra italiano Arturo Toscanini, di cui proteggeva la famiglia?

Toscanini lo ricevette sicuramente in udienza, ma ricevette tanti musici in udienza: soprani, cantori. Come Lorenzo Perosi, come Ottorino Respighi. Amava riceverli a lungo, discutere con loro di musica. Purtroppo su queste udienze non esistono relazioni. Ma dal loro numero si vede bene che appaiono musicisti e istituzioni musicali, dal Conservatorio di Napoli alla Pro Musica Antiqua di Bruxelles. E quanto agli artisti che riceveva, notiamo i nomi del maestro Pietro Mascagni, del tenore Giacomo Lauri Volpi, del tenore Giuseppe Di Stefano, Mario Del Monaco, Ferruccio Tagliavini, Nicola Rossi-Lemeni e altri. Si faceva comprare diversi dischi di musica classica, lirica, o sacra, o strumentale: tutta. Era stato impressionato dalla *Cavalleria rusticana* di Pietro Mascagni, che come si sa era piuttosto laico, non andava mai a messa, credo che i figli non avessero nemmeno fatto la comunione. Però in quell'opera, quando Turiddu saluta la mamma e va in campagna, siccome siamo alla vigilia di Pasqua, Mascagni introduce il coro di chiesa e si sente questa musica sublime e in sottofondo con l'inno pasquale «Inneggiamo al Signor che è risorto». È una musica che sento spessissimo anch'io; è bellissima, scritta da una persona che non aveva tanta fede, ma quell'«Inneggiamo al Signore risorto» del popolo, che si avvia in processione in chiesa, «il Signor non è morto, il Signor non è morto», ripetuto più volte, pare un antico inno liturgico. Colpì moltissimo Pacelli da papa. Allora quando Pio XII ricevette in udienza Mascagni, per tre volte, nel 1942, nel 1943 e nel 1945, in una di queste udienze, raccontano quelli che erano presenti...

Avete il resoconto di queste udienze nelle carte dell'Archivio?

No, nelle udienze private del papa non si redigevano resoconti e tutto rimaneva a voce fra il papa e i suoi visitatori. Ma fu Mascagni che, sembra a distanza di tempo da una di quelle udienze, rivelò che il papa lo aveva ringraziato per la sua musica sacra. E Mascagni: «Ma io non ho mai scritto musica sacra». «La *Cavalleria rusticana*» rispose Pio XII. E in effetti, dicono gli amici di Mascagni, da quel momento il maestro cominciò a pensare al problema religioso. Si avvicinò alla comunione, perché non si aspettava che un papa lo ringraziasse per quell'inno... ed è una pagina altissima di musica religiosa.

Però raccontano che non volle celebrare il secondo centenario della nascita di Mozart. Non è un po' in contraddizione con quanto si è detto finora?

Quello fu un caso speciale. Quando nel 1956 in Austria si celebrò il bicentenario della nascita di Mozart, il nunzio apostolico si fece portavoce di diverse istituzioni cattoliche austriache che avrebbero gradito una lettera ufficiale del papa per l'occasione. Mozart, d'altronde, è conosciuto in tutto il mondo. Ma Pio XII fu irremovibile. Non approvò nessuna di queste iniziative, e in pratica non diede risposta al nunzio per mesi: fino a che il nunzio, monsignor Giovanni Delle Piane, riscrisse alla Segreteria di Stato per chiedere quali fossero le intenzioni del pontefice. A questo punto, Pio XII disse che a lui risultava che Mozart fosse un massone, che non avesse fede, e soprattutto che «irridesse la morale». E chiese che il nunzio chiarisse questi aspetti. Il nunzio replicò che Mozart era certamente massone, e quanto alla fede religiosa era sempre stata piuttosto ambigua, però non si avevano neanche prove di una sua ostilità al cattolicesimo. Quanto all'irrisione della morale, il nunzio non capiva. Oggi conosciamo le lettere di Mozart alla sorella, la sua vita epicurea, per usare un eufemismo, ma allora erano sconosciute. Pio XII fece rispondere: «Come si giustifica il catalogo del *Don Giovanni*?». Era questo l'ostacolo che Pio XII riteneva insormontabile: il fatto che un musicista cristiano scrivesse quel catalogo delle donne e amanti, «in Italia seicento e quaranta, in Alemagna duecento e trentuna... ma in Ispagna son già mille e tre» ricordo a memoria quell'aria musicalmente molto bella. Insomma, il papa si rifiutò di mandare un qualunque messaggio, non promosse alcuna celebrazione vaticana, lasciò che alcune diocesi lo facessero autonomamente. Era attento alle minime sfumature...

Una sorta di mezza scomunica postuma.

Una scomunica no; semplicemente non assecondò i festeggiamenti.

Pesava di più l'appartenenza alla massoneria o il dongiovannismo?

Secondo me il dongiovannismo. Bisogna tenere conto che parliamo di un papa che opera durante la guerra mondiale e soprattutto dopo il 1945. In questi momenti, anche e forse soprattutto in Italia, spuntavano già dei movimenti di liberazione sessuale, di emancipazione dalla morale cattolica, si accennava perfino al divorzio. Non era ancora all'orizzonte, è vero, ma faceva capolino come ipotesi in certi movimenti femminili che la Chiesa cercava di arginare con le donne e le giovani di Azione Cattolica. Pio XII respirava quell'aria, intuì un pericolo e cercò di non lasciare spazio a qualcosa che potesse incrinare la dottrina cattolica.

CLARE BOOTHE LUCE, UN'AMBASCIATRICE DA SORVEGLIARE

Si dice non gli piacesse affatto l'ambasciatrice statunitense in Italia, Clare Boothe Luce. Per lo stesso motivo?

Anche. Sa, era una donna singolare. Pio XII la tollerava, ogni tanto la riceveva, ma era molto sorvegliata dal Vaticano. Si controllava quello che dichiarava sui giornali, soprattutto. Ma poi aveva detto che aveva un marito mentre ne aveva avuti due, e questo agli occhi di Pio XII era già qualcosa di inaccettabile. In più la signora Luce appoggiò l'arrivo di circoli protestanti a Roma, e anche questo non piacque. Dai rapporti di altre ambasciate, sappiamo che il Vaticano, quando veniva a sapere che suoi dipendenti, medici o avvocati o altro, partecipavano ai ricevimenti dell'ambasciata Usa presso il Quirinale, sconsigliava vivamente di ritornarci. Lo riteneva sconveniente.

Da questo punto di vista era un conservatore arcigno, dunque.

Sulle questioni morali sì, era molto rigido. E cercò di arginare i fermenti liberali che emergevano nel popolo cattolico in diversi ambiti, almeno fino a che poté. Lo fece durante l'intero pontificato.

Se questo era l'atteggiamento in materia musicale, con il cinema sarà stato ancora più occhiuto. Con attori e registi che rapporti aveva?

Almeno nei fogli delle udienze rapporti diretti non risultano. Su Federico Fellini, però, arrivavano voci che lo raffiguravano come un regista pericoloso sul piano del messaggio morale che i suoi film trasmettevano. Risultano dall'Archivio. E uno dei primi che segnalò alla Santa Sede Fellini come pericoloso per la morale fu Giulio Andreotti, e assai per tempo. Su altri, Pio XII non si esprime molto. Però seguiva il cinema neorealista, visionava alcuni film per vedere se rispondevano ai canoni morali della Chiesa.

Aveva una saletta riservata in Vaticano dove li guardava?

Faceva proiettare le pellicole per sua conoscenza, almeno dei film più importanti. E anche alcuni film stranieri. Ci fu il caso di due o tre film che cercò di combattere in ogni modo. Soprattutto uno di una produzione tedesco-americana sulla vita di Lutero. Mi sembra si chiamasse *Luther*. E siccome Lutero era dipinto come naturalmente antipapale e protagonista nel film contro Roma, il papa fece di tutto per evitare che la pellicola avesse diffusione. Mise di mezzo perfino la diplomazia vaticana perché se ne occupasse, premendo sui governi, o comunque facesse recensire negativamente quel film.

Pio XII non temeva di apparire un censore, di essere accusato di limitare la libertà di espressione artistica?

No, non aveva affatto paura di apparire un censore, perché riteneva suo dovere intervenire per difendere i principi della vita cristiana e della morale cattolica, in qualunque maniera fossero attaccati. Fermo restando, nel nostro caso, che ostacolava un film ma non se la prendeva mai col regista o gli attori. Distingueva tra chi recitava e chi aveva prodotto il film. Le direttive che dava ai vescovi, soprattutto a quelli italiani, erano di valutare le potenzialità ma anche i rischi del cinematografo. E uno dei rischi maggiori, a suo avviso, era che il popolo disertasse i film con una matrice cattolica per andare a vedere quelli avversi alla Chiesa o semplicemente «laici».

Su questo si scontrò anche con Giulio Andreotti, che era il sottosegretario di De Gasperi con delega al cinema. Chiedeva maggiore severità nel censurare i film. Una volta si racconta che Pio XII si lamentò perché apparivano donne con le gonne troppo corte. E Andreotti rispose domandandogli se fosse peggio la gonna corta o il fatto che la casa di produzione era di proprietà anche del Vaticano...

Andreotti viene nominato spesso nei fogli di udienza che abbiamo in Archivio, e che ho visto, proprio in riferimento alla sua figura di sottosegretario allo Spettacolo. Perché il papa faceva riferimento a lui per sapere che direzione prendeva il governo, o se l'apertura di sale cinematografiche vicino ai teatri parrocchiali potesse portare scompiglio nel mondo cattolico. Aveva davanti agli occhi sale parrocchiali sempre più deserte, e questo lo amareggiava. E si rendeva conto che le pellicole che si era sforzato di mettere in circolo, di promuovere, anche quella sulla sua vita, *Pastor Angelicus*, erano risultate un mezzo fiasco. Alla fine, erano in pochi ad andarle a vedere. Sul cinema, a differenza che sulla televisione, aveva una visione un po' antica...

Lei descrive una sorta di fallimento culturale rispetto alla modernità portata dal cinema.

Descrivo un papa che vedeva soprattutto la pericolosità dei film, pur sapendo che in prospettiva il cinema avrebbe avuto un influsso sempre maggiore sulla formazione della cultura popolare, sul costume, sui valori. Per questo il papa era ossessionato dall'esigenza di veicolare messaggi vicini al cattolicesimo. Ma si rendeva conto che molta parte della cinematografia seguiva la propria strada, che non era la sua.

Come si esprimeva questa continua esigenza di preservare i valori cattolici? Nello sport, nel teatro...

Seguiva il teatro nelle versioni francesi, soprattutto. Ma non era un patito. Quanto agli sport, prediligeva il ciclismo, perché allora c'erano il Giro d'Italia, il Tour de France, l'eterna gara tra gli italiani Gino Bartali e Fausto Coppi. Lui vedeva Bartali come il campione, l'esempio, perché era dell'Azione Cattolica. Ma non disdegnava neppure Coppi. Certo, avrebbe voluto che Coppi non facesse quel passo falso della separazione dalla moglie.

Riceveva medici, ecco, un altro aspetto dei suoi interessi: la medicina. Sarà perché lui era, purtroppo, di malattie facili. Salute cagionevole. Sarà per questo, sarà per altro, però il papa aveva detto di informarlo di qualsiasi convegno scientifico di medicina, di qualsiasi genere, anche ateo, si svolgesse a Roma. Lui voleva saperlo. Poi, evidentemente, se questi convegnisti chiedevano udienza, lui la concedeva. Alla medicina era particolarmente attento. Convegni sulla nevrastenia:

vuol seguire, vuole sapere cosa si conclude. Sull'epatite, su diverse malattie, anche mentali, persino sulla nascente medicina dello sport. C'è un convegno, e lui vuole sapere cosa si dice. Era curioso di tutto, curioso ma nel senso positivo.

Si può dire che nel suo lavoro di pontefice era un professionista?

Era un grande uomo al servizio totale della Chiesa: uno dei più grandi leader spirituali del suo tempo, con una visione mondiale dei problemi e una capacità di governo notevolissima. Certo, era un uomo del suo tempo, con le sue idee e perfino le sue illusioni. Ma dietro la sua immagine ieratica si capiva che doveva soffrire parecchio, e dubitare parecchio.

NAZISMO E COMUNISMO, «I DUE DEMONI»

Secondo lei, per Pio XII la priorità era la lotta al comunismo o al nazismo?

È una domanda che sta sul filo del rasoio, perché erano entrambe lotte importanti, ma Pio XII sapeva, siccome conosceva bene i tedeschi e la pazzia di Hitler, che forse il nazionalsocialismo così organizzato, quasi come una religione di popolo, prima o poi sarebbe caduto. Mentre era piuttosto preoccupato che invece il comunismo potesse durare, perché era un fenomeno organizzato in maniera scientifica e con una potenza che dimostrava sempre più forza, almeno riguardo alla Russia, riguardo alla guerra stessa. Vediamo la spartizione della Polonia, la divisione in due della Germania, vediamo poi il potente Pci in Italia, che oggi sappiamo che era finanziato per gran parte da Mosca. Allora non si sapeva, ma si vedevano bene gli effetti. Pio XII conosceva l'organizzazione capillare del Pci sul territorio, aveva relazioni continue, era preoccupato del radicamento in Umbria, dove prendeva sempre più piede, in Sicilia e in alcune regioni del Sud, e poi in Italia centrale, e in Emilia-Romagna. Era diventato il maggiore Partito comunista dell'Occidente, e si può capire bene la preoccupazione papale.

Come definiva comunismo e nazismo?

Per lui questi fenomeni, lo dice anche Tardini nel suo diario, erano come due demoni: sia il nazionalsocialismo che il comunismo. Ma Pio XII, che conosceva bene i tedeschi, ripeto, una svolta in Germania la poteva prevedere, prima o poi, mentre era molto più perplesso sul comunismo che si sarebbe radicato sempre più, tenuto conto che Pio XII era tutt'altro che ingenuo, leggeva molto e andava a fondo alle questioni. Una parte del *Manifesto del Partito comunista* era cristiana, in un certo senso: il messaggio dell'eguaglianza, della fratellanza, la lotta allo sfruttamento delle classi sociali povere. Il comunismo poteva attirare pezzi del mondo cattolico e generare un'ideologia. E si temeva che questa ideologia facesse proseliti e mettesse in pericolo anche le associazioni cattoliche. E infatti si vide che alcuni giovani dell'Azione Cattolica in alcune aree propugnavano una convergenza con i comunisti. E c'era già il giovane Enrico Berlinguer, futuro segretario del Pci, che teorizzava che si poteva rimanere cattolici ma in parallelo iscriversi alla Cgil o ai movimenti comunisti.

Quello che teorizzava il movimento della Sinistra cristiana di Franco Rodano, Adriano Ossicini, Franco Tatò e altri: i cosiddetti «cattolici comunisti», alcuni legati al circolo gesuita della Scaletta, accanto al liceo statale romano Ennio Quirino Visconti, in piazza del Collegio Romano...

Sì, e il papa decise di bloccarli, perché vide i pericoli dell'ateismo strisciante dentro una veste accattivante di socialismo, di cristianesimo sociale. Questo stava accadendo.

Una specie di rilettura in chiave marxista del Codice di Malines, la «bibbia» sociale ed economica dei cattolici europei, pubblicata in questa cittadina belga nel 1927.

Proprio così. E per quanto riguardava il comunismo fuori dall'Italia aveva un'idea ancora più radicale, perché là non c'era l'influsso della Chiesa. Là la cosa era più preoccupante, come abbiamo visto in tutti i Paesi dell'Est: mostrava la sua faccia più cruda il comunismo attuato, vivente, insomma. In Unione Sovietica il Partito comunista aveva stretto un patto con la Chiesa ortodossa contro i cattolici. Anche per questo Pio XII non voleva che i cattolici si confondessero con gli ortodossi. Guardava con diffidenza i movimenti ecumenici o pseudoecumenici che avvicinavano cattolici e ortodossi. Pacelli diceva sempre: umanità sì, trattare con i nostri fratelli separati sì, ma separati. I cattolici devono rimanere sempre fedeli al papa, a Roma, e in questo alveo, non debordare verso l'ortodossia.

Allora il dialogo interreligioso non era ben visto?

No, sotto Pio XII il dialogo interreligioso non c'è. In pratica lui ferma tutti i movimenti che tendono a confondere le acque. Lui fu molto duttile verso le persone. Ad esempio, Giorgio La Pira, sindaco di Firenze, cattolico integerrimo, rappresentava il culmine di questi movimenti protoecumenici del tempo, con molto profetismo. Ma Pio XII non era di quell'idea. Gli sembravano fenomeni pericolosi che intorbidavano le acque, avrebbero confuso i fedeli. Bisognava rispettare sì, dialogare con gli altri e parlare di tanti problemi sì, e avere posizioni comuni su qualche tema. Ma non confondere il cattolicesimo con l'ortodossia.

Quindi, tra i due demoni quello che Pio XII vedeva più duraturo...

Era quello comunista, sì.

Con un approccio diverso tra Italia ed estero?

Lui lo vedeva pericoloso dovunque. In Italia, essendo il papa a Roma, ed essendo il primate della Chiesa italiana, è chiaro che guardasse con maggiore attenzione; ma il fenomeno lui lo concepiva globalmente negativo. Il comunismo era pericoloso in quanto teorizzazione dell'ateismo di Stato. Quindi lo vedeva come un sistema autoritario fino all'esasperazione, oltre che un sistema ideologico che sulla base di Marx riteneva la religione l'oppio dei popoli: uno Stato ateo, areligioso. Quanto all'attuazione italiana, c'era stata la scissione di Livorno, c'erano comunisti, socialisti e socialdemocratici. Ma si trattava di un'area che Pio XII reputava comunque ostile alla Chiesa.

Senza fare troppe distinzioni?

Senza fare troppe distinzioni.

UNA QUERELA ALL'«UNITÀ» E L'ALLEANZA CON GLI USA

È vero che era un lettore attentissimo, quasi maniacale della stampa comunista e socialista in Italia?

È vero. Riceveva sempre tutti i giornali e le riviste e li leggeva molto attentamente, soprattutto «l'Unità», organo del Pci. Lo leggeva in ogni pagina, scorreva perfino la pubblicità che «l'Unità» aveva, per vedere di che tipo fosse. Aveva la curiosità di carpire da lì chi finanziava il giornale, chi era interessato. Anche i trafiletti più piccoli e insignificanti non gli sfuggivano. Se un articolo parlava di un tram che non arrivava in una borgata perché il parroco si ostinava a non spostare l'oratorio, lui lo sottolineava. I comizi di Palmiro Togliatti, il capo, o di Giancarlo Pajetta: li seguiva con attenzione. E quando «l'Unità» pubblicò il resoconto del comizio della comunista Laura Diaz a Cortona, scoppiò un caso che fece scalpore. La Diaz parlava a braccio e disse tra l'altro: «Pio XII ha le mani sporche di sangue». Perché a suo avviso non aveva difeso nella guerra i poveri; più altre accuse. Questa frase fu annotata dal papa, che ne parlò a Montini in udienza. Abbiamo l'annotazione. Chiese: «Querelare?». Si sentì il parere dell'avvocato della Città del Vaticano, si sentì l'ufficio legale, e Laura Diaz fu querelata. Lei tentò di tornare indietro, dicendo che la frase era solo allusiva, figurata, però il papa non cedette. Ci fu il processo, la Diaz fu condannata e la Santa Sede risarcita.

Secondo lei fece bene il papa a querelare?

Secondo me sì. Vorrei vedere chi di noi essendo al suo posto, non reagirebbe sentendosi dire che ha le mani sporche di sangue: come se gli avessero detto che era stato dalla parte dei fascisti durante la guerra.

Leggeva con la stessa attenzione anche i giornali dell'estrema destra?

Meno. Attiravano di più la sua attenzione, ovviamente, quelli di sinistra. «L'Unità», «Paese Sera», il settimanale «Rinascita», e «Avanti!», organo dei socialisti. Voleva capire gli avversari, il loro modo di attaccare la Chiesa. Enrico Berlinguer, allora nel movimento giovanile comunista, era un osservato speciale. Negli incontri con altri giovani comunisti aveva detto che in fin dei conti le idee del movimento giovanile comunista non erano molto lontane da quelle del movimento di Azione Cattolica. E questo trovò la reazione avversa e immediata di Pio XII. Le sue parole vennero stigmatizzate come pericolosissime: chi passa dall'altra parte non è più cattolico.

Fu in quel passaggio, di fatto uno spartiacque, che affidò ad Andreotti il compito di spiegare a suoi amici come Rodano e Ossicini che la loro posizione doveva chiarirsi, che il papa aveva dato indicazioni precise: o con la Chiesa o con i comunisti, la commistione era vietata.

Su queste persone ho scritto diverse note, perché dai documenti dell'Archivio risulta che fossero seguiti molto. Rodano, ad esempio, prima che si sposasse, o anche dopo, faceva conferenze in quasi tutta Italia, specialmente al Nord. Queste conferenze erano molto seguite dal papa: voleva sapere cosa diceva. E faceva seguire, leggendo i giornali, tutte le conferenze che erano tenute. In più si faceva anche aggiornare dai vescovi: quale riscontro aveva avuto Rodano in quei loro ambienti, che reazioni c'erano state... Emerge un papa deciso a controllare e vigilare da vicino.

Si intuisce da quanto lei dice che quello era considerato, nell'immediato dopoguerra, un momento di svolta dove ci sarebbe stata, e ci doveva essere, una scelta di campo?

Sì, credo che il papa capisse la drammaticità del momento e temesse un'involuzione di una parte dei cattolici verso posizioni marxiste. E infatti, le prime elezioni politiche italiane dopo la guerra furono ben vagliate dalla Santa Sede, perché appoggiava il Partito popolare e poi la Democrazia cristiana, dovendo fare da argine contro i comunisti. Al punto che, lei sa, alle elezioni di Roma del 1954 scattò su iniziativa di Pio XII l'operazione Sturzo: piuttosto che far vincere i comunisti, lui era anche dell'idea di coinvolgere il Movimento sociale postfascista in quella operazione, facendolo alleare con la Dc. Ma Alcide De Gasperi si oppose.

E da lì nacque l'incrinatura dei rapporti tra Pio XII e De Gasperi...

Sì, avviene lì.

Secondo lei chi aveva ragione, politicamente?

Col senno di poi verrebbe da stare con De Gasperi, perché il Movimento sociale aveva teorie pseudo o addirittura fasciste. Ma col senno di poi... In quel momento, il pericolo comunista c'era e sovrastava tutto il resto. E lui, il papa, credo fosse convinto che se la vittoria delle sinistre fosse avvenuta una volta, sarebbe stato un fenomeno irreversibile. Perché i comunisti sapevano convincere; vincere e convincere.

Il tema era quello di una democrazia troppo fragile per potersi esprimere in modo completo.

Certo, la maturità dei partiti politici si è costruita e consolidata nel tempo. L'Italia allora era una democrazia appena nata, dopo gli anni della dittatura fascista.

Allora si era all'inizio della Guerra Fredda. Pio XII la Guerra Fredda come la guardava? La riteneva inevitabile? Fu lui a parlare dei cosacchi che si abbeveravano in piazza San Pietro? Un articolo che scrisse William Bullitt sul settimanale statunitense «Life», il 4 settembre del 1944, nasceva anche da una lunga conversazione avuta a Roma con Pio XII. E in questo articolo si parlava del pericolo dei cosacchi che abbeveravano i cavalli in piazza San Pietro, e di mezza Europa sovietizzata: nel 1944!

Penso che la frase sui cosacchi che abbeveravano i cavalli nelle fontane di piazza San Pietro sia stata detta dal papa, e lui la riportò: anche se non posso giurarlo. Adesso è difficile esprimersi, ma che lui considerasse positivo che i due blocchi restassero ben divisi è probabile.

L'impressione è che il rapporto con gli Stati Uniti si consolidò proprio in quegli anni. Lei ha sottolineato che Pio XII aveva un atteggiamento ambivalente per l'influenza di protestanti, massoni, sette, che vennero in quel periodo bellico a Roma insieme con gli americani. Ma sia strategicamente, sia sul piano finanziario risulta che i legami con gli Usa diventarono più stretti.

I rapporti erano cominciati con Pio XI. Con Pio XII si intensificarono notevolmente. Un ruolo cruciale fu svolto per anni dal finanziere cattolico Bernardino Nogara, delegato all'Amministrazione Speciale della Santa Sede, l'istituto che ha preceduto la creazione dello Ior. Prima Pio XI, poi Pio XII lo incaricarono di svolgere le operazioni più delicate. Dettaglio poco conosciuto, tutti gli investimenti della Santa Sede in Francia, Svizzera, Regno Unito furono realizzati utilizzando la Banca commerciale italiana, che allora era una sorta di «banca del Vaticano» e non quel tempio della finanza laica, accreditato dalla vulgata ufficiale. Nogara operò dal Lussemburgo e dalla Svizzera. E fece diversi viaggi a Londra e negli Usa per spostare alcuni investimenti strategici dall'Europa all'America. Nel maggio del 1940, in particolare, come risulta anche dai diari privati custoditi dal nipote, l'ex ambasciatore Bernardino Osio, Nogara andò a Londra in piena guerra accompagnato da Giovanni Fummi, rappresentante della Banca Morgan in Italia. Aveva ordine da Pio XII di trasferire via nave a New York le riserve in oro che il Vaticano aveva depositato presso la Banca Morgan Grenfell. Nogara fu autorizzato a portare negli Usa 814 lingotti per un valore del tempo di 3.743.123 sterline. Le spedizioni avvennero tra fine maggio e inizio giugno. I lingotti furono consegnati alla J.P. Morgan di New York.

L'episodio dimostra un rapporto fiduciario solido, oltre che il timore per gli esiti della guerra.

Certamente, si era instaurato un rapporto di fiducia reciproca. E i sussidi del Piano Marshall, che dopo la guerra arrivarono in Italia dagli Usa, in parte furono dati anche alla Chiesa di Pio XII. Durante il periodo bellico, e soprattutto dopo, il papa aveva diversi fondi a disposizione. Esisteva un «fondo Pacelli» che era quello di famiglia. Ma c'era anche un «fondo ebrei» che lui aveva messo insieme Dio sa come, con ingenti somme.

Pio XII aveva creato un fondo per aiutare gli ebrei?

Sì, e nelle udienze lo dice: «Si prenda dal fondo ebrei», «Si prenda dal fondo Pacelli». E secondo me, molti di questi soldi provenivano dagli Stati Uniti.

Capitolo X
Il papa e la Shoah: un silenzio troppo lungo

QUANDO IL CAPPELLANO SCAVIZZI ACCENNÒ AI LAGER...

Con l'accenno al «fondo ebrei», Lei ha introdotto un argomento spinoso, a dir poco, riguardo a Pio XII. Eccellenza, quando si hanno le prime notizie in Vaticano riguardo agli inizi della «Soluzione finale»?

Dunque, le notizie cominciano ad arrivare con le missive di don Pirro Scavizzi, che prese a informare la Santa Sede nell'estate del '42 circa gli eccidi compiuti dai nazisti, che odiavano e perseguitavano gli ebrei: accuse sempre più circostanziate che si estendevano peraltro anche ad altri settori della società. Poi c'è l'arcivescovo...

Chi era?

Un sacerdote umbro (1884-1964), che fece i suoi studi a Roma, amico della sorella minore del papa, Elisabetta in Rossignani. Faceva il cappellano sui treni-ospedale dell'ordine di Malta che andavano su e giù in Europa dell'Est nella Prima e nella Seconda guerra. Nel suo saggio *La guerra del silenzio*, lo storico Andrea Riccardi racconta, in base ai documenti del nostro Archivio, che tra l'ottobre del 1941 e il novembre del 1942 Scavizzi era stato sei volte in Europa orientale, anche in Russia, per assistere spiritualmente i soldati italiani che combattevano su quel fronte. E conosceva la Germania, e quindi sapeva, vedeva le cose, e mandava resoconti a suoi amici su quello che ascoltava e di cui era testimone sui terribili massacri della Wehrmacht. Non era tanto un informatore: don Scavizzi scriveva a un suo amico ecclesiastico che poi passava le notizie alla Segreteria di Stato. Per questo nell'estate del 1942 a Roma cominciarono a ricevere notizie più frequenti e dettagliate sulle dimensioni della persecuzione contro gli ebrei. Ma c'è di più: l'arcivescovo metropolita di Leopoli degli Ucraini, Andrej Szeptycki, informava a sua volta con parole crude sugli eccidi dei nazisti che stavano avvenendo contro gli ebrei e contro le popolazioni civili. Quindi in Vaticano si comincia a sapere allora qualche cosa sugli eccidi.

Però, come succede in questo piccolo mondo vaticano, poche persone sanno, altre non sanno, capiscono, non capiscono, dicono, non dicono; non si credeva molto a quelle notizie, perché i numeri sembravano esagerati, parlavano di migliaia di morti. All'inizio si pensò che quelle informazioni fossero il frutto della propaganda di guerra dei nemici dell'Italia fascista, che il fenomeno fosse più ristretto. Soprattutto il famoso monsignor Dell'Acqua, che divenne poi sostituto della Segreteria di Stato e cardinale, si mostrava guardingo di fronte alla effettiva realtà di quei resoconti.

Esisteva il sospetto che le cifre fossero un po' esagerate?

Sì, e che non tutto fosse credibile: almeno da parte di alcuni. Altri, invece, erano più intenzionati a crederlo. Le notizie si susseguivano e si accalcavano. E quando il fenomeno della Shoah apparve in tutta la sua gravità si era ormai nel 1943-44, quindi la guerra era quasi finita. Fu a quel punto, credo, che ci si rese conto di una certa sottovalutazione iniziale del fenomeno. Però, anche a questo riguardo non si capisce bene cosa il papa avrebbe potuto fare.

Ma il papa già in un colloquio del 1941 con il futuro papa Roncalli chiese, risulta, se il suo silenzio sui misfatti nazisti fosse giudicato negativamente...

Nel 1941 il futuro papa Giovanni XXIII, allora delegato apostolico in Turchia, fu ricevuto a Castel Gandolfo e si sentì chiedere dal papa: «Cosa si dice dei miei silenzi?». Ma già l'anno prima, nel 1940, Pio XII aveva mostrato la sua autocoscienza con Dino Alfieri, l'ambasciatore d'Italia presso la Santa Sede, dicendo che come papa egli avrebbe voluto dire di più, ma la paura della vendetta tedesca sulle vittime lo tratteneva. Questo dimostra che Pio XII aveva coscienza dei suoi silenzi. Però io andrei ancora più indietro, proprio allo scoppio della guerra, all'invasione della Polonia del settembre nel 1939. Perché il papa intervenne per evitare la guerra col discorso, come sappiamo, dell'agosto del 1939, contenente la famosa frase: «Niente è perduto con la pace, tutto può esserlo con la guerra». Era un altolà anche a Mussolini a non allearsi con i nazisti. E più in generale, era un appello a chi aveva il potere di fermare quell'aria di guerra che c'era, ma purtroppo esso fu lasciato cadere. E Pio XII intervenne di nuovo il 30 settembre del '39, in un discorso rivolto a un gruppo di polacchi ricevuti in udienza. Questo discorso fu pubblicato su «L'Osservatore Romano» e il papa dimostrava con le sue parole di volere a tutti i costi la pace, di fare ogni sforzo perché i cattolici polacchi non fossero vittima di massacri da parte sia dei russi sia dei nazisti.

Non arrivavano in Vaticano anche appelli da comuni cittadini, che invocavano un intervento di Pio XII?

A questo riguardo di recente ho compiuto un fortunato ritrovamento. Ho trovato tra le carte dell'Archivio una busta che era sfuggita agli archivisti all'atto del versamento dell'Archivio della Segreteria di Stato di Pio XII; probabilmente, come capita, per una svista nella sistemazione della documentazione: una busta voluminosa, dalla quale traggo alcune carte per rispondere alla sua domanda.

Come mai era sfuggita agli archivisti?

Perché era stata collocata fuori posto. Nessuno aveva valutato l'importanza di questa busta perché non riportava nessuna numerazione ed era, certamente per caso, diversa dalle normali buste di tale fondo. Mi è capitato di trovarla negli ultimi giorni del 2022. Era sistemata nel deposito sotterraneo dell'Archivio, verso la fine del fondo che riguarda la Segreteria di Stato di Pio XII, ma distante diversi scaffali. Essendomi trovato a studiare le non molte carte che ha l'Archivio riguardo alla massoneria, andando a ispezionare gli scaffali in cui sono alcune buste concernenti quella associazione, lo sguardo mi è caduto su questa busta, che ha una dicitura sul dorso anomala, non come le altre buste: «Lettere di adesione ai messaggi del S. Padre Pio XII per la Pace». Contiene moltissimi ringraziamenti al papa, di italiani, francesi, tedeschi, suore, religiosi ma anche di moltissimi laici per il discorso che aveva pronunciato il 24 agosto 1939, rivolto ai governanti e ai popoli nell'imminente pericolo della guerra.

UNA BUSTA DIMENTICATA NELL'ARCHIVIO SEGRETO

Sono documenti inediti?

Sì, ma si tratta di lettere di semplici ringraziamenti, quantunque significative. Il senso delle missive è molto vario, ma sono soprattutto carte che assumono molta più rilevanza di quel che si crede. Sono tutte lettere del settembre-ottobre-dicembre del 1939. Ora, noti bene che in quel momento non pochi italiani chiedevano al papa in queste lettere di convocare Benito Mussolini in Vaticano per convincerlo che l'Italia non doveva entrare in guerra. Avevano visto lungo, queste persone.

Intende gente comune?

Sì, italiani cittadini comuni, tanto che qualcuno si firmò e qualche altro no. Ma comunque quelli che firmarono si dimostrano persone abbastanza comuni. Intendo professori di scuola, militari, privati, gente di tutti i generi. Sono molte lettere: centinaia di omaggi pervenuti come ringraziamento al discorso del papa. E diversi chiedevano al papa che facesse di tutto per scongiurare l'entrata in guerra dell'Italia. Richiesta notevole e profetica, perché siamo nell'agosto del 1939. Tra chi scrive spunta anche qualche mitomane, che propone piani per la pace personalissimi: gente con il cervello un poco debole. Altri propongono addirittura che il papa lasci il Vaticano e vada a stabilirsi in Polonia, in modo da fermare la guerra imminente con la sua autorità.

Perché doveva andare proprio in Polonia?

Perché in quel momento era il punto massimo della crisi e il Patto di non aggressione stipulato da Hitler con l'Unione Sovietica non consentiva certo di essere fiduciosi, prevedendo la spartizione della Polonia. Insomma, l'aspettativa verso la figura del papa in quel momento da tanti punti di vista fu notevolissima, e in queste lettere che giunsero al papa, e che lui personalmente ha letto, almeno in parte, ce ne sono alcune che chiedevano, appunto, di parlare, di alzare la sua voce. E siamo nel settembre del 1939, quando ancora non ha avuto inizio la catena di crimini orrendi contro l'umanità. Però la richiesta di una presa di posizione del papa, di un suo sforzo per fermare la guerra, questo è evidente in tutte le lettere che troviamo in quel faldone dimenticato. Ne leggo una che ho davanti, datata 18 settembre del 1939, scritta in francese: Dopo l'aggressione «... commessa contro la Polonia, il mondo intero attende una sua parola come se venisse da Dio».

È firmata?

È firmata solo da «Une femme de France». Una donna francese, molto saggia: è una lettera bella. E cito una seconda lettera, del 25 agosto del 1939. Questa è su carta intestata della «Torrefazione Caffè Unicum». Ora, il proprietario di questa torrefazione, un certo Arrigo Forti, si presentava al papa dicendo: «Vostra Santità dovrà scusare...» la forma dello scritto, e poi diceva: «Ieri sera...» – noti bene che è il 25 agosto e il discorso per la pace era stato diramato via radio il giorno prima, e lui l'aveva ascoltato. «Ieri sera, io e mia moglie, mentre i sette figliuoli lo facevano in altri siti, ascoltavamo in estasi, perplessi e commossi, le sante parole vostre, parole che nessuno al mondo meglio di voi sa esprimere degnamente» eccetera. «Nulla è perduto con la pace, tutto lo è con la guerra. Santissima verità, non solo per il rappresentante di Dio in terra, ma per inculcare anche ai malpensanti di qualsiasi religione. Chi vi scrive è un giudeo, per essere figlio di tali genitori ormai trapassati. Ma non è circonciso. Fu da suo padre iscritto nel registro civile. Sposo di una ariana cattolica. Fece battezzare tutti i suoi sette figliuoli. Fece consacrare il suo matrimonio nella parrocchia di Roiano, vicino a Trieste.» Poi aggiungeva, in terza persona: «Fu uno dei garibaldini dell'irredentismo triestino, visse sempre particolarmente lavorando, lavoro dinamicamente per quarantasette anni, e se Dio lo aiuta vuole morire lavorando. Colpito moralmente e politicamente, ma Vostra Santità converrà che la mia fede in Dio onnipossente e il mio amor patrio sono sacri. Tutti noi preghiamo che i voti di Vostra Santità risultino realtà» ecc. Sono lettere di questo genere, ma il papa ne ha ricevute tantissime altre in quel 1939.

Ma tutte queste testimonianze sono raccolte solo in questa busta così fortunatamente ritrovata?

No, ce ne sono altre, ad esempio nel fondo «Carte Pio XII», che raccoglie i resti dell'archivio personale di papa Pacelli: un fondo che conserva anche le minute dei suoi discorsi e che è stato inventariato dal dottor Coco. Tra questi documenti si trova anche un'altra lettera sempre del 1939, ma la data precisa non c'è. Rappresenta un caso molto strano; sembra sia stata scritta in dialetto yiddish, dialetto che parlavano gli ebrei tedeschi. L'autore è un ebreo, Abramo Rosenblum, che viveva a New York, a Brooklyn. E scriveva al papa rivolgendosi a lui senza premettere titoli o formalità di cortesia. Si rivolgeva semplicemente «allo stimato sig. Pacelli». Scriveva: «Essendo stato segretario del compianto papa Pio XI, voi sapete certamente che ho scritto a lui una lettera, comunicandogli che ho trovato nella Sacra Scrittura come si possa avere la pace». E aggiungeva: «... ma poiché voi non vi siete curati della mia intimazione, il mondo è stato trasformato in un ammazzatoio. Adesso, non reggendo più di vedere una tale catastrofe, vi scrivo una seconda volta, che voi mi ascoltiate». E poi proponeva un suo piano di salvezza dell'umanità attraverso le leggi di Mosè. Cosa fosse questo piano noi non sappiamo, però è una cosa singolare che provenga da un ebreo americano che scriveva in yiddish.

Ma è stata tradotta dagli archivisti vaticani?

Sì, e nelle nostre carte è solo sunteggiata. L'originale e il sunto sono stati redatti da qualcuno che capiva l'yiddish, ma anch'egli a volte si trovava in difficoltà nel rendere il testo esattamente. Cose curiose di questo genere.

Erano ringraziamenti in chiaroscuro. Nessuno, però, che criticasse apertamente i silenzi.

Veramente troviamo una lettera che fa pensare molto. Perché si tratta di un dattiloscritto senza firma, che non ha data (ma fu ricevuta il 19 settembre, forse 1939); non possiamo ipotizzare da chi provenisse, ma era molto dura, e sembra scritta da un anonimo critico verso gli atteggiamenti diplomatici di Pio XII. La lettera fu sottolineata in alcuni passaggi in blu e rosso da monsignor Montini molto probabilmente, cioè dalla Segreteria di Stato.

Che cosa indicano blu e rosso?

In rosso si sottolineano le cose meno importanti, in blu quelle più importanti. Era un anonimo scrivente, ma sembra far parte di un gruppo.

«COM'È POSSIBILE CHE IL PAPA SIA NEUTRALE?»

Quindi circa un mese dopo il famoso discorso papale.

Certo, e probabilmente quando la Polonia era già stata invasa. Allora, dice lo scrivente: «È mai possibile che la neutralità del capo del piccolissimo territorio di Città del Vaticano, obblighi al silenzio e alla neutralità il capo spirituale di milioni di fedeli?». Sembra accusare

Pio XII di non essersi subito pronunciato sull'invasione nazista della Polonia per difendere la neutralità del Vaticano. Il che era vero, in un certo modo; la Santa Sede voleva poter colloquiare con tutti. Ma la lettera continua, incalzante: «È mai possibile una neutralità tra gli assassini e le vittime? È ancora possibile tacere, sull'eroica sofferenza di milioni di cattolici polacchi e sui loro aggressori?». È molto dura, come lettera. «Tutti si resero conto che fino a quando almeno vi era speranza di far desistere l'aggressore, gli sforzi di Sua Santità in forma diplomatica e imparziale erano più che giustificati. Ma il delitto è stato compiuto, ora milioni di fedeli attendono dal loro Padre un atteggiamento meno diplomatico. Non si tratta di salvaguardare il territorio di Città del Vaticano e il rischio di un'infrazione alla neutralità. Si tratta di mostrare a migliaia di cattolici, a centinaia di milioni di cristiani che Cristo non può rimanere neutrale fra i perseguitati e gli oppressori, tra le vittime e gli assassini, tanto più quando le vittime appartengono a un popolo cattolico» ecc. «Pace onorevole per il bieco aggressore, persecutore dei cattolici, ricostruttore di miti pagani ed insieme per la sua vittima? Santità, è giunta l'ora per i rappresentanti di Cristo di prendere la sferza, di pronunziare le condanne, di elevare le scomuniche.»

E in effetti alcune delle persone che scrivevano a Pio XII per ringraziarlo del suo atteggiamento per la pace, aggiungevano una riflessione. In sostanza si domandavano: come mai Pio XI ha emanato un'enciclica contro il comunismo ateo e un'altra contro la Germania nazista, e Pio XII non prende nessuna sferza per scomunicare Hitler, che è l'anticristo, che è a capo di una religione pagana? Eravamo nell'agosto del 1939. Quindi il problema di una aperta condanna del sistema hitleriano per Pio XII poteva ingenerare spargimento di sangue nei popoli; siamo tornati al problema dei bilanciati silenzi.

La domanda che viene da farsi è questa, Eccellenza: da queste lettere, e anche da quello che è successo dopo, è doveroso chiedersi se la neutralità, l'imparzialità, l'equidistanza del Vaticano non siano state un alibi che ha coperto una certa pavidità, una certa ipocrisia perfino... E questo non poteva non portare anche ad accuse più gravi come quella di avere, di fatto, taciuto sulla Shoah, di non avere mai scomunicato o comunque preso una posizione ufficiale contro il regime nazista.

Questa è una riflessione innegabile e pesa. Abbiamo parlato del 1939, all'inizio della guerra. Ma poi ci si addentra nel 1940, '41, '42, la guerra, la Shoah e gli stermini che sono sempre più noti. E tanto più, poi, finita la guerra ed entrando nel dopoguerra il silenzio permaneva e per paradosso diventava più pesante e inspiegabile. Perché una condanna esplicita non c'è, una scomunica del nazionalsocialismo non fu emanata, e molti si chiedono il perché. Come nota anche il professor Riccardi, bisognerebbe conoscere meglio il mondo vaticano: anzitutto, scusanti, oggi, secondo la nostra visione, non ci sono. Però, il mondo vaticano era molto chiuso. Il papa era il papa, e anche i suoi cardinali erano sostanzialmente del suo parere: e cioè che la Santa Sede non dovesse intervenire pesantemente.

Difficile da capire e soprattutto da giustificare: oggi quanto ieri.

Capisco l'obiezione. La questione è che spesso si trattava di vittime cattoliche e purtroppo anche di persecutori e uccisori cattolici, perché molti tedeschi, nazisti, erano cattolici battezzati. Quindi alcune donne, soprattutto quelle che hanno un'acuta sensibilità femminile, persino una suora francese, facevano notare al papa: ma questi come fanno ad andare a messa, a fare la comunione, e una volta usciti dalla chiesa andare a sterminare le persone? Una condanna a mio avviso sarebbe stata necessaria, una voce alta ci voleva, però in quel momento sia i cardinali sia il papa ritennero più prudente tacere per avere la possibilità di agire nell'ombra. Volevano salvare il più possibile le persone, aiutarle. Non volevano prendere, soprattutto – è una mia opinione – una decisione grave che avrebbe potuto, almeno secondo Pio XII, esporre i cattolici a rappresaglie.

LA LETTERA DEL GESUITA LOTHAR KÖNIG DEL DICEMBRE 1942

È un'opinione confortata dalla lettera scoperta a metà del 2023 nel vostro Archivio da Giovanni Coco: quella del 14 dicembre 1942 nella quale il gesuita tedesco Lothar König si raccomandava di non tradire le sue rivelazioni sui lager. Ma la lettera di König conferma che Pio XII aveva le prove dello sterminio dal dicembre del 1942. E che scelse di non parlare perché temeva una rappresaglia contro la Chiesa. Non crede che questo sia un contributo decisivo a favore di chi ha criticato papa Pacelli per i suoi silenzi?

Il papa sapeva della persecuzione hitleriana anche contro gli ebrei già dal 1941: persone innocenti trattate con particolare crudeltà e violenza da genocidio. Ma sapeva anche, dallo stesso König, il gesuita che informava il Vaticano, che occorreva tenere il silenzio, proteggere le fonti delle notizie provenienti dall'interno della resistenza tedesca contro Hitler, pena la vita degli informatori e della stessa Chiesa tedesca che sarebbe stata coinvolta nella rappresaglia nazista. Senza pensare alle conseguenze possibili su milioni di polacchi che già vivevano sotto la tirannia nazista ed erano oggetto di persecuzione. Che poi questo fosse un motivo in più, come lei dice, contro i silenzi di papa Pacelli, io non lo posso affermare. A me pare piuttosto che contestualizzi meglio il dramma del silenzio scelto e vissuto da questo pontefice.

Come mai questa lettera è comparsa solo nel 2023, perché vi era sfuggita, come l'avete scoperta?

Non ci era sfuggita. Bisogna ricordare che i documenti delle Carte Pio XII vennero recuperati solo nel 2019. La prima cura di chi fu incaricato di inventariarle, Giovanni Coco, fu di rendere accessibili subito le minute dei discorsi per la loro rilevanza: lavoro che lo ha tenuto occupato per un anno. Poi è stata inventariata la documentazione successiva, arrivataci in uno stato deplorevole e in assoluto disordine. Paradossalmente, il disordine ha costretto il dottor Coco a fare un lavoro analitico lento e attento di ciascun documento, fino a individuare la lettera di König, così significativa.

È vero che Pio XII si sentiva personalmente minacciato dai nazisti? C'è la storia del pugnale della Hitler-Jugend consegnatogli da un nazista che gli avrebbe detto che lo aveva con sé per assassinarlo. Lo ha rivelato la sua governante, suor Pascalina Lenhert.

A me pare che si possa dire che il papa avvertisse questa minaccia, soprattutto di una possibile deportazione – come scrive il dottor Coco – e ne parlò anche con l'ambasciatore tedesco Weizsäcker; ma è vero pure che il papa rimase fermo al suo posto: «Io resto qui» affermò decisamente al diplomatico. Non mi pare la risposta di un uomo pavido.

Risulta da una testimonianza di suor Pascalina Lenhert, che era accanto a Pio XII, che a un certo punto il papa aveva preparato un articolo contro le deportazioni compiute dai nazisti. Poi, quando vide che in Olanda erano stati sterminati quarantamila ebrei perché i vescovi avevano protestato, avrebbe stracciato questo articolo. Secondo suor Pascalina lo avrebbe bruciato perché temeva che questa rappresaglia in Olanda potesse ripetersi, più grave, nel mondo cattolico tedesco. È una notizia riportata nel libro del professor Riccardi sulla «Guerra del silenzio».

Se il papa stesse scrivendo un testo non saprei, ma che lui avesse questo timore e che il caso dell'Olanda avesse su di lui pesato molto, questo è vero. Ma d'altra parte papa Pacelli conosceva il nazionalsocialismo, conosceva i tedeschi, la loro psicologia. Dunque, era quasi sicuro che, se avesse parlato autorevolmente contro o addirittura avesse proceduto alla scomunica del nazionalsocialismo, si sarebbe avuto un massacro di cattolici in Germania e nei territori conquistati dai tedeschi. Secondo me, questo fu uno dei gravi motivi per cui si è guardato bene dal parlare nel corso della guerra. Quel che riesce più difficile capire, come lei ha già notato, furono i silenzi dopo la guerra, perché ormai nel 1944 la guerra era già finita, e nel 1945, per fare un esempio, Pio XII ricevette persone che erano sopravvissute ai campi di sterminio, massacrate nei volti, persino misere nel vestire. Eppure Pio XII pronunciò anche allora discorsi pieni di umanità e di vicinanza, ma non nominò mai la Shoah.

E qual era la ragione di questa reticenza, secondo Lei?

Nel linguaggio diplomatico si soppesavano i termini; si correggevano fino alla fine le ultime parole del papa quando doveva pronunciare i suoi discorsi. Fu lui che scrisse il famoso radiomessaggio della vigilia di Natale del 1942 in cui usò poche parole contro le aggressioni (parlò di convivenza nell'ordine), mentre trattò a lungo della dignità umana. Anche in questo lungo testo (cui ha dedicato un fortunato saggio Giovanni Coco), l'attacco ai nazionalsocialisti non è apertamente espresso, ma si capisce benissimo che il papa parlava contro il nazismo: «Tossici di false ideologie» diceva. Però si espresse sempre con quel suo linguaggio velato. Malgrado che nel radiomessaggio apparisse chiaramente la sua condanna contro chi violava la libertà umana, chi uccideva, chi perseguitava, chi non teneva in alcun conto la stessa civiltà, chi brutalmente aggrediva.

Ma manca un riferimento chiaro agli ebrei nel radiomessaggio?

In modo esplicito manca. È vero che subito il papa affermava: «Il sacrificio della loro vita nel compimento del loro dovere è l'olocausto per un nuovo migliore ordine sociale». Ma certamente era una frase generica e il termine olocausto, che oggi potrebbe richiamare alla mente la Shoah, allora non aveva ancora quel significato. Gli ebrei però sono tacitamente compresi in quel che disse il papa subito dopo: «Questo voto l'umanità lo deve alle centinaia di migliaia di persone, le quali, senza veruna colpa propria, talora solo per ragione di nazionalità o di stirpe, sono destinate alla morte o a un progressivo deperimento». Era il modo di parlare di Pio XII. Di più era difficile chiedere.

Molti sostengono il contrario...

In quel contesto storico? Con un nazismo pronto ad annientare qualunque conato di resistenza, anche religiosa? Per giudicare bisogna considerare il periodo terribile nel quale Pio XII si trovò a operare.

IL PESO DEL SILENZIO DOPO LA GUERRA

Il senso di quello che lei sta dicendo, è che in fondo è più grave il silenzio mantenuto da Pio XII nel periodo postbellico che quello registrato durante la guerra?

Certamente è più difficile da spiegare. Perché durante la guerra c'era la reale paura della minaccia tedesca, e non tanto contro la persona del papa, perché lui era pronto anche a essere deportato, in questo senso aveva detto che qualora i tedeschi avessero fatto prigioniero il papa, prontamente egli avrebbe rinunciato al pontificato, sicché essi avrebbero arrestato il cardinale Pacelli.

Perché «il cardinale Pacelli e non certo il papa»?

Perché per lui il papa non poteva essere preso prigioniero e non poteva essere ostaggio di alcuno.

È quello che riferisce suor Pascalina Lenhert, la segretaria di Pio XII, la «Virgo potens», la vergine potente...

La Virgo del Sacro Palazzo, come veniva chiamata ironicamente...

Ma esisteva davvero secondo lei una minaccia vera nei confronti di Pio XII, un piano di Hitler per catturarlo? Dai documenti dell'Archivio Apostolico che cosa risulta?

È una questione ancora aperta se questa intenzione fosse vera o no. Tuttavia, dalla documentazione dei nostri Archivi appare chiaro che in Vaticano si temeva realmente questa minaccia. La possibilità, per chi conosceva Hitler e le sue vendette, il suo astio c'era, ma un piano vero e proprio... non so se fosse preparato precisamente. Che il papa avesse il sentore di un pericolo, questo è chiaro, perché la sua figura era esposta. Ma lui non temeva per sé. Dopo quello che era successo in Olanda temeva per i cattolici e per le popolazioni, perché i nazisti non guardavano in faccia a nessuno. Lo sterminio avveniva per interi Paesi, e quindi il papa aveva timore che con le sue parole potesse essere causa di un inasprimento della guerra.

Lei ha scritto due tomi molto importanti sui rapporti tra Giovanni Battista Montini, quando era sostituto alla Segreteria di Stato, e Pio XII. È una raccolta di tutte le loro udienze. E registra con perplessità il fatto che manca da questi appunti il periodo della guerra. La cosa è un po' sospetta. Come mai proprio quel periodo fa registrare un vuoto di informazioni? Come giudica questa lacuna?

È un problema che mi sono posto perché, mentre ci sono giunti questi foglietti delle udienze (che cominciano dall'anno 1945, anzi dal 5 luglio di quell'anno), molto precisi, e anche molto preziosi per quello che i due si dicevano, o meglio che il papa diceva a Montini e qualche volta anche Montini al papa, manca invece la parte del periodo della guerra. Montini anche allora collaborava con Pio XII, insieme con Domenico Tardini. Penso che Montini fosse un uomo sistematico, preciso, minuzioso; le sue carte le ordinava e le conservava molto bene. Il fatto che ci siano arrivati questi appunti e non altri, può far pensare che non li tenesse durante la guerra, o almeno con la regolarità e la sistematicità che avrà dopo. Bisogna anche tenere conto del fatto che fino all'agosto del 1944 era vivo il cardinale Luigi Maglione, Segretario di Stato. E se c'è il Segretario di Stato le udienze con il papa più rilevanti le registrava lui.

E dopo la morte del cardinale Maglione?

Il Segretario di Stato non fu sostituito. E allora assunsero più prestigio, più autorità, sia Montini che monsignor Tardini, che poi furono nominati pro-segretari di Stato. Mi pare fosse nel 1952.

I FOGLI PERDUTI DELLE UDIENZE NEL PERIODO BELLICO

Quindi mancano proprio i resoconti delle udienze del primo periodo del pontificato...

Mancano i foglietti dal 1939 al 1945. Le udienze di tabella, come si dice, ovvero d'ufficio, sia di Montini che di Tardini si svolgevano regolarmente; risulta che i due prelati andassero in udienza dal papa. Ci sono i fogli delle udienze, ma cosa si dicessero noi non lo sappiamo. Perché Tardini non teneva appunti, e quelli di Montini datano dal luglio 1945. Durante la guerra li teneva o no? Questa è una domanda senza risposta. Ho fatto ricerche per vedere se questi foglietti fossero andati persi, addirittura sono stato dal sostituto per aprire la cassaforte sua, che però contiene solo i documenti dei conclavi, non c'è nulla di nulla là dentro...

Il sostituto tiene una cassaforte coi documenti più riservati?

Soprattutto i risultati dei conclavi. Ma non sono le schede, quelle vengono bruciate. Rimangono i verbali. Ma non ho trovato tracce né lì, né nei fondi della Segreteria di Stato, sia nella prima sia nella seconda sezione. Ho anche scritto all'istituto Paolo VI di Brescia, al quale Paolo VI, tramite monsignor Macchi, ha lasciato le carte; cortesemente hanno fatto ricerche nel loro Archivio, ma non risulta nulla. Ho anche scritto ai Gesuiti della «Civiltà Cattolica», che avevano curato gli *Actes et documents* della guerra sotto Paolo VI. Ho pensato che magari potessero averli visti, ma la risposta è stata negativa.

Quindi o non li ha mai scritti...

... O sono andati perduti o sono stati distrutti, ma non credo certo da Montini. Potrebbero essere stati distrutti da altri, ma è un'ipotesi dell'irrealtà, perché sa, se si ragiona sul «se...».

Si stava parlando delle reazioni al fatto che Pio XII mantenne il silenzio sulla Shoah anche dopo la Seconda guerra mondiale. Aveva accennato all'articolo che aveva trovato in una rivista ebraica.

Sì, il papa ricevette un gruppo di ebrei nel dicembre del 1945, a guerra finita. Il nunzio in Italia, Borgongini Duca, scriveva che un padre cappuccino aveva portato a conoscenza l'articolo apparso su un «giornaletto ebraico». In realtà tanto giornaletto non era perché era «Israel», e si pubblicava a Firenze. Un giornale italiano legato alla comunità ebraica. Comunque, in questo articolo del 6 dicembre 1945 si commentava, con una certa asprezza di linguaggio, il «saggio riserbo che il Santo Padre mantiene nelle questioni di carattere puramente politico e territoriale».

Questo lo scriveva il giornale?

No, lo diceva Borgongini Duca riferendosi all'articolo «politico e territoriale riguardante gli ebrei credo mio dovere trasmettere a Vostra Eccellenza...». Abbiamo la trasmissione di questo foglio del giornale «Israel» che è in italiano, e probabilmente aveva anche un'edizione inglese, non lo so. Comunque, l'articolo parlava di una delegazione di reduci ebrei dei campi di sterminio ricevuta dal pontefice. C'era il resoconto dell'udienza, e c'erano le parole che il papa aveva rivolto loro. Poi, sotto l'articolo, in corsivo, alcune riflessioni del giornalista, o di chi ha redatto questo articolo; vi si diceva che molti dei profughi erano rimasti amareggiati, un po' scoraggiati, delusi. Perché, si annotava: «Sono andati dal pontefice con l'ingenua speranza di udire parole che non fossero solo di comprensione per la loro penosissima sorte, ma di conforto per le loro speranze, e in altre parole, che il pontefice non si limitasse a compiacersi per l'aiuto prestato nel momento delle persecuzioni, ma esprimesse la sua adesione alla soluzione definitiva del tragico problema ebraico. La quale non può non essere che la soluzione palestinese». Cioè i reduci ebrei si attendevano che il papa dicesse qualcosa di più sulla loro persecuzione e qualcosa di più sulla loro sorte futura. Teniamo conto che eravamo nel 1945. Lo Stato di Israele nascerà tre anni dopo, ma le trattative o le prospettive già si vedono. Qui il papa, però, a quanto consta, disse poco o nulla su questo, perché c'era il problema del nascente Stato d'Israele in un territorio, che era la Palestina, dove la Santa Sede aveva fatto sforzi immensi di denaro per aiutare proprio gli arabi cattolici palestinesi, perché era pur sempre primaria l'esigenza di proteggere i luoghi santi.

UN PEZZO DI GERMANIA AGLI EBREI SUPERSTITI

Quindi c'era un intreccio delicatissimo tra l'eredità spaventosa della Shoah e tutto il processo di costruzione dello Stato ebraico.

Sì, si trattava di un problema delicatissimo. Si pensi che quando fu proposto di trovare una terra per gli ebrei superstiti della Shoah, e per cercare di risarcire l'enorme patimento di questo popolo e trovare una terra dove potessero vivere liberi, qualcuno suggerì proprio che la Germania cedesse una parte dei suoi territori per costituire un nascente Stato ebraico. Poiché era stata la Germania a compiere quei crimini orrendi, era bene che li riparasse dando un territorio agli ebrei.

Fu una proposta fatta dallo Stato italiano o dal Vaticano?

No, il Vaticano questa pazzia non l'appoggiò mai e, in genere, non prese mai posizione su questo problema del territorio. Riparare il torto spettava o alla Germania, o alla libertà degli ebrei di scegliere un territorio che poi sarà Israele: territorio della Palestina che loro avranno gradualmente e che diventerà Stato nel '48.

Alcuni ulteriori aspetti da chiarire. È vero che il nazismo, nei confronti del Vaticano, aveva un atteggiamento misto di disprezzo e di irritazione? Disprezzo perché il nazismo si riteneva sicuro della vittoria, e quindi il Vaticano era solo un ingombro che prima o poi sarebbe stato normalizzato. E irritazione perché vedeva una resistenza, anche se sorda, anche se silen-

ziosa, da parte del papa e delle gerarchie vaticane cattoliche. È così?

È indubbio che sia i gerarchi nazisti, sia il sistema politico tedesco di Hitler non potessero tollerare il Vaticano e che ne parlassero con molto disprezzo: risulta da una serie di corrispondenze conservate nell'Archivio. Ed esistono tracce che volessero eliminarlo del tutto se avessero vinto la guerra. Il regime nazista si riteneva superiore in virtù di una teoria pagana che non stimava per nulla la tradizione cristiana, né tantomeno il clero. Irridevano il fatto che il papa vestiva di bianco, i vescovi di viola, i cardinali di rosso. A loro pareva un teatrino medievale. Nella Roma papale viveva gente poco colta e poco sviluppata agli occhi del grande Reich, il Terzo Reich, che invece guardava tutti dall'alto in basso. E di questo sì, si ha contezza.

Risulta dai documenti che avete?

Risulta, risulta. Diversi diplomatici parlano di questo disprezzo. E anche nella raccolta che hanno pubblicato i Gesuiti, qualche cosa di simile pure appare.

Chi era particolarmente ostile a Pio XII e alla Chiesa?

Senza dubbio Hitler, ma comunque anche i suoi... Goebbels, Himmler, questi personaggi che, pur essendo stati battezzati, ormai erano imbevuti di teorie naziste, quindi avevano perso, come si diceva qualche volta qui, il senso della vera croce. Ne seguivano un'altra: la svastica.

Un secondo aspetto: durante la guerra, è vero che il Vaticano era uno dei pochi Stati europei che non ebbe un blocco dei suoi asset esteri da parte degli Stati Uniti, cioè che ha potuto continuare a mandare e ricevere denaro dagli Stati Uniti? E che in quegli anni il Vaticano convertì gran parte del suo patrimonio in dollari? La domanda che viene da fare è: come sono stati i rapporti tra Stati Uniti e Vaticano durante la guerra?

Posso solo dire che da quel che ho letto e conosco, sia il rappresentante personale di Roosevelt, Myron Taylor, sia i presidenti americani, hanno sempre avuto rapporti molto cordiali con il papa. Pur non esistendo relazioni diplomatiche. Gli americani nutrivano una grande stima nei confronti del Vaticano e in particolare di Pio XII. Ai loro occhi il Vaticano non rappresentava soltanto un pezzo di territorio, ma tutta la storia della Chiesa cattolica. Sa, avendo loro una storia recente, gli americani tendono ad ammirare sempre chi ha una storia antica. E la Chiesa ha la storia più antica e più continuata di tutti, perché gli imperi, i regni, persino gli Stati assoluti sono tutti caduti, la Chiesa resta nei secoli, non per virtù propria, ma per le parole e l'assistenza di Cristo che la guida: *et portae inferi non praevalebunt*.

PERCHÉ SCOMUNICARE IL COMUNISMO E NON IL NAZISMO?

Tornando a Pio XII nel dopoguerra. È come se ci fosse stato uno scarto tra il silenzio, o comunque l'estre-

ma prudenza, fino alla reticenza, che Pio XII ha mantenuto sul nazismo, anche quando ormai era sconfitto, e invece un linguaggio molto esplicito e duro di condanna del comunismo. Questo non ha accentuato la sensazione che il papa non avesse assunto una posizione coraggiosa?

Sì, molti hanno notato che non ci fu altrettanta durezza, come ci fu per il comunismo, verso il nazismo, e vedo che lo stesso Andrea Riccardi lo ha rimarcato nel suo libro, perché il fenomeno impressiona. Anche perché, dopo tutto quello che si è saputo che avevano fatto i nazisti, una scomunica sarebbe stata «doverosa», se non durante, almeno a guerra finita. Sarebbe servita a poco, credo, e in fondo è servita a poco anche quella del comunismo, ma sarebbe stato un gesto di sconfessione totale di un regime barbaro che era anche pagano. I papi, sia Pio XI che Pio XII, hanno scritto che effettivamente il nazismo era un'aberrazione, però un atto ufficiale non c'è stato, mentre c'è stato contro il comunismo ateo.

Secondo lei perché? È stata la guerra a inibire la scomunica, o il fatto che ci fosse l'alleanza tra nazisti e fascismo italiano, mentre invece nel dopoguerra c'è stata la grande repressione nell'Europa dell'Est contro i cattolici? Oppure esisteva proprio una percezione diversa dei due pericoli, dei due fenomeni?

Nazismo e comunismo, Tardini lo dice bene e Montini un po' meno (perché era Tardini a trattare di più gli affari esteri), erano considerati due oscenità. Sia nazismo che comunismo erano due demoni indifendibili. Tardini lo scrisse: «Io non mi fido né dell'uno né dell'altro, dobbiamo condannare l'uno e l'altro». L'hanno fatto a parole, tante volte, sia contro il nazismo sia contro il comunismo; che poi non ci fosse alcun documento ufficiale mentre dopo si giunse alla scomunica dei comunisti, questo rimane per me un mistero. È un tema che penso già si ponessero in Vaticano da tempo: si discuteva della disparità di comportamento e di approcci ufficiali tra nazismo e comunismo. Però, dopo la guerra il problema era il comunismo, ormai.

Si riferisce in particolare alle persecuzioni in Europa dell'Est?

Certamente quelle. Ma anche come dottrina formalmente atea, quella comunista doveva essere condannata per forza, com'era stata condannata la massoneria in più encicliche. Sono tutti sistemi di pensiero, di azione, di comportamenti, incompatibili con il cristianesimo.

Ritiene che la lentezza ormai vistosa del processo di beatificazione di Pio XII nasca dal problema dei silenzi sulla Shoah? Perché sembra che si sia fermato circa nel 2009, dopo che è stato dichiarato «servo di Dio»... E non si capisce se andrà avanti o no.

Penso che la questione dei silenzi sullo sterminio degli ebrei abbia potuto influire per rallentare il processo. Dal loro punto di vista, gli ebrei hanno ritenuto che non si potesse procedere su questa strada: anche se la beatificazione riguarda il mondo cattolico, il papa e la Santa Sede.

Soltanto? Non teme che queste sue parole possano essere interpretate male? Anche perché un freno sembra averlo messo la stessa Santa Sede.

Capisco l'obiezione e cerco di spiegarmi meglio. La decisione finale spetta alla Chiesa, e non potrebbe essere diversamente. Ma la prudenza che si sta dimostrando conferma la consapevolezza e la volontà di rispettare sensibilità, dubbi e critiche presenti non solo tra i cattolici ma nel mondo ebraico e, più in generale, nei settori più attenti alla storia e alla Shoah dell'opinione pubblica mondiale. Alla fine, si dovrà decidere soprattutto in base a quanto emergerà dagli archivi, come ho fatto presente più volte anche qui in Vaticano.

UN PROCESSO DI BEATIFICAZIONE SENZA CONSULTARE L'ARCHIVIO SEGRETO

Ma l'Archivio Segreto, oggi Apostolico, è l'istituzione alla quale ci si dovrebbe rivolgere per avere un parere rispetto ai processi di beatificazione. Quando il processo di beatificazione ebbe inizio, l'Archivio venne consultato?

Che io sappia, e dai documenti della prefettura, mai consultato.

E se avessero chiesto a Lei?

Se mi fosse stato chiesto, avrei detto che prima di cominciare il processo (ma ormai era cominciato), avremmo dovuto aspettare l'apertura degli Archivi: questa è stata sempre la mia posizione. Invece i padri Peter Gumpel e Paolo Molinari, i due gesuiti che hanno iniziato questo processo di beatificazione, lo hanno fatto solo sulla base dei documenti raccolti dai Gesuiti degli *Actes et documents*, ai quali hanno aggiunto i discorsi, i documenti pontifici pubblicati e le testimonianze di chi aveva conosciuto o accostato il papa. Hanno chiamato a deporre diversi cardinali e collaboratori di Pio XII. Si sono basati solo su questo per impostare la procedura. In effetti, quando è stato chiesto qualche volta il parere a me e all'allora monsignor Walter Brandmüller, poi diventato cardinale, tutti e due eravamo dell'opinione di aspettare l'apertura degli Archivi, perché gli scritti devono pesare moltissimo sulle vicende di un Servo di Dio, non si può prescindere dagli Archivi. Mentre la postulazione dei Gesuiti voleva prescinderne.

Il processo di beatificazione è quindi realizzato senza una completa indagine negli Archivi...

Qui in Archivio Apostolico non misero mai piede né padre Gumpel né padre Molinari, confidando solo nei documenti pubblicati negli *Actes et documents*...

Ma è sorprendente, non crede? Così non è stato possibile approfondire alcuni punti critici. Ad esempio, nei suoi rapporti l'ambasciatore tedesco diceva che Pio XII non appariva affatto antitedesco. Era così? E perché? Temeva che i nazisti volessero sequestrarlo?

Pio XII non era antitedesco ma antinazista. Capisco che con l'ottica di oggi una distinzione di questo tipo possa apparire ambigua, visto il consenso che il regime nazista aveva in quegli anni in Germania. Ma per la sua formazione amava la Germania, la musica tedesca, la serietà del popolo tedesco. E amava anche, prima che andasse al potere Hitler, la cultura tedesca. Perché si trovano a iosa figure belle nella letteratura, nella poesia, nell'arte, nella musica tedesca. Pio XII aveva un debole per la cultura germanica, e avrebbe voluto che in quella terra non si verificasse lo scempio coinciso con l'ascesa di Hitler.

Vuole dire che forse la parola «silenzio» è un po' troppo semplice per descrivere l'atteggiamento di Pio XII? Perché il silenzio è qualcosa di molto chiaro e assoluto, però, in realtà, sembra nascondere una personalità estremamente complessa; e anche una situazione estremamente complessa. Quindi, possiamo articolare meglio questo silenzio, e spiegare se risponde a un fatto caratteriale, di contesto storico e politico, e anche di situazione vaticana. In Vaticano in quegli anni c'era più preoccupazione per il nazismo o per il comunismo che aveva conquistato già l'Unione Sovietica?

Secondo il diario del cardinale Tardini, tutte e due le cose. Naturalmente, invece, dal punto di vista del papa il problema della guerra era prevalente. «L'immane tragedia», la definì. E nutriva ancora veramente la speranza di essere ascoltato da qualcuno dei potenti. Invece poi Hitler andò per la sua strada... Ma quello che lei dice è vero: il silenzio... siamo obbligati a usare questa parola perché non ha parlato, è stato in silenzio. Caratterialmente no, non era un uomo che stesse zitto per codardia; questo Pacelli no. Anzi, qualche volta era più coraggioso dei suoi cardinali, assai reticenti. Che poi ci fossero condizionamenti, questo sì: un mondo vaticano particolare e tale da condizionare tantissimo il papa; il contesto internazionale che pesava su di lui, soprattutto tedesco. I suoi silenzi sono qualche cosa di più complesso del solo non parlare. E lui di questo aveva coscienza.

Conobbe i gerarchi nazisti personalmente? Ricevette Hitler?

No, Hitler no, ma conobbe alcuni gerarchi nazisti. Se non erro, conobbe von Papen e Göring nel 1933.

Non incontrò mai Hitler neanche quando venne a Roma?

Quando venne a Roma certamente no. In quel momento c'era ancora Pio XI, che andò a Castel Gandolfo per non assistere al passaggio trionfale del Führer.

Questo è già significativo.

Quanto a Pio XII, non vide Hitler, né da nunzio né da papa. E quando Hitler si affacciò sulla scena politica, il nunzio Pacelli mandò qualche rapporto in Vaticano nel quale raccomandava di stare molto attenti a questo personaggio, e di diffidarne.

Da quanto lei dice, non ritiene giusta l'accusa di chi ha detto che Pio XII è stato un vile o addirittura un complice oggettivo del nazismo?

No, la ritengo ingiusta. Certo, tutto è opinabile, quando si dice, «siccome sei stato zitto, sei complice»; mi pare si faccia un salto logico che non mi convince, è quasi irrazionale. Complice no. Certamente i silenzi ci sono stati e pesano: più avanza la storia più peseranno, perché ci si rende conto che una parola in più, soprattutto all'inizio della guerra, con l'invasione della Polonia, avrebbe potuto dirla. Ma lui conosceva i tedeschi, sapeva benissimo cosa poteva succedere...

«Quei» tedeschi soprattutto.

«Quei» tedeschi. E la sua psicologia, il suo modo di comportarsi, fecero in modo che nessuno poté convincerlo a parlare apertamente e dire quello che davvero pensava.

Qualcuno ci provò, almeno?

Penso di sì, e poi le lettere di cui abbiamo parlato le leggeva. Arrivavano richieste di persone che dicevano «il papa parli, dica»; i giornali scrivevano, quindi lui era cosciente, ma nessuno riuscì a convincerlo a prendere una posizione netta in senso diverso. Perché il timore era quello del disastro, di essere poi incolpato di aver causato lui le rappresaglie naziste.

Analizzando per anni questa mole di documenti ha mai avuto la sensazione che Pio XII sia stato anche espressione di una reticenza generalizzata non solo del Vaticano, ma anche di altre nazioni, sullo sterminio di massa degli ebrei? Ad esempio, quando fu messa in scena la famosa commedia Il Vicario *che additava le responsabilità papali, Andreotti osservò che forse l'accusa di antisemitismo a Pio XII era la manovra di un'Unione Sovietica che lo odiava e lo considerava un agente degli americani, per sviare l'attenzione dall'antisemitismo sovietico.*

Quello che posso dire è che nel mondo vaticano c'era una non so quanto grande, ma nutrita presenza di prelati che non voleva si parlasse. «Il papa ha detto anche troppo!» protestavano dopo il discorso del Natale del 1942. Ma Pio XII non si faceva influenzare da questi ambienti. La sua convinzione era personale, e maturata in base alla sua esperienza in Germania. Di certo influiva il fatto di provenire dalle file della diplomazia. Pesava le parole, sempre, limava, correggeva. Sapeva quanto peso avessero le parole di un papa. E dunque stava attento a quello che diceva. E quella formazione, sì, ha pesato. Fosse stato un papa «pastorale», un vescovo residente... allora forse avrebbe avuto un'altra sensibilità. Lui veniva dal mondo diplomatico, era abituato a regolare tutto, a calcolare bene tutto, a pensare molto, soprattutto le conseguenze di ciò che si diceva. Basti pensare che, quando i Rosminiani della diocesi di Rovereto, compresa nella diocesi di Trento, gli chiesero un messaggio per celebrare nel 1955 il primo Centenario della morte del grande Antonio Rosmini, il filosofo, Pio XII rifiutò. Eppure, il vescovo locale e il superiore generale dei Rosminiani, che è una grande Congregazione, chiedevano con una certa insistenza un documento pontificio per celebrare la ricorrenza. Non servì a nulla. Il vescovo tornò a domandare se convenisse o no che il papa mandasse almeno una lettera, un discorso, anche solo un messaggio commemorativo, perché Rosmini era Rosmini. Il papa si rifiutò, sostenendo: «Se io parlo devo dire quello che so, e sarebbe forse offensivo di alcuno».

Perché questo atteggiamento di chiusura verso Rosmini da parte di Pio XII?

Perché il papa sapeva che il saggio *Le cinque piaghe della Santa Chiesa* di Rosmini era stato condannato dal Sant'Ufficio. Quindi Rosmini era un sacerdote, grande quanto si vuole, ma caduto sotto le censure ecclesiastiche. Allora, se avesse dovuto scrivere una lettera, il papa non avrebbe potuto tacere quel fatto negativo: sarebbe stato negativo anche per la memoria di Rosmini. Meglio non dire nulla, e così fece.

Perché il Sant'Ufficio aveva censurato Rosmini?

Perché nell'opera *Le cinque piaghe della Santa Chiesa* (Lugano 1848) Rosmini attaccava l'ignoranza del clero, la disunione dei vescovi, la divisione fra clero e fedeli, la nomina dei vescovi con ingerenza del potere laicale, e allora questo libro era caduto in disgrazia. Formalmente non si poteva leggere, era tra i libri proibiti (1849). Mentre invece in sostanza Rosmini diceva delle verità che oggi sono lapalissiane. Ma allora... Allora un papa così scrupoloso, attento alle procedure come Pacelli, si poneva il problema: può il papa pubblicare una lettera tutta elogiativa, encomiastica, per una persona che è stata censurata dal Sant'Ufficio? Chiaro che no. Allora Pacelli preferì non dire nulla.

Capitolo XI
Il triangolo asiatico

UNA NAVE DA GUERRA USA PER SALVARE L'ARCHIVIO VATICANO DA MAO

Abbiamo parlato della Seconda guerra mondiale come spartiacque nei rapporti tra Vaticano e Stati Uniti. In nome dell'anticomunismo e della ricostruzione dell'Occidente dopo il conflitto. Con un ruolo decisivo di Pio XII e, prima di Roosevelt, poi di Truman. Lei accennava al ruolo del cardinale Spellman anche in Asia. Come lo esercitò?

Soprattutto mi rifaccio qui al frutto delle analisi e delle ricerche di uno dei nostri migliori archivisti, Giovanni Coco. Esiste un suo saggio sull'inizio di questa collaborazione, che va dal 1937 al 1948. Durante la Seconda guerra mondiale Spellman, che era anche ordinario militare, cioè il vescovo dell'esercito statunitense, era andato in Cina, a Chunking, a portare gli aiuti del governo e dei cattolici americani nella guerra contro il Giappone. E quando nel giugno 1948 Spellman tornò in Cina con altri vescovi americani, Chiang Kai-shek, «il generalissimo» nemico dei comunisti, lo ricevette con tutti gli onori. Ma Spellman fu anche il primo a rimettere piede in Giappone nel 1945, quando la Conferenza episcopale americana programmò alcune missioni di studio per riconciliare Stati Uniti e Giappone dopo le bombe atomiche. E naturalmente ci andò con la benedizione del Comando supremo delle forze armate, e lo sguardo interessato di Pio XII. Questo dice che, per avere un qualche successo, come ha rilevato Coco, «l'azione della Chiesa doveva passare necessariamente attraverso il cattolicesimo americano».

Ma le relazioni della Santa Sede con alcuni Paesi asiatici erano cominciate già prima. Che cosa racconta l'Archivio Vaticano su questo? Come si è sviluppata e concretizzata in Asia questa «nuova alleanza» tra Vaticano e Stati Uniti?

Le cito un caso poco noto ma molto significativo. Lei sa chi portò in salvo l'archivio della nunziatura apostolica in Cina? Una nave statunitense. Nel dicembre 1948 una nave della Marina militare degli Stati Uniti, salpata da Nanchino, trasportava un carico speciale: otto casse in legno con impressa la scritta «Property of Vatican Legation, Nanking, China». Erano casse di robuste dimensioni che complessivamente, si legge nei documenti d'archivio, pesavano 4400 libbre. Al loro interno era stato raccolto l'archivio che l'internunzio Antonio Riberi, temendo l'irruzione delle truppe del governo comunista di Pechino, aveva voluto mettere in salvo trasferendolo in custodia presso l'arcidiocesi di San Francisco. La nave, il cui nome nei documenti è taciuto, forse per motivi di sicurezza, arrivò a San Francisco a metà febbraio del 1949, e il carico venne preso in consegna da monsignor John Joseph Mitty, arcivescovo di San Francisco.

È un episodio poco noto. Perché, secondo Lei, dimostra un cambio di atteggiamento tra Santa Sede e Stati Uniti?

Perché nel passato, quando si era presentata la necessità di prestare soccorso al personale diplomatico della Sede Apostolica o di prendere in carico gli archivi delle sue rappresentanze, era prassi ricorrere ai buoni uffici delle tradizionali potenze cattoliche: Francia, Spagna e Austria o, in tempi più recenti, si era accolto l'aiuto offerto dall'Italia o dalla Germania. Questa volta, invece, era toccato agli Stati Uniti, Paese «protestante», l'onore di rispondere alla domanda di aiuto proveniente dal Vaticano. Un'immagine che spiega molto bene il senso della collaborazione inaugurata tra Santa Sede e Stati Uniti nel quadrante dell'Estremo Oriente, dove – soprattutto dopo la fine della Seconda guerra mondiale – la Chiesa cattolica e il governo di Washington venivano guardati come le uniche due «potenze occidentali» rimaste sul campo, entrambe dotate di una presenza.

Lei ha parlato dell'archivio della nunziatura. Ma ora dove si trova? E ci sono anche altre carte vaticane sull'Estremo Oriente?

I documenti messi in salvo da Riberi e quelli dei suoi successori ora sono depositati nell'Archivio Apostolico Vaticano, costituiscono il fondo della «Nunziatura apostolica in Cina» e, come tutti i documenti degli archivi del Vaticano, sono consultabili fino all'ottobre 1958. Nel caso specifico, significa che sono a disposizione degli studiosi più di trecento buste di materiale archivistico, dal 1922 al 1958. E certamente, ci sono anche altri dicasteri che possiedono documenti sulla Cina e il Giappone. In primo luogo, il Dicastero per l'Evangelizzazione dei Popoli, una volta noto come «Propaganda Fide», che possiede documenti sulla Cina sin dal XVII secolo. Ma anche nel nostro Archivio ci sono carte così antiche e anche di più, risalenti al Medioevo.

Ma per l'epoca più moderna gli archivi dicono qualcosa su quando nacque l'interesse del Vaticano per l'Estremo Oriente?

In questo caso è indicativo l'Archivio storico della Segreteria di Stato, sezione Rapporti con gli Stati, detta anche la «Seconda sezione», che tradizionalmente segue la «politica estera» della Santa Sede, e annovera tra le sue serie quella chiamata «Africa-Asia-Oceania». Come ha notato Coco nel suo saggio, questa serie era stata pensata all'inizio del Novecento per raccogliere documenti di ogni tipo su quei tre continenti. In verità, già alla fine dell'Ottocento si capì che andava creata una rubrica separata su Cina e Giappone, che copriva un periodo compreso tra il 1882 e il 1904. Ma non fu possibile: fallirono sia i contatti diplomatici con la Cina, il cosiddetto Celeste Impero, sia con il Giappone della dinastia Meiji. Fu tutto rinviato fino al termine della Prima guerra mondiale, quando furono insediate delegazioni apostoliche a Tokyo nel 1919 e a Pechino nel 1922. Fu una svolta per la diplomazia della Santa Sede. A partire da quegli anni, la serie «Cina-Giappone» avrebbe raccolto la corrispondenza tra quelle rappresentanze pontificie e la Segreteria di Stato, una documentazione inerente anche le regioni della Corea, della Mongolia e dell'Indocina.

È significativo che Cina e Giappone apparissero in una stessa serie, quasi fossero realtà simili. Con gli occhi di oggi la situazione è diversissima.

Negli anni successivi al 1945 l'ordine della documentazione sarebbe stato modificato, dando origine a nuove rubriche nazionali: «Cina», «Giappone», «Corea», «Indocina». Ma nel periodo che va dal 1937 al '45 questi Paesi erano accomunati soprattutto dai conflitti che caratterizzarono i loro rapporti, dall'invasione nipponica della Cina e dalle convulsioni che quegli anni portarono con sé, e dalla difficoltà vaticana di farsi riconoscere in entrambi i Paesi. L'Archivio Apostolico Vaticano raccoglie una documentazione che spazia dalle questioni religiose a quelle più strettamente politiche o diplomatiche. L'Archivio della Segreteria di Stato, relativo al pontificato di Pio XII, è stato consegnato all'Archivio Apostolico tra il 1969 e il 1972, in apparenza per intero, e ne è stato fatto l'inventario tra il 2007 e il 2016. Il panorama degli archivi delle rappresentanze pontificie, tra le quali assumono un particolare interesse quelli della Cina, del Giappone e della Corea, invece, è più frammentato. L'archivio della delegazione apostolica in Cina, in particolare, ha risentito delle vicende che hanno segnato la storia cinese nella prima metà del XX secolo. Quando nel 1937 prese le mosse la Seconda guerra sino-giapponese, l'allora delegato apostolico, Mario Zanin, si trovava a Nanchino, capitale della Repubblica cinese, mentre a Pechino, sede ufficiale della delegazione, era rimasto il segretario, Giuseppe Commisso. Salvo alcuni brevi periodi, a Zanin non fu possibile risiedere né a Pechino, occupata dalle truppe giapponesi, né a Nanchino, trasformatasi nella capitale del regime collaborazionista di Wang Jingwei. Il delegato fu costretto a operare nei territori della Cina «libera», controllata dal Kuomintang. E riuscì a rientrare a Pechino solo nel 1940.

VATICANO-USA: UN'ALLEANZA OCCIDENTALE

E dove si stabilì durante il conflitto mondiale?

Rimase a Pechino, dove la rappresentanza della Santa Sede fu promossa a un livello diplomatico più alto. Il ritorno a Nanchino avvenne solo nel 1945 con il nuovo segretario, Martin Gilligan. Ma, oltre che disperso, l'archivio cominciava a correre pericoli per l'avanzata delle truppe comuniste di Mao Zedong. Era un esercito espressione di un governo che non riconosceva personalità giuridica alla sede diplomatica vaticana. Per questo fu deciso il trasporto a San Francisco. Ma il resto della documentazione rimase con Antonio Riberi (succeduto a Zanin nel 1946) e lo seguì a Hong Kong e alla fine a Taipei, capitale di Taiwan, sotto la protezione del Kuomintang, nel 1952. Gli archivi mandati a San Francisco e quelli a Taipei sono stati consegnati soltanto nel 1966 all'Archivio Apostolico Vaticano, e ricostruiti tra il 2013 e il 2019.

Che cosa legava Usa e Vaticano in Asia?

Le relazioni tra Vaticano, Usa e Paesi dell'Estremo Oriente rappresentano un terreno di ricerca poco battuto. Ma nei nostri Archivi la documentazione e le analisi sono abbondanti. Intanto, come si è già detto, Santa Sede e Stati Uniti erano le due uniche «potenze occidentali» rimaste sul posto durante la guerra. Minoritarie, ma influenti. Dovevano lavorare entrambe in Paesi con culture estranee alle loro, e non sempre erano bene accolte. Oltretutto, anche tra loro esistevano interessi e obiettivi divergenti, si rischiavano sempre interferenze. Da Washington avevano seguito con apparente distacco il tentativo dei governi di Tokyo e di Nanchino di stringere relazioni diplomatiche con la Santa Sede nel 1936. Ma dal 1937, con l'aggressione giapponese alla Cina, emerse un espansionismo nipponico che portò gli Stati Uniti a preferire Nanchino. E fu in quell'occasione, ricorda Coco, che «la diplomazia di Washington ebbe modo di sperimentare quale ruolo avrebbe potuto avere la Chiesa cattolica...».

Che cosa lo fece capire a Washington?

L'attivismo di un gesuita francese, Robert Jacquinot, che nel 1937 riuscì a farsi concedere dalle truppe giapponesi un'area franca a Shanghai, dove faceva il missionario, un luogo dove faceva riparare la popolazione cinese che scappava per non essere uccisa: una sorta di «corridoio umanitario» *ante litteram*.

Ma non esistevano anche missioni protestanti in Cina?

È proprio questo il tema. Jacquinot aveva ottenuto risultati laddove i missionari protestanti, sia americani che britannici, avevano fallito. Per di più, quei «corridoi umanitari» furono estesi ad altre zone della Cina. E questo non poteva non avere ricadute politiche.

Un campione della diplomazia informale, questo gesuita.

Forse, ma a malapena tollerato. Il delegato apostolico a Nanchino, Mario Zanin, parlava e scriveva malissimo di Jacquinot. Nelle carte della Segreteria di Stato lo definiva un «uomo incontrollabile, politicante, sempre a contatto con diplomatici e personalità delle legazioni a Shanghai». Eppure, certamente si fece conoscere, diventò popolare. Riuscì a strappare un visto per andare in Giappone, e perfino negli Stati Uniti, dove fu ricevuto da Roosevelt. D'altronde erano anni che gli Stati Uniti cercavano di penetrare sia politicamente, sia culturalmente in Paesi non cristiani come quelli asiatici. Le missioni protestanti erano molto attive.

Ma non altrettanto efficaci di quelle cattoliche, sembra di capire.

Così sembra, sebbene gli Stati Uniti potessero contare sull'impegno e sugli investimenti di un magnate americano di quell'epoca: il repubblicano Henry Luce, editore dei settimanali «Time» e «Life».

Intende Henry Luce, il futuro marito dell'ambasciatrice in Italia Clare?

Proprio lui. Era interessato alla Cina perché era nato là da una famiglia di missionari presbiteriani. Ma il caso Jacquinot spostò l'attenzione della Casa Bianca dalle comunità protestanti presenti in Asia ad alcune Congregazioni cattoliche come quella dei Missionari di Maryknoll. La definizione esatta era *Catholic Foreign Mission Society of America,* ma per tutti era la «Società di Maryknoll», dal nome della cittadina vicino New York dove si trovava la casa madre. Era un'associazione giovane, nata nel 1911, ma molto attiva. Fin dall'inizio aveva rivolto il suo apostolato all'Estremo Oriente. Uno dei fondatori, padre Thomas Fredrick Price, andò per primo a Hong Kong, dove morì nel 1919. In due decenni aveva messo radici in Cina, Giappone, Corea, Manciuria. Ed era anche una preziosa fonte di informazioni. Fu un suo esponente, il vescovo James Edward Walsh, a consegnare nel 1941 a Roosevelt un memorandum sulla politica estera del Giappone.

Quindi si trattava in prevalenza più di diplomazia informale e affidata a singole associazioni, che non di un coinvolgimento del Vaticano in quanto tale.

In realtà erano due canali che si muovevano in parallelo. Gli Stati Uniti e la stessa Cina cominciavano a vedere la possibilità di utilizzare la Santa Sede come potenziale canale di mediazione in alcune situazioni particolarmente intricate. Nell'ottobre del 1939 il diplomatico cinese Hsu Dau-lin, incaricato d'affari del governo di Chunking in Italia, si rivolse a Celso Costantini, il primo delegato apostolico in Cina, per suggerire che la Santa Sede sondasse la disponibilità degli Stati Uniti a intraprendere una mediazione di pace tra Cina e Giappone, mentre il pontefice avrebbe dovuto «fiancheggiarla con influenze morali».

UNA DIFFICILE MEDIAZIONE TRA CINA E GIAPPONE

E la Santa Sede si mosse?

Sì, ma senza successo. La proposta fu sottoposta dal cardinale Pietro Fumasoni Biondi a Pio XII. Il pontefice accolse volentieri la richiesta e fece saggiare le intenzioni del presidente Roosevelt che, a sua volta, si disse disponibile a esercitare una mediazione ma senza prenderne l'iniziativa, lasciando intendere che non avrebbe avviato un negoziato destinato a un sicuro insuccesso. Si scontrò infatti col rifiuto del Giappone a trattare con la Cina: il governo di Tokyo riteneva che quell'iniziativa fosse solo uno stratagemma per ritardare la vittoria nipponica.

Un buco nell'acqua, in questo caso...

Ma non del tutto. Perché, se anche la mediazione di Roosevelt non era andata a buon fine, l'episodio servì a Washington per capire quali fossero gli orientamenti della Chiesa cattolica. Di nuovo, entrava in gioco l'anticomunismo vaticano. Il timore era che si saldasse con quello del Giappone, che cercava di presentare l'invasione della Cina come una crociata antibolscevica.

E non lo era?

Di certo non era la ragione principale di una guerra di conquista, simmetrica a quella di Hitler in Europa. Anche se invece si cominciarono ad accreditare notizie su un presunto appoggio di Pio XI al Giappone fin dall'inizio della guerra con la Cina, nel 1937. Non erano notizie vere, ma negli Stati Uniti rimbalzarono e fecero rumore, perché i sentimenti dell'opinione pubblica americana erano già ostili al Giappone. La Santa Sede smentì quelle voci, ma non bastò né a fermarle, né a evitare che prendessero piede nell'Amministrazione statunitense.

Evidentemente erano qualcosa di più che illazioni...

Erano illazioni figlie di un'abile campagna di disinformazione da parte giapponese. Poi, a dicembre del 1937, Paul Yu Pin, vescovo di Nanchino, fece un viaggio negli Stati Uniti. Cicognani, il delegato apostolico a Washington, spiegò che Yu Pin andava in America «per compiere missione di carità, ma non escluso anche il movente politico di far apprezzare il punto di vista cinese»: tanto più che si presentava come l'inviato personale di Chiang Kai-shek. Dalla ricostruzione che ne ha fatto Giovanni Coco, si vede chiaramente che il viaggio assunse presto «un carattere più politico che caritativo». Come conseguenza, le accuse si rovesciarono: furono le potenze dell'Asse ad accusare il Vaticano di favorire la Cina contro il Giappone.

E la Santa Sede si ritrovò di nuovo tra i due fuochi del conflitto tra Cina e Giappone, con gli Stati Uniti spettatori interessati e ingombranti. È così?

È così; con un elemento in più di imbarazzo, perché la Segreteria di Stato disse a Yu Pin di «non coinvolgere in nessun modo la Santa Sede nel conflitto sino-giapponese». Gli fu anche chiesto di tornare il prima possibile a Nanchino. Ma il Vaticano dimostrò di non riuscire a controllare le iniziative e gli spostamenti del suo vescovo, che decise di non tornare a Nanchino, sostenendo di essere stato autorizzato dal suo governo a restare negli Stati Uniti. Si sentiva a tutti gli effetti non un vescovo legato a Roma e alla Santa Sede, ma lo «special envoy of the Chinese National Government Relief Commission». Il suo richiamo, ha scritto Coco esaminando i documenti d'archivio, «sarebbe apparso al governo di Chunking come una sconfessione della Cina da parte del Vaticano». La missione Yu Pin aveva ormai rivelato un carattere marcatamente «patriottico» e sfuggiva in larga parte anche al controllo della Santa Sede, in visibile affanno soprattutto in Estremo Oriente nel porre freno agli eccessi nazionalistici dei cattolici che, spesso tacciati di essere dei «rinnegati», si adoperavano in ogni modo per apparire più «patrioti» dei loro connazionali non cattolici.

Questo risulta dal vostro Archivio?

Sì, le carte sono conservate nell'Archivio Apostolico Vaticano, tra i documenti della delegazione apostolica negli Stati Uniti.

E come si risolse questa guerra diplomatica sotterranea?

Andò avanti ancora per qualche anno, perché nello stesso periodo anche in Giappone accadeva lo stesso. Il sacerdote Paul Taguchi, destinato poi a divenire cardinale molti anni dopo, sotto Paolo VI, faceva di tutto per accreditare il patriottismo dei cattolici del suo Paese presso il governo di Tokyo. Fu in questo contesto politicamente molto equivoco che la Santa Sede si trovò a gestire la spinosa questione della regolarizzazione delle relazioni diplomatiche con la Cina e con il Giappone. Il governo di Tokyo cercava anche una legittimazione da parte della Santa Sede e aveva l'impressione di godere di un maggiore ascendente in Vaticano. Quindi si affrettò a trarne un vantaggio. Nell'aprile 1941, mentre si trovava in Europa per perfezionare gli accordi dell'Asse, il ministro degli Esteri giapponese Matsuoka si recò in Vaticano, dove ebbe un lungo colloquio con il cardinale Maglione.

In piena Seconda guerra mondiale, e pochi mesi prima del bombardamento senza preavviso della flotta statunitense a Pearl Harbour, la Roma papale sembrava schierata con i giapponesi?

Era quanto cercava di far credere e di ottenere il governo di Tokyo, anche per premere sugli Stati Uniti. In realtà, come ha ricostruito ancora il dottor Coco, «la posizione filocinese degli Stati Uniti non solo era ben delineata ma era destinata a rinforzarsi dopo Pearl Harbor, nel dicembre del 1941». E il governo di Washington tentò di impedire che la Santa Sede ricevesse un ambasciatore giapponese. Lo vedeva come un gesto che avrebbe confermato quel «rapporto speciale» accreditato dai servizi segreti giapponesi e fascisti.

Eppure, l'impressione era proprio questa.

No, era quella che volevano dare a Tokyo. Ma Pio XII si guardò bene dall'avallarla. La sua strategia era di mostrarsi equidistante tra Cina e Giappone: tanto che informò il governo di Mussolini che dopo avere accolto i diplomatici giapponesi, avrebbe fatto lo stesso con un eventuale emissario cinese del Kuomintang. Ed è quello che accadde nel marzo del 1942, quando fu chiesto alla Santa Sede di accreditare un proprio rappresentante in Vaticano. E sa chi compì il passo? Il ministro degli Esteri cinese Soong mentre si trovava in missione a Washington.

L'IPOTECA STATUNITENSE SULLA DIPLOMAZIA PAPALE IN ASIA

Riaffiora la triangolazione asiatica con Vaticano e Stati Uniti.

Ritorna soprattutto l'ipoteca americana sui rapporti tra Santa Sede, Cina e Giappone. Il 9 maggio 1942 Pio XII ricevette in udienza il ministro Ken Harada, primo rappresentante diplomatico del Giappone presso la Santa Sede. Poche settimane dopo il governo cinese chiedeva e otteneva il gradimento per la nomina del ministro Xie Shoukang come primo rappresentante della Cina presso la Santa Sede.

Erano anni di guerra, e convivevano in Vaticano con gli altri diplomatici? Allora è vero che in quegli anni la Roma vaticana costituiva l'epicentro dello spionaggio mondiale. Lo stesso Tittmann, il rappresentante personale del presidente Roosevelt, viveva nella vecchia Casa Santa Marta, accanto alla nuova costruzione dove vive papa Francesco...

Forse dire che era l'epicentro è esagerato, ma certo Roma era una sorta di zona franca dove far dialogare i nemici. E dove si muovevano spie di tutti i tipi. E nel 1943, sentendo vicino il crollo del regime di Mussolini, le spie fasciste cercavano già di «trovare collocamento» presso le altre nazioni in guerra.

E ci riuscivano?

Il problema è che in questo turbinìo di voci dentro il Vaticano spuntavano anche notizie false, manipolate, messe in giro per inquinare alcuni rapporti. E gli Stati Uniti, oltre che beneficiari, erano anche vittime di questo «mercato» informativo. Successe anche a proposito dei rapporti col Giappone, perché all'inizio del 1945 si cominciò a vociferare che il ministro degli Esteri di Tokyo, Harada, avesse proposto a Myron Taylor, l'uomo di Roosevelt, la resa del Giappone, con la mediazione vaticana. Invece nei colloqui che il delegato apostolico, Paolo Marella, aveva avuto con il governo di Tokyo, non si era parlato né di fine della guerra, né di spazi per una proposta di pace. Ma quei colloqui rimbalzarono a Roma e furono utilizzati in maniera grossolana dalle spie dell'Office of Strategic Service, il servizio segreto statunitense precursore della Cia.

I buoni rapporti tra Pio XII e Stati Uniti non si incrinarono nemmeno quando gli americani sganciarono le bombe atomiche sul Giappone?

La reazione vaticana fu durissima, inevitabilmente. Non c'era più Roosevelt. Alla Casa Bianca era stato eletto Harry Truman. E quando il 6 agosto del 1945 Truman fece bombardare Hiroshima e poi Nagasaki, Pio XII ne fu sconvolto. D'altronde, da alcuni anni il papa sottolineava le incognite e i rischi dell'energia nucleare. Dunque, la Casa Bianca prevedeva una reazione negativa da parte della Santa Sede. Mandò in avanscoperta Tittmann per spiegare le ragioni americane. Tittmann incontrò monsignor Montini, ma fu inutile. Il 10 agosto fu pubblicato sulla prima pagina dell'«Osservatore Romano» un articolo contro l'uso della bomba atomica. Si trattava di un lungo editoriale, con ogni probabilità ispirato dallo stesso pontefice, in cui si deprecava l'uso dell'arma atomica e il pericolo che rappresentava per l'umanità.

Come fu accolta questa presa di posizione dalla comunità internazionale?

Fu accolta bene: almeno in un Giappone sconfitto e sconvolto dai bombardamenti atomici. Ma l'altolà papale non significava allontanarsi dalla linea di equidistanza che aveva cercato di seguire in modo quasi ossessivo durante il conflitto. Tanto che il 10 agosto del 1945, dopo il secondo bombardamento atomico, Pio XII ricevette in udienza monsignor Yu Pin, inviato da Chiang Kai-shek per consegnargli una nota personale del «generalissimo», che con deferenza ribadiva al papa «buoni sentimenti verso i cattolici». E il papa rispose al protestante metodista Chiang con una lettera nella quale esprimeva «il più alto riguardo e affetto verso il nobile popolo cinese». E lo benediva. In quella fase, molti dispacci e rapporti che arrivavano sia dalla Cina, sia dal Giappone facevano ritenere che a guerra finita il cristianesimo potesse fiorire in quei Paesi. Era quello che sperava anche il Comando supremo statunitense del generale Douglas MacArthur, il quale cercava di favorire i missionari in Giappone, sia protestanti che cattolici. D'altronde, si diceva che perfino l'imperatore Hirohito nutrisse simpatie nei confronti del cattolicesimo.

Non pare, tuttavia, che queste previsioni siano state confermate dalla realtà nei decenni successivi. Chiang Kai-shek riuscì ad apparire un baluardo sia contro il militarismo nipponico, sia una barriera nei confronti del comunismo. Ma il suo governo era corrotto e dittatoriale. E l'ipotesi che la sua diga fosse efficace, e fermasse l'esercito comunista, si rivelò illusoria.

È vero che queste previsioni fallirono e che poi il «generalissimo» e i suoi si rifugiarono a Taiwan, dove continuarono a mantenere rapporti stretti con il Vaticano, sotto lo sguardo interessato e favorevole degli Stati Uniti. D'altra parte, per Washington il generale Chiang restava comunque l'ultimo baluardo contro l'avanzata del comunismo cinese.

SPELLMAN, L'AMBASCIATORE ASIATICO DI USA E VATICANO

E in Giappone? In che modo i cattolici americani sembravano coinvolti in questa ipotetica «conversione»?

Nel luglio del 1946 Spellman, già cardinale dal mese di febbraio, arrivò in Giappone insieme ai vescovi O'Hara di Buffalo e Ready di Columbus. Si trattennero per una ventina di giorni, prendendo contatti ad alto livello con la società nipponica. Nel loro rapporto conclusivo, questi due prelati americani riferirono della buona accoglienza ricevuta dall'imperatore, una cortesia che – a dispetto delle loro superficiali conclusioni – non lasciava supporre nessuna particolare inclinazione verso il cristianesimo. A ogni modo, O'Hara e Ready si affrettarono a riportare il consiglio dato loro dal generale MacArthur, che li sollecitò a spedire in Giappone quanti più missionari cattolici fosse possibile.

Era una sorta di progetto di colonizzazione religiosa e culturale, l'«esportazione della democrazia» fatta attraverso missionari cristiani?

Era il tentativo di utilizzare quel periodo di limbo e di ricostruzione dopo la Seconda guerra mondiale, per portare in modo duraturo Cina e Giappone in direzione dei valori occidentali. Non si capiva neppure se si trattasse di una strategia messa a punto dall'Amministrazione statunitense, o fosse solo il riflesso di un'ambizione del generale MacArthur. La sua intenzione, e la sua illusione, era quella di «democratizzare» e «occidentalizzare» una nazione con tradizioni millenarie e totalmente distanti da quelle dell'Occidente come il Giappone. Pensava che, se l'esperimento fosse riuscito lì, in prospettiva si sarebbe potuto estendere anche a Cina e Corea. Ed era convinto che il canale naturale di questa penetrazione potessero essere le Chiese cristiane: una sorta di braccio morale degli Stati Uniti, col doppio compito di portare la democrazia e la religione, e di fermare la diffusione dell'ideologia comunista.

Ma questo progetto incrociava gli interessi della Santa Sede, la speranza di innestare con successo la religione cattolica in quelle terre?

Di certo, la fine della guerra faceva intravedere la possibilità di trasformare l'Estremo Oriente in uno sconfinato terreno di missione. In Giappone era crollata l'ideologia nazionalista che aveva offerto la base ideologica all'alleanza col fascismo e il nazismo. Si parlava vagamente di una specie di attrazione di alcuni membri della Casa imperiale, compreso l'imperatore Hirohito, nei confronti del cristianesimo. Forse sperava in una conversione dell'imperatore anche il generale MacArthur, perché un'ipotesi del genere avrebbe rappresentato una cesura col passato. Dal nostro Archivio si ha conferma di questo clima positivo. Paolo Marella, il delegato apostolico, aveva incontrato Hirohito il 31 gennaio 1946. E nel suo rapporto a Roma scrisse che l'imperatore lo aveva ricevuto «con grande affabilità, facendomi sedere vicino a lui. [...] Sua Maestà dopo essersi informato della salute del Santo Padre, mi pregò di voler esprimere in suo nome i più vivi ringraziamenti per la sua paterna benefica attività in favore dei sofferenti giapponesi sia in patria sia nei differenti campi di concentramento in America e in Australia, durante la lunga guerra. [...] Volle poi l'imperatore essere informato sulla Chiesa cattolica in Giappone (cosa che nelle precedenti udienze non aveva mai fatto), incaricandomi di ringraziare vivamente a suo nome la gerarchia e i fedeli di quanto avevano fatto durante la guerra per alleviare tante miserie mentre si riprometteva da essi la più larga cooperazione per la ricostruzione spirituale e materiale del Giappone...». Dunque, si poteva capire che nella cerchia della diplomazia vaticana e di Pio XII qualcuno nutrisse speranze, o illusioni, su una crescente influenza religiosa del cattolicesimo.

L'ILLUSIONE DI «CONVERTIRE» IL GIAPPONE

Non poteva essere solo la gentilezza di un capo di Stato sconfitto nei confronti di una realtà occidentale come il Vaticano, che poteva servire al Giappone, magari per ammorbidire l'occupazione statunitense?

Può darsi ci fosse anche questo. C'era qualche precedente. Un lontano cugino dell'imperatore Hirohito, il principe Tatewaki Toda, era cattolico ed era divenuto sacerdote con il nome di padre Lorenzo. Si era trasferito come amministratore apostolico a Yokohama, e lì nell'agosto del 1945 era stato assassinato da un gruppo di nazionalisti che non volevano la resa del Giappone. E comunque, per la Santa Sede era importante godere dell'apprezzamento di personaggi di quel livello: anche perché in quel modo potevano contrastare l'ostilità di alcune autorità militari statunitensi, che in quanto protestanti non vedevano di buon occhio i missionari e i diplomatici del papa.

Quanto influì su queste sensazioni il resoconto della visita che fecero nel 1946 i due vescovi statunitensi, O'Hara e Ready?

Influì certamente su Pio XII. Il papa scrisse subito a Cicognani, il delegato apostolico a Washington. Gli spiegò che a suo avviso in Giappone esisteva un clima favorevole alla diffusione del cattolicesimo. E aggiunse che nutriva la «speranza di un grande numero di conversioni se saranno subito adottate le misure necessarie allo svolgimento di un vasto ed intenso apostolato. È superfluo far rilevare quanta importanza avrebbe per la Chiesa, soprattutto in questo momento, il sorgere nell'Estremo Oriente di una comunità cattolica che si affermasse profondamente per il numero degli adepti, per la loro formazione cristiana, per la loro cultura e il loro zelo. D'altra parte, sembra che la Divina Provvidenza, per un insieme di circostanze a tutti noto, voglia affidare principalmente la cura e l'onore di questi sperati successi alla gerarchia ed ai fedeli degli Stati Uniti. Invero gli Stati Uniti sono attualmente presenti ovunque nel Giappone, ed hanno nelle loro mani l'alta direzione delle cose del Paese. [...] Pertanto sarebbe desiderio del Santo Padre che l'attenzione di codesta gerarchia fosse richiamata sul problema dell'apostolato cattolico tra i giapponesi [...]. Si tratta, infatti, di non lasciarsi prevenire non soltanto dai protestanti, [...] ma anche dai comunisti...». Di nuovo emergeva il doppio avversario del papato: quello della religione protestante e del comunismo.

L'operazione ebbe successo? Diede qualche frutto?

Nonostante gli sforzi papali, e l'impegno chiesto ai Gesuiti, i cattolici rimasero un'infima minoranza, pur raddoppiando di numero. D'altronde, sarebbe bastato leggere i dispacci dell'ambasciatore italiano Revedin, che era stato lapidario: «L'imperatore, per quanto mostri di apprezzare le pubblicazioni cattoliche e protestanti che gli vengono inviate» pare «assai lontano da una possibilità» di conversione. L'unica cosa chiara era che la Chiesa doveva appoggiarsi agli Usa e alle diocesi statunitensi per tentare di avere voce in capitolo: in Giappone e in Cina.

I legami tra il mondo cattolico americano e il Kuomintang si strinsero a causa dell'avanzata dei comunisti in Cina. Ma questo non rese più difficile la posizione di equidistanza che il Vaticano voleva preservare?

Certamente poteva rappresentare un precedente. Quando nell'estate del 1948 le truppe della Cina comunista avanzarono a sud fino a minacciare Nanchino, la situazione diventò pericolosa. Pio XII tentò fino all'ultimo di mantenere un atteggiamento tale da non far pensare che gli interessi e le strategie del Vaticano e degli Usa coincidessero. Ma sia nella guerra civile in Cina tra il 1946 e il 1950, sia in quella di Corea, chiese e missioni cattoliche si ritrovarono perseguitate, i sacerdoti torturati o uccisi. Era dunque difficile mantenere la distinzione e le distanze da forze militari statunitensi che protessero queste persone e permisero di evitare una strage. L'avvicinamento fu inevitabile, quasi una necessità per sopravvivere in quella fase terribile di transizione. Quelle casse con i documenti dell'Archivio Vaticano in Cina, affidate a una nave militare statunitense perché le trasportasse in sicurezza da Nanchino a San Francisco, a guardare bene furono la conferma di questa alleanza inedita ma obbligata.

Nel 1951, il nunzio Antonio Riberi fu espulso dalla Cina di Mao e si ruppero le relazioni diplomatiche tra Santa Sede e Cina. A oggi non sono state ancora ristabilite.

Capitolo XII
Archivi perduti e salvati

«PORTIAMO IN SALVO GLI ARCHIVI DA HONG KONG»

La notizia dell'archivio della Missione vaticana in Cina riportato a Roma in segreto attraverso il viaggio su una nave militare statunitense che nel 1949 è approdata prima a San Francisco è un caso unico? Perché risulta che anche recentemente siano arrivati all'Archivio Segreto Vaticano, nel settembre del 2019, documenti provenienti dalla Cina, precisamente da Hong Kong.

È vero, anche se nel caso di Hong Kong si tratta di un episodio anomalo. Di solito, tra le nostre carte ci sono documentazioni che risalgono a un passato molto più lontano, e che riportano a una storia di archivi perduti o salvati. Lì, invece, si è trattato di una misura di prudenza, per dir così, preventiva: una deroga al regolamento per gli archivi delle rappresentanze pontificie. L'8 luglio del 2019 il sostituto della Segreteria di Stato vaticana, monsignor Edgar Peña Parra, aveva scritto una lettera al capo della Missione diplomatica a Hong

Kong, monsignor Javier Herrera Corona, con la quale autorizzava «il versamento all'Archivio Segreto Vaticano del materiale archivistico di questa Missione di studio, per il periodo dal 1989 al 1997».

E a Lei la notizia quando fu comunicata?

Ebbi una telefonata con il capo della Missione di studio vaticana a Hong Kong il 5 settembre del 2019. L'11 settembre mi arrivò una sua lettera, che abbiamo protocollato nell'Archivio Segreto Vaticano il 17 settembre successivo, nella quale si diceva: «In seguito alla telefonata con Vostra Eccellenza, 5 settembre, sono lieto poter confermare che il materiale di riferimento è stato imballato e preparato per la spedizione a codesto Ufficio. Come Vostra Eccellenza potrà osservare dall'allegata documentazione preparata dall'agenzia spedizioni Ags Four Winds, la rimessa consiste in un totale di diciassette scatole medie (ciascuna contenente quattro cartelle d'archivio per un volume totale di 299,2 centimetri cubi e un peso complessivo di 428 chilogrammi. Per le ragioni esposte a parola, l'Archivio che si spedisce adesso porta come mittente la nunziatura apostolica nelle Filippine. Nelle prossime settimane, per completezza... provvederò con la spedizione della minuscola parte dell'Archivio che non è stato inviato nelle Filippine e giace presso l'ufficio di Hong Kong...». Questo è il messaggio del capomissione a Hong Kong.

Dopo che monsignor Peña Parra diede l'autorizzazione, fui dunque avvertito che le casse sarebbero partite l'11 settembre. E il 10 ottobre del 2019 scrissi alla Missione di Hong Kong comunicando che le carte erano arrivate, «ordinate secondo i dorsi delle buste per la Missione di monsignor Gobel e secondo l'elenco di versamento per la Missione di monsignor Filoni». E in effetti le casse da Manila furono recapitate all'inizio di ottobre. Attualmente si trovano nei locali «riservati» dell'Archivio, perché non possono ancora essere consultate.

Un passo indietro. Quali erano le «ragioni esposte a parola» che consigliavano di mandare la documentazione a Manila e non direttamente a Roma? Perché questa decisione? Perché liberarsi delle carte conservate nell'archivio della vostra Missione a Hong Kong?

Un personaggio che non posso nominare, perché mi ha pregato di restare anonimo per questioni di sicurezza, di incolumità personale, un personaggio della gerarchia cattolica presente sul posto, mi informò che bisognava salvare questo archivio e farlo giungere il prima possibile in Vaticano, come alla fine è avvenuto, spiegandomi: «Lei tenga conto, Eccellenza, che dove finiremo forse noi lo sappiamo. Non sappiamo solo quando. È bene dunque che le carte espatrino».

Che cosa intendeva dire?

Che l'esito del giro di vite cinese su Hong Kong, in quel momento, era scontato, inevitabile, anche se non era ancora chiaro quando si sarebbe concretizzato. I timori erano tanti. E quindi, aggiunse, era bene che tutto il materiale conservato nella nostra Missione di studio espatriasse. Erano cominciate da poco le manifestazioni di protesta a Hong Kong contro il regime di Pechino. E forse già si temeva che sarebbe finita male. Vedevano le mosse cinesi avvicinarsi.

È vero che la città-Stato è stata assimilata totalmente alla Cina continentale, ma forse non sarebbero mai entrati nell'edificio occupato dalla Santa Sede.

Temo che invece non li avrebbe fermati niente e nessuno. E dunque il capomissione monsignor Javier Herrera Corona ha fatto bene a spostare tutto. Hanno arrestato nel maggio del 2022 perfino il cardinale Joseph Zen, ultranovantenne, perché lo consideravano un nemico della Cina che appoggiava le proteste di Hong Kong.

LA TRIANGOLAZIONE HONG KONG-MANILA-ROMA

Perché fu deciso di mandare le carte a Manila e non direttamente a Roma?

Queste triangolazioni sono normali, nella prassi diplomatica, quando si tratta di documenti molto riservati. Quando esistevano pericoli concreti, o si voleva evitare che certi documenti fossero identificati, fin dall'Ottocento si ricorreva a queste procedure. È stato deciso così perché le autorità cinesi non vedessero che alcune casse della Missione erano destinate al Vaticano, per prudenza, più che comprensibile. Manila e le Filippine sono state ritenute il luogo di passaggio più sicuro.

Manila era la destinazione più affidabile per farla arrivare da Hong Kong o per mandarla a Roma?

Era la più sicura per l'intero tragitto. Il capomissione era convinto di questo e avrà avuto le sue ragioni, che non conosco. Comunque, le casse sono arrivate sane e salve.

Per via aerea o per nave?

Non lo so di preciso, credo per via aerea. Da noi arrivano alla dogana vaticana, come valigie diplomatiche, per garantire riservatezza e protezione.

Secondo lei sono stati previdenti nel prendere quella decisione? Come avevano fatto a capire?

Perché erano sul posto e captavano i segnali di questo irrigidimento cinese. Avevano il sentore che la Cina avrebbe aumentato la pressione, e che potesse puntare a impadronirsi del governo di Hong Kong in un periodo di tempo piuttosto breve.

Santa Sede e Cina avevano già siglato il 22 settembre del 2018 un accordo provvisorio e segreto. Dieci mesi dopo, i vostri archivi venivano portati via da Hong Kong per precauzione. Evidentemente rimanevano e rimangono aspetti non chiari: come minimo una certa diffidenza.

Io l'accordo segreto non lo conosco, ovviamente. Né sono a conoscenza in modo approfondito di questi rapporti tra Cina e Vaticano. So che li guida con competenza il Segretario di Stato, il cardinale Pietro Parolin, ma altre informazioni non ne ho.

Nella documentazione che è arrivata all'Archivio da Hong Kong via Manila non c'è una copia dell'accordo segreto?

No, è tutta documentazione risalente a molti anni fa. Sull'accordo tra Cina e Vaticano del 2018 qui non abbiamo nulla.

CINA E IRAQ: PERICOLI PARALLELI DI SEQUESTRI E BOMBE

Stava spiegando che quello del trasferimento delle carte da Hong Kong rappresenta un caso particolare. Perché? E ce ne sono stati altri?

In quel caso, come in quello dell'Iraq, abbiamo intravisto seri pericoli politici, a Hong Kong il pericolo addirittura di un sequestro, in Iraq di bombardamenti che potevano danneggiare o distruggere la nunziatura. E dunque il nunzio ha usato tutte le strade possibili per salvare i documenti e farli arrivare qui all'Archivio.

E in Iraq come sono stati salvati?

Già durante la prima Guerra del Golfo, nel 1992, il nunzio si preoccupò per i bombardamenti e mi scrisse, ho qui la pratica, spiegandomi che avrebbe voluto spostare l'archivio a Bagdad ma non gli era possibile.

Chi era il nunzio?

Monsignor Giorgio Lingua. Poi ci fu la seconda Guerra del Golfo, ci furono l'uccisione di Saddam Hussein e l'occupazione dell'Iraq. Era il 2002. Dopo qualche anno, l'archivio fu spedito qui, salvato dal coraggio del nunzio di allora, monsignor Francis Assisi Chullikatt.

Ma allora non c'era più la guerra. Perché voleva che la documentazione d'archivio fosse trasferita?

Perché comunque attentati e bombardamenti continuavano. E si temeva che una bomba cadesse sull'edificio che ospitava la nunziatura e lo distruggesse. L'archivio è stato salvato integralmente. Il nunzio Chullikatt venne anche qui in Archivio, mi pare nel 2005, a vedere come era arrivato il materiale, dove era stato sistemato. Mi ricordo che lo accompagnai io. L'abbiamo esaminato insieme. Era molto soddisfatto perché era stato archiviato seguendo l'ordine col quale era sistemato a Bagdad. È stato un caso di archivio salvato con grande lungimiranza. Altre volte non è andata così bene. La storia è piena di archivi incendiati, distrutti, rubati.

A che cosa pensa?

A nulla in particolare, nel senso che il problema è sempre esistito. Per tutti gli archivi del mondo, che sono soggetti a condizionamenti storici, rivoluzioni, a guerre, terremoti, distruzioni, incendi. E a volte alla volontà dei dittatori di cancellare la memoria della storia. Successe anche all'Archivio dei papi che era conservato al Laterano, anticamente. Fu trasferito nella cosiddetta Torre Cartularia verso il X secolo, vicino alla chiesa di Santa Maria in Cosmedin, cittadella dei Frangipane. Ma lì fu incendiato, e una gran parte andò distrutta. Erano i documenti più antichi che avevamo, e oggi non li abbiamo più e ci mancano.

È questa memoria degli incendi del passato che ha reso l'Archivio Vaticano cauto così a lungo nel predisporre un impianto elettrico anche nell'Archivio di oggi?

È vero che l'impianto elettrico completo in Archivio è stato realizzato solo nel 1971, perché si temevano cortocircuiti, e siccome gli armadi erano allora tutti in legno, era chiaro che esisteva il pericolo. Ma avevamo davanti esempi più recenti di archivi di nunziature e delegazioni apostoliche che sono andati perduti in tutto il mondo. E oggi ne lamentiamo la mancanza, perché se li avessimo, conosceremmo molte più cose. Uno dei primi archivi ad andare perduto è stato quello della delegazione di Cuba e Portorico, alla fine dell'Ottocento. Le carte furono trafugate dal nipote del delegato apostolico, monsignor Placid Louis Chapelle, con la scusa di scrivere un libro sullo zio.

Ma quanti archivi originali avevate a quell'epoca?

Quando nel 1881 Leone XIII aprì agli studiosi l'Archivio Vaticano avevamo raccolti quelli di sei rappresentanze pontificie che di fatto non esistevano più: Venezia, Colonia, Varsavia, Napoli, Firenze e Torino. Su questo e sugli archivi andati perduti o recuperati ha scritto un saggio dettagliato il nostro Luca Carboni. Successivamente se ne sono aggiunti altri. Nel 1938, dopo l'annessione alla Germania hitleriana arrivò in Vaticano anche quello che rimaneva della rappresentanza pontificia in Austria.

GLI ARCHIVI PERDUTI E SALVATI DELL'EUROPA ORIENTALE

Durante la Seconda guerra mondiale si è fermato tutto?

No, anzi. Prima e dopo il conflitto, il Vaticano è diventato una sorta di rifugio per archivi, biblioteche e opere d'arte. Quando i nazisti hanno occupato la Cecoslovacchia, la Polonia e poi gli Stati baltici, gli archivi delle rappresentanze pontificie furono spediti qui da noi: si sono salvati così. Pensi che nel 1946 arrivò a Roma da Berna anche la documentazione che era stata salvata dall'incendio della nunziatura di Berlino. Per paradosso, alcune devastazioni sono avvenute anche dopo la fine della guerra: soprattutto nei Paesi caduti sotto la dominazione sovietica.

Intende i Paesi dell'Europa dell'Est?

Certo. Tra il 1947 e il 1950 sono arrivate almeno parti degli archivi che avevamo nelle rappresentanze pontificie nei Paesi «oltrecortina». E sono arrivate in maniera rocambolesca, perché i nunzi erano stati espulsi da un giorno all'altro. E negli anni Sessanta del secolo scorso abbiamo incamerato quelli delle nostre rappresentanze in Cina, Vietnam e Turchia. È stato in quegli anni che fu redatto un regolamento per fare in modo che i versamenti della documentazione fossero «continui e massicci».

Non doveva essere facile spostare e trasportare tante carte e così delicate, in un periodo drammatico come la guerra.

Infatti. Ma anche prima si erano avute triangolazioni con altri Stati, ritardi, sotterfugi. Si pensi solo alla decolonizzazione, o ai mutamenti territoriali e di regime nell'Europa del passato. Nel Settecento la Polonia fu smembrata, e l'archivio a Varsavia restò per mezzo secolo a Vienna, prima di essere portato all'Archivio Segreto Vaticano. L'archivio della nunziatura di Venezia, che era stata soppressa con la morte della Repubblica, viaggiò via mare fino ad Ancona. Lì fu messo in quarantena perché doveva essere disinfestato per la peste. E alla fine arrivò a Roma con un treno militare. Lo stesso archivio del nunzio a Parigi fu «parcheggiato» per vent'anni a Bruxelles, dopo la rottura delle relazioni diplomatiche tra Vaticano e Francia nel 1907 e il sequestro deciso dalla magistratura francese. E l'archivio in Germania fu spostato in continuazione: da Berlino passò in diverse città, fino a tornare lì solo dopo l'unificazione tedesca: quasi mezzo secolo di peregrinazioni.

Le triangolazioni con altri Paesi sono state frequenti, durante quella guerra?

Sì, ma anche prima e anche dopo, e non solo in Europa. Abbiamo già visto come da Nanchino una nave militare statunitense portasse i nostri archivi cinesi a San Francisco. Ma è successo anche che la Santa Sede si trovasse a dover fronteggiare governi con violente spinte anticattoliche in Messico, o in Spagna. In Messico, nel 1926, l'archivio fu messo in salvo prima presso l'ambasciata di Spagna, poi presso quella italiana. E durante la guerra civile in Spagna le carte più riservate furono ospitate dalla legazione tedesca a Madrid, e poi in un armadio nella legazione d'Italia sempre a Madrid. Pensi che nel 1957 il nostro nunzio a Vienna ricevette dalla vedova di Wilhelm Deutsch, professore all'Archivio di Stato della capitale austriaca, una busta che apparteneva alla nunziatura a Varsavia, che i nazisti avevano affidato a Deutsch: volevano che la traducesse perché conteneva una documentazione sensibile politicamente.

Queste sono storie che si possono definire a lieto fine. Ma lei accennava ad archivi distrutti, inghiottiti o dispersi nelle tragedie dei conflitti.

Sì, e anche su questo ha indagato il dottor Luca Carboni in occasione del quarto Centenario della fondazione dell'Archivio Segreto Vaticano, nel 2012. La documentazione più antica arrivataci da Madrid, per cominciare, mancava di quaranta volumi. E a Varsavia, tutte le carte non mandate in precedenza a Vienna furono distrutte durante l'incendio della città nel 1944. Nel 1831 un incendio incenerì il quartiere Pera a Istanbul, l'allora Costantinopoli, e con quello la sede e l'archivio del Vicariato apostolico. Nel 1923 andò distrutto per il terremoto del Kanto l'archivio che era stato appena costituito nella delegazione vaticana in Giappone. E nella Seconda guerra mondiale a Berlino andò distrutto dalle bombe alleate l'archivio della nunziatura. Per fortuna si salvarono quelli dell'allora nunzio Pacelli, futuro Pio XII, e quelli di Lituania e Polonia che erano stati portati lì nel 1939-40: ma solo perché erano conservati nei sotterranei. E nel 1944, quando i giapponesi invasero le Filippine, diedero fuoco alla sede della delegazione pontificia. E l'archivio fu distrutto.

ARCHIVI BRUCIATI PER NON CONSEGNARLI AI NAZISTI

È mai successo che sia stato lo stesso Vaticano o i suoi «ambasciatori», i nunzi, a decidere di liberarsi di alcuni archivi per evitare che cadessero nelle mani sbagliate?

Io ho sentito dire, ma non ho mai avuto nessuna prova – quindi racconto il fatto dalla voce di un mio vecchio professore di storia della Chiesa all'Università Urbaniana – che in un archivio che non è quello Vaticano, molto più piccolo, ma di una cospicua importanza storica, a un certo punto si temeva un'irruzione dei nazisti. E allora sarebbero state preparate alcune latte di benzina lungo i corridoi dell'archivio. Qualora si fosse verificato l'evento, tutto sarebbe andato bruciato. Questo lo disse in pubblico a noi studenti un professore che durante la Seconda guerra mondiale era a Roma, quindi conosceva forse il fatto. Io ho tentato di sapere, dalle fonti, se fosse vero. La storia non riguardava l'Archivio Vaticano, torno a dire, riguardava un piccolo archivio che stava soltanto in un interrato, o pian terreno, forse in quattro o cinque stanze.

Quindi le latte con la benzina sarebbero state preparate per distruggere in caso di pericolo nazista un archivio diverso da quello vaticano. Ed era all'esterno delle mura?

No, era all'interno della Città del Vaticano. Posso anche dirle che secondo il mio professore si sarebbe trattato dell'archivio del Sant'Ufficio. Ma io questa rivelazione l'ho raccolta da lui, poi ho tentato di verificarla con l'archivista del Sant'Ufficio, padre Mariani, che conoscevo, ma lui non ne sapeva nulla. Quindi è una voce inverificabile, anche se dice la paura che si aveva. Tuttavia qui in Archivio Vaticano sarebbe stata anche quella un'operazione, oltre che assurda, addirittura impossibile, perché l'Archivio era dislocato su più piani. Bruciare tutto sarebbe stato un crimine, un'onta che sarebbe rimasta. Poi a questo non si è mai pensato veramente, perché i tedeschi riguardo ai documenti e all'arte del Vaticano erano in certa misura sensibili: perfino le SS. Purtroppo non erano sensibili alle vite umane. Forse avrebbero requisito documenti, questo sì, per portarli in Germania, ma i documenti li avrebbero rispettati, perché avevano troppa cognizione dell'importanza di queste fonti. Però, grazie a Dio, non abbiamo avuto nessuna invasione. Vero è che nel marzo del 1938, quando si parlava di una possibile invasione nazista dell'Austria, la Segreteria di Stato vaticana e il Sant'Ufficio diedero ordine alle diocesi austriache di bruciare il materiale esistente nei loro archivi riguardante casi di immoralità di sacerdoti e religiosi per evitare che tali informazioni cadessero in mano dei tedeschi con più che probabili ritorsioni.

E altri casi che invece sono documentati?

Altri casi si sono verificati, e sono provati. Nel saggio di Luca Carboni si ricorda che nel 1941 la Segreteria di Stato fece distruggere l'archivio della rappresentanza vaticana in Jugoslavia dopo l'occupazione dei nazisti e le bombe su Belgrado. E nei Paesi caduti sotto l'influenza sovietica, dietro la «cortina di ferro», avvenne più volte. A Budapest, dopo l'ingresso delle truppe sovietiche nel febbraio del 1945, ci fu un vero e proprio saccheggio della nunziatura, le casse furono aperte e alcuni documenti rubati. Il nunzio di allora, Angelo Rotta, decise di bruciare tutti i documenti che restavano: tutti, salvo i cifrari, che però nell'aprile successivo vennero distrutti nel giorno in cui il nunzio dovette fuggire dall'Ungheria. Dell'archivio riguardante il periodo della guerra non è rimasto nulla. Ed è accaduto lo stesso con i nostri archivi in Cecoslovacchia e in Romania.

È il ricordo di queste distruzioni che ha indotto i diplomatici pontifici a muoversi in anticipo in Cina e Iraq?

Ritengo di sì, e credo siano state decisioni sagge. Non è che le devastazioni, le violenze, le invasioni e i saccheggi siano finiti nel secolo scorso. E i vuoti nella conoscenza dei fatti storici che queste perdite hanno provocato sono incolmabili. Penso alla scomparsa dei documenti dell'archivio della delegazione pontificia a Gerusalemme a causa del conflitto arabo-israeliano per il periodo tra il 1929 e il 1933. E penso a quella che a nostro avviso è la perdita più irreparabile per ricostruire le vicende dell'America Latina di oltre un secolo: la distruzione della nunziatura e dell'archivio in Colombia, a Bogotà, nel 1948. Avvenne nella notte più cruenta del *Bogotazo*: un periodo di disordini e di repressioni di piazza nel centro di Bogotà, iniziatosi dopo l'assassinio di Jorge Eliécer Gaitán, il candidato del Partito liberale.

Capitolo XIII
La fabbrica dei santi

I DOCUMENTI DEI PROCESSI VATICANI PER INCARTARE PATATE PARIGINE

Uno dei compiti più delicati e meno conosciuti dell'Archivio Segreto è stato, nei secoli, quello di esaminare e giudicare le proposte di beatificazione e di canonizzazione. È una sorta di radiografia approfondita della personalità di migliaia di uomini e donne. E di fatto di una schedatura dei loro pregi e difetti, una ricerca su chi li ha sostenuti e osteggiati, e degli interessi economici che si muovevano e si muovono dietro i processi. In questo senso il materiale è molto appetito anche in negativo, perché le procedure imbastite dalla Chiesa indagano pure sui peccati inconfessabili o non confessati. Con Napoleone migliaia di fascicoli sui processi andarono distrutti. Perché disfarsene?

In realtà non li bruciò Napoleone ma gli agenti vaticani mandati a Parigi per recuperare l'Archivio e riportarlo a Roma. Chiesero istruzioni a Roma per sapere se potevano disfarsi delle carte meno utili. E fra le meno utili sembrarono, a giudizio sciagurato dei nostri emissari, proprio quelle che documentavano migliaia di processi canonici.

Come mai fu lasciata a loro la scelta?

Perché con loro a Parigi, come abbiamo detto, c'era il prefetto di allora dell'Archivio Segreto, Marino Marini. E questi giudicò che la parte dei processi si potesse anche non riportare a Roma. E così la documentazione sui processi fu venduta ai bottegai parigini che con quel materiale incartavano le patate!

A guardare bene, è la stessa sindrome di tappezzieri, droghieri, fornai, imbianchini romani che depredavano l'Archivio quando si trovava anche a Castel Sant'Angelo, utilizzando i documenti per venderli o per le loro attività quotidiane; e che nel 1704 indussero il Vaticano a emanare un editto contro questi furti.

Sì, si ripeté in Francia ma con danni maggiori, perché abbiamo perduto molti processi, soprattutto dell'archivio del Sant'Ufficio.

Lei è tra le persone chiamate a indagare nel momento in cui si decide di fare beato o santo qualcuno. In questa ricerca quanto pesano anche interessi economici? E condizionano le prove pro o contro?

Come prefetto dell'Archivio Vaticano mi viene richiesto come prassi dalla Congregazione per le Cause dei Santi quando si apre un iter di beatificazione in ogni diocesi del mondo, se nel nostro Archivio si conservino oppure no documenti che possano ostacolare la causa e il processo. Insomma, se esistano documenti negativi. Compiuta la ricerca con i miei collaboratori, si dà la risposta alla Congregazione. Ma è molto difficile che appaia qualcosa di assolutamente negativo, anche se può capitare. Poi sono anche consultore storico della Congregazione per le Cause dei Santi da trentotto anni, quindi ne ho viste di cose. E mi viene chiesto, come a tutti i consultori storici, quando arriva a Roma il processo diocesano, se la ricerca documentaria sia stata fatta bene, se sia completa, se i documenti che sono inclusi nella *Positio* meritino fede storica oppure no. A noi danno tutto l'incartamento già stampato. E dobbiamo capire se le fonti siano autentiche, non autentiche, vi siano omissioni, extrapolazioni sospette, omissis. Si tratta di un giudizio che va dato per iscritto, e ciascun consultore lo dà in segreto.

GIUDIZI SEGRETI E FIRME TAGLIATE

In segreto? Sono anonimi?

Noi mettiamo il nostro nome, ma poi viene giustamente tagliato dalla Congregazione, quando si stampano i *Vota*, cioè i pareri dei consultori, in modo che i cardinali, ai quali spetta il penultimo giudizio, non sappiano a chi appartengono i pareri, per evitare qualsiasi possibile pregiudizio e favorire l'equità.

Qualcuno dovrà pur saperlo...

Lo sa naturalmente il prefetto della Congregazione, ma anche noi stessi che diamo il voto non sappiamo chi sono gli altri consultori chiamati per tale o tale altra causa; io so qual è il mio voto, ma quando vengono stampati e vedo quelli degli altri consultori, non so a chi appartengano.

Quanti sono i consultori?

Di solito sei. Dopo una determinata discussione su questa o quella causa, si stampano i *Vota* anonimi e si propongono ai cardinali che hanno l'ultima decisione se portare avanti la causa e presentarla al papa oppure no. Quindi di esperienza me ne sono fatta tanta. In Archivio noi abbiamo il fondo «Congregazione dei Riti», che era la Congregazione che è diventata oggi dei Santi; e qui c'è un totale di più di quattordicimila processi, volumi di processi, che vanno in pratica dal 1400 fino ad arrivare a Giovanni Paolo II, e cioè al suo papato iniziatosi nel 1978 e terminato nel 2005: praticamente all'altro ieri. E sono proprio tutte quelle posizioni che si redigevano allora: *super virtutibus*, *super fama santitatis*, *super miro*, sul miracolo, *super scriptis*, sugli scritti del Servo di Dio. Bisogna pensare che per una sola causa si compilavano atti notarili di quattro, cinque, sei, sette volumi.

Non le pare che sia un'esagerazione?

Può darsi che lo sia o, meglio, che lo sia stata. Ma oggi rischiamo una dinamica opposta. Conoscendo questa prassi come storico, nutro crescenti perplessità sul modo in cui si procede oggi; anzi non oggi, ma da diverso tempo, presso questa Congregazione. Perché parto innanzitutto da un principio, che era quello del cardinale Domenico Silvio Passionei, un grande dotto e teologo della fine del Seicento e dell'inizio del Settecento, il quale quando fu interpellato affinché esprimesse il suo parere su certi santi, si espresse con questa formula che per me fa da scuola: *quod Ecclesia habeat, vel non habeat, novum Sanctum vel Beatum, parum interest.* Cioè, il cardinale disse: che la Chiesa abbia o non abbia un nuovo santo o un nuovo beato interessa poco. La frase sembra dura, ma in realtà è verissima, teologicamente, perché la Chiesa ha già il santo dei santi, che è Cristo. Quindi quello è il suo tesoro. Che poi ci siano altri santi, ben vengano, ma...

UN'INFLAZIONE DI SANTI

Più che altro, una pletora. Verrebbe quasi da dire che ultimamente, negli anni recenti si è avuta la sensazione di una certa inflazione di beatificazioni e santi.

Arriverò sul tema. Partiamo da questo principio. Anche perché noi nel «Gloria» della messa abbiamo *Quoniam tu solus sanctus*, perché tu solo sei il Santo; gli altri sono imitatori, discepoli, epigoni. Quindi che venga un san Francesco, che venga un san Bernardo, un san Benedetto, una santa Caterina da Siena, è bene: sono tutte persone che arricchiscono molto con le loro virtù, si potrebbe dire, l'eredità di Cristo nella vita vissuta. Però che si vada all'inflazione, come lei dice, delle cause che sono tantissime e che sono aumentate in maniera esponenziale, soprattutto durante il pontificato di Giovanni Paolo II, lascia profondamente perplessi. In precedenza, un papa riusciva sì e no a celebrare una canonizzazione durante tutto il suo pontificato: perché i processi erano lunghissimi, e perché erano fatti bene. Un processo poteva durare anche quarant'anni, e un papa è difficile che regnasse così a lungo, almeno nel passato. Quindi poteva fare una canonizzazione, una beatificazione, due al massimo.

E come mai si è assistito a questa accelerazione con Giovanni Paolo II?

L'accelerazione, in realtà, è cominciata prima, sebbene sia stata graduale. La cautela e l'esigenza di approfondire per anni ogni proposta di beatificazione cedette un poco al termine dell'Ottocento. Dalla fine di quel secolo e per tutto il Novecento sono aumentate le canonizzazioni cosiddette «di bandiera». Pensiamo a quella del cardinale Roberto Bellarmino, il gesuita censore di Galileo, beatificato da Pio XI nel 1923 e canonizzato nel 1930, più di tre secoli dopo la sua morte, quasi a chiudere un crudo capitolo della Controriforma. Si pensi alla causa di Pio X, che fu voluta da Pio XII e patrocinata dal cardinale Nicola Canali, che era uno dei devoti di Pio X, proprio come bandiera dell'ortodossia: era il papa che aveva combattuto il modernismo, aveva tenuto ferma la fede, era stato solido. Andava indicato a modello.

Senza volere essere irriverente, verrebbe da dire che possono essere definite canonizzazioni politiche e ideologiche.

Politiche forse no, piuttosto ecclesiali, di politica ecclesiale. Occorreva offrire dei modelli di comportamento, di identità ecclesiale e culturale. Ma comunque si valuti il significato e il messaggio trasmessi con queste scelte, le cause erano ancora fatte bene. Erano cause che duravano tanto tempo, anche se si iniziò a pensare ad alcune riforme nella prassi giuridica della Congregazione per evitare lungaggini inutili e solo burocratiche. Da un decreto a un altro non occorrono più trent'anni, ma diventano dieci, fino a che si arriva alla metà del XX secolo in cui i processi divengono molto più numerosi. Si moltiplicano anche sotto Pio XII stesso; io le ho contate le beatificazioni e le canonizzazioni di papa Pacelli, che in tutto furono quarantaquattro in diciannove anni di pontificato, ma erano ancora abbastanza regolari, fatte bene. Si potrebbe dire che la vera svolta si avvertì dopo il Concilio Vaticano II. Fu sull'onda conciliare che cominciarono a rifiorire le Chiese locali. E dalle Chiese del Nuovo Mondo, dell'Africa, dell'Asia addirittura, arrivavano sempre più spesso richieste per avere un santo locale, una gloria locale. Era una sorta di legittimazione agli occhi delle loro comunità e dei loro governi, e un riconoscimento del ruolo nuovo nella Chiesa cattolica. Non si faticava molto a trovare un frate o una monaca che fossero morti in odore di santità. Dopo la segnalazione, si istruiva il processo e avanti. Ma si correva troppo, secondo il mio parere.

Il processo di beatificazione veniva accompagnato da contributi o finanziamenti per accelerarlo o per svolgere ricerche più accurate, o come arma di pressione anche economica?

Questa distorsione, se vogliamo chiamarla così, avviene semmai dopo. Prima si verifica un fenomeno facile da constatare: quali sono i personaggi dei quali si propone o si ottiene la beatificazione? O i fondatori di ordini religiosi, e allora hanno alle spalle tutto il patrimonio dell'ordine che investe in quello scopo, paga tutto il processo, perché è un iter lungo e costoso. Oppure si tratta di vescovi, per i quali paga la diocesi. Verso la metà del Novecento il fenomeno diventa sempre più vistoso e accelerato. Si moltiplicano diverse associazioni che vogliono patrocinare il loro fondatore, e diverse Congregazioni o famiglie religiose nuove che vogliono santa la loro fondatrice o santo il loro fondatore. E alle loro spalle si intravede sempre di più una solida forza economica chiamata a sostenere l'iter della causa.

Perché è così importante il supporto economico? Quanto costa una causa mediamente?

Questo non potrei dirlo con precisione. In passato è difficile stabilirlo, perché noi oggi abbiamo l'euro, allora si andava con le lire. In lire, si trattava di milioni, senza dubbio. Perché il processo durava anche decine di anni.

A suo avviso decine o centinaia di milioni?

No, centinaia e decine no; forse anche allora uno o due milioni di lire bastavano, perché bisognava istituire il processo diocesano ordinario, e lì occorreva pagare i giudici e naturalmente gli storici per le ricerche necessarie. Poi bisognava fare il processo sui miracoli, poi quello degli scritti, e si trattava di pagare altri periti. Poi quando arrivava a Roma la causa, bisognava imbastire il processo apostolico: sommare tutto il pregresso e cominciare a preparare la posizione (*Positio*) per arrivare alla beatificazione, e bisogna pagare i consultori, le nuove ricerche, i nuovi periti, a volte i traduttori, il tipografo che stampa i vari opuscoli... obbiettivamente tanti soldi.

In euro oggi quanto costa una beatificazione?

Non saprei dirlo con esattezza, è difficile. Ma certamente non meno di trecentomila euro, penso.

Lei stava dicendo che dietro c'è questa potenza economica, e quindi ci sono queste associazioni, personaggi, questi enti che per promuovere meglio la causa fanno...

Sì, si caricano loro il peso economico dell'iter della causa.

Ma non è che aggiungono soldi per favorirla, magari dando un sostanzioso contributo alla Chiesa?

Questo potrebbe avvenire semmai nella fase finale, quando il «Servo di Dio» – il candidato durante tutto il processo è chiamato così – diventa beato, e ancor più se diventa santo, canonizzato. Solo allora la Congregazione, l'associazione o il postulatore può fare un dono al papa con la speranza di avanzare un poco i tempi della cerimonia. Però non ho mai avuto notizia di questo. Ma in precedenza no, pagano le spese vive e basta.

IL RISCHIO DI BEATI SENZA POPOLO

Lei esprimeva prima la sua perplessità. Pensava a qualche causa di beatificazione in particolare?

No, direi che si tratta di una perplessità più generale, legata al modo di procedere che si è andato affermando negli ultimi decenni. La mia perplessità nasce dal fatto che le cause oggi sono troppe, tantissime, magari si tratta di cristiani buonissimi, meritevoli, però ci si chiede: ma vale tutta questa spesa e questo impegno per dichiarare santa tale o tal altra persona? Una monaca o un sacerdote delle Filippine, dell'Asia, dell'Africa, che ne so io, una volta beatificato riuscirà a far nascere un culto intorno alla sua persona? È egli o ella simbolo di una specifica santità? Mi pare molto difficile. Una volta santa o santo finirà lì, nelle quattro mura di un convento o poco fuori. Allora, vale la pena e la spesa di occuparsi di tutto questo per avere poi una pletora di santi e di beati che non hanno più culto, o al massimo ne avranno pochissimo, con una pattuglia sparuta di seguaci? Un san Francesco è conosciuto in tutto il mondo, si capisce. Ma una santa che viene canonizzata in Austria, ad esempio, che è dei nostri tempi, ma riguarda soltanto una Congregazione religiosa... al massimo finirà sulla sua tomba qualche lumino.

Lei come si spiega questo atteggiamento che, pare di capire, tende a vedere in modo critico un certo lassismo da parte delle autorità ecclesiastiche su questo fenomeno?

A mio avviso è un approccio un po' troppo superficiale. Bisognerebbe sondare di più se ci sia sufficiente materia e fondamento prima di introdurre una determinata causa. Una volta si operava così. Questo o quel Servo di Dio che si asserisce abbia fatto miracoli, che sia prodigioso, che abbia fama di santità. Come consta questa fama? Dove si estende? Quali prodigi straordinari ha fatto? Quale esempio di santità può rappresentare per i fedeli di oggi?

Lei sta dicendo che il rischio è di considerare eccezionali comportamenti che dovrebbero essere naturali in un sacerdote. E dunque si finisce per svalutare lo stesso concetto di santità.

Di certo si finisce per inflazionarlo un po'. Per essere santo bisogna aver praticato le virtù in grado eroico, sia le virtù teologali (fede, speranza, carità) che quelle cardinali (prudenza, giustizia, fortezza, temperanza). Non sempre questo è documentabile per l'intera vita di un candidato alla santità. Adesso diverse cause provengono, ad esempio, dall'Europa dell'Est. Sotto il terribile regime comunista sono morti fior fiore di sacerdoti, religiosi e religiose, laici cattolici. Allora, alcuni vescovi trovano che tal sacerdote è stato fucilato dai comunisti, è stato ammazzato, e dunque può diventare un candidato naturale al martirio. Ma perché questo succeda ci vogliono le prove. Bisogna avere i testimoni del fatto, provare che quel sacerdote è stato ucciso *in odium fidei*, in odio della fede, altrimenti non c'è martirio.

Ora, in tanti casi si vede che quel tale sacerdote, o religioso, o laico è stato ucciso, ma perché i comunisti non potevano vedere né preti, né frati, né laici impegnati in opere di religione, che magari sospettavano di essere rivoltosi, e uno che gli capitava a tiro l'ammazzavano, ma non avevano sempre idea che quello potesse essere un propugnatore della fede e andasse eliminato. Quindi, sono cause che andrebbero molto più studiate e digerite. E ci vuole il tempo necessario. Non è possibile che in cinque anni si possa fare un processo e arrivare alla beatificazione. Almeno a me pare oggettivamente rischioso, però io mi sottometto sempre al giudizio superiore.

Lei non può dire di no?

Col mio voto posso dire di no, e l'ho detto alcune volte. Ma questo non conta nulla, se è solo il mio voto. Bisognerebbe che ci fosse l'unanimità dei sei consultori storici, dei consultori teologi, o almeno la maggioranza. Basta che su sei consultori, tre siano contrari, e difficilmente la causa può avanzare, almeno con celerità.

Lei finora ha parlato di questa tendenza alla superficialità. Ma ci sono stati dei casi in cui lei ha visto una forte contraddizione proprio in termini di vita di queste persone, e ha fatto presente che era inopportuno che certe candidature fossero proposte?

Su alcune preferisco non parlare, perché se ne sta discutendo ancora. Sì, però ci può essere una candidatura che va avanti in sede locale, perché lì, stravedono per il «loro» santo. Quando il processo arriva a Roma e qui si vedono le cose più obiettivamente, nell'ottica della Chiesa universale, può sorgere qualche ragione di opportunità. Ad esempio, una di queste cause che incontra ostacoli è quella del fondatore dei Dehoniani, padre Léon Gustave Dehon; un sacerdote francese vissuto tra metà dell'Ottocento e il primo ventennio del Novecento. I Dehoniani sono una grande Congregazione, e meritevole, e l'hanno proposto per la canonizzazione. Ma la causa adesso è ferma. Per quale motivo? Perché si sono trovate talune lettere di questo sacerdote fortemente antigiudaiche. E quindi...

Era un antisemita?

Nelle carte del processo appare un forte antisemitismo, e questo blocca la causa.

Che cosa emergeva dai vostri Archivi?

Lettere di questo sacerdote che contengono frasi ed espressioni sue molto dure nei confronti della religione ebraica. E dunque questa persona non può essere additata e proposta come un esempio di santità, come un uomo che ama tutti i fratelli. Adesso la causa è silente. Forse, chissà, un domani si riuscirà a sormontare questa difficoltà, contestualizzando alcune delle sue affermazioni, magari approfondendo meglio il suo modo di parlare, io non lo so. Ma era solo per segnalare l'esistenza di cause che riguardano persone comunque buone e meritevoli, ma che hanno delle contraddizioni tali da costringere a una grande cautela.

UN SANTO COME BIGLIETTO DA VISITA PAPALE...

Si è verificato mai, esaminando i vostri documenti, un caso nel quale ci sia stata una forzatura da parte di un Segretario di Stato, di un papa, di una persona poten-

te della gerarchia vaticana che ha cercato di imporre una candidatura contro il parere dei consultori storici?

Questo non lo so e dunque non lo posso dire. Io so soltanto quello che viene sottoposto a me, non quello che viene trattato ad altri livelli e in altre cause. A me non risultano pressioni così forti di questo tipo. Semmai mi risulta, e questo era evidente quando ci trovavamo a discutere in Congregazione dei Santi, che a volte Giovanni Paolo II, a seconda dei viaggi che aveva in programma, chiedeva alla Congregazione medesima se per caso ci fosse stata una causa pendente di beatificazione che riguardava quel territorio ecclesiastico che stava per visitare. E allora si raccomandava: «Se potete finire, o fare in modo che arrivi all'esito prima che io parta... io lo beatifico là». Però il papa fu sempre rispettoso della Congregazione e voleva che almeno si fosse seguita la procedura prevista.

Era una specie di biglietto da visita che portava in questi viaggi.

Possiamo dire che faceva piacere al papa beatificare qualche Servo di Dio sul luogo della diocesi visitata, sia in Polonia, sia altrove, sempre che però ci fossero stati tutti i presupposti canonici. Era un segno della vicinanza di Roma alla Chiesa locale.

Però questo vuol dire che c'era un periodo molto stretto per esaminare a fondo un caso...

Eh, qualche volta sì, più stretto del solito.

Poteva essere anche un anno soltanto?

No, anche un po' di più.

Un viaggio papale poteva essere programmato con quanto anticipo? Anche due anni?

Sì, succedeva. Il papa lo stava magari programmando senza annunciarlo, quindi la Congregazione era informata per tempo.

Papa Ratzinger ha fatto la stessa cosa?

No, Benedetto XVI su questi temi fu molto cauto. Una volta, in udienza concessa al cardinale Jean-Louis Tauran, archivista e bibliotecario, e a me, discutendo di altro, cadde il discorso su una procedura di cause di santi che interessava lui. Allora, ci chiese il parere su quella tale causa. Che cosa ne pensassimo noi. Il cardinale lasciò la parola a me, perché non conosceva a fondo il soggetto. Io invece l'avevo studiato nei dettagli, conoscevo la causa, e dissi che da quanto risultava a me, la causa era impostata bene ma presentava alcuni aspetti dubbi, che bisognava approfondire ancora, avendo a disposizione più tempo.

Allora papa Benedetto chiese: «Ma lei pensa che debba dire una parola alla Congregazione?». «Sì, Santo Padre, sarebbe forse prudente», e lo fece. Perché papa Benedetto, essendo un uomo di studi, sapeva che queste sono cose da andarci con i piedi di piombo.

Quando lei dice «dire una parola alla Congregazione» vuol dire mettere in allerta?

Sì, mettere in allerta, avvisare del problema.

Poteva invece sembrare che volesse intendere: «Andate avanti anche se».

No, papa Benedetto era sempre obiettivo; quando vedeva una difficoltà, anche storica, ammetteva che c'era, e che non si poteva sormontare a occhi chiusi. Dire una parola voleva dire: avvertire la Congregazione che si avevano dubbi e che bisogna essere più ponderati, dare più tempo, chiarire meglio i dubbi stessi, prima di procedere con quella determinata causa.

E con papa Francesco?

Non ho mai avuto modo o occasione di trattare questioni di questo tipo. Non è mai capitato.

Capitolo XIV
E Francesco ordinò: non chiamatelo più segreto

22 OTTOBRE 2019: TRE PAGINE PER CANCELLARE QUATTRO SECOLI

L'Archivio Segreto Vaticano è stato sempre associato ai misteri, alle cose più inconfessabili. Per questo il papa ha deciso di cambiare il nome, o almeno l'aggettivo sotto accusa: da «segreto» a «apostolico»? Lei ricorda quando e perché?

Ricordo bene. Ricordo perfettamente il *motu proprio* di papa Francesco che abolì l'intestazione *secretum*. Era di tre pagine, e la decisione fu presa il 22 ottobre del 2019. Con quel provvedimento, papa Francesco ha deciso di cancellare quattro secoli di storia nel titolo dell'Archivio Vaticano. Si parlò di *Archivum Secretum Vaticanum* a partire dal 1646, anche se la fondazione da parte di Paolo V è del 1610-12. Ma quell'aggettivo, «segreto», ha cominciato a «essere frainteso, colorato di sfumature ambigue, perfino negative» scrive papa Francesco nel suo *motu proprio*. Dunque, si cambiò.

Perché Francesco ha deciso di cancellare l'aggettivo «segreto»?

La decisione si deve alla forte sensibilità del papa di fronte a un'esigenza di trasparenza. La sua volontà è che la Chiesa agisca senza quelle che possono essere considerate tendenze o tentazioni a nascondere, o faziosità.

Sì, ma in concreto che cosa è cambiato?

È cambiato il titolo. Non vengono modificate né la struttura, né la funzione dell'Archivio. Il problema era di avvicinarlo alla sensibilità della gente comune, di evitare l'accezione pregiudizievole di «nascosto», da non rivelare e da riservare a pochi, come scrive papa Francesco. Comunque, anche con l'aggettivo «segreto» l'Archivio era stimato dovunque. Cambiando l'intestazione si avvicina agli altri archivi storici del mondo non segreti.

Per capire: gli archivi su Pio XII sono consultabili liberamente nella loro totalità?

Sì, ma lo sono stati comunque al momento dell'apertura nel marzo del 2020. Vede, a prescindere dal cambiamento dell'intestazione, l'Archivio Vaticano all'atto di ogni apertura di pontificato rende disponibili tutte le sue fonti. Quindi anche prima di questo *motu proprio* le fonti sono state preparate per la consultazione degli studiosi nella loro totalità.

Lei quando ne fu informato?

Fu l'allora archivista e bibliotecario, il cardinal José Tolentino de Mendonça, a chiedermi se io avessi avuto nulla in contrario a cambiare questo nome. Evidentemente era stato un desiderio del papa, suppongo io, anche se non mi è stato detto mai chiaramente. E questo più o meno avvenne a metà del 2019. Lì per lì, qualche perplessità io l'ho avuta, perché nel mondo scientifico era ormai da secoli conosciuto come «Archivio Segreto Vaticano», si può dire dalla prima metà del Seicento. Significava toccare un titolo storico; io sono sempre un po' tradizionalista su questo. Ma ho riflettuto molto, mi sono fatto consigliare, ho sentito i miei ufficiali. E alla fine, siccome il motivo era serio, mi sono convinto che fosse inevitabile. Il papa era preoccupato che questo suo Archivio, questo aggettivo «segreto», nella vulgata fosse percepito come un archivio riservato in tutti i sensi, proprio segreto, che nascondeva cose inconfessabili, visibile a pochi, ad arbitrio di alcuni. Insomma, nel programma di papa Francesco sappiamo che c'è la massima apertura, la massima trasparenza, la massima volontà di essere fedeli alla storia, alla realtà, senza nascondere, senza proiettare ombre o alimentare sospetti. A generare questo clima sono stati anche i libri di Dan Brown e di questi sedicenti romanzieri, nei quali non trovo niente di valido. Soprattutto negli Stati Uniti, ma anche nell'episcopato tedesco e in alcuni Paesi dell'Asia; un clima che aveva evidentemente rilevato come ormai sarebbe stato il tempo di cambiare quell'aggettivo «segreto» che generava tanti problemi...

Lei personalmente discusse col papa di questo cambio di nome?

No, abbiamo visto il papa quando ci ha ricevuti in udienza per annunciare l'apertura dell'archivio di Pio

XII, quindi il cambiamento del nome era già fatto, ma non ho avuto mai contatti.

Non ha neanche collaborato alla stesura del motu proprio?

Questo sì, perché sono il referente. Ma è normale che sia così. Solo qui si poteva preparare una minuta, un abbozzo del documento papale, perché conosciamo la storia dell'istituzione, e, se lei nota, il *motu proprio* è impostato in modo molto storico. L'Archivio è nato così, si è sviluppato così, adesso credo, dice il papa, che sia giunto il momento per eliminare questi equivoci di cambiare, aggiornare il suo titolo.

E tutta la cancelleria dell'Archivio Segreto, le carte intestate, i gadget che c'erano?

Purtroppo, abbiamo dovuto rifare la carta, grazie a Dio ne avevamo poca in deposito, e non è costato tanto. Ma abbiamo dovuto rifare il sito internet, aggiornare tutto secondo il nome nuovo.

UNA RISPOSTA ALLA PRESSIONE DELL'OPINIONE PUBBLICA

Scusi ma non è un po' singolare che il Vaticano interrompa una tradizione di oltre quattro secoli perché c'è una pressione dell'opinione pubblica su cose che, tra l'altro, appaiono opinabili?

Questo è senza dubbio discutibile. Però, nella politica attuale di papa Francesco si può capire che queste pressioni fossero arrivate proprio a lui, e che da parte di certi ambienti ecclesiastici si facesse presente la necessità di sostituire questo aggettivo con uno più rassicurante. Infatti, noi pensammo a lungo alla questione e dopo ci sembrò che proprio per togliere il sospetto di essere segreti, chiusi, nascosti, cioè privilegiati, di maneggiare noi la storia *ad usum Ecclesiae* a nostro piacimento, decidendo se far vedere o non vedere, se rivelare o tacere ancora oggi, fosse meglio compiere questa svolta lessicale. Noto che i pregiudizi in alcuni rimangono. Anche ora che abbiamo cambiato il nome, ci sono storici che qui a Roma, in pubblico, hanno detto: «Ma ci sarà tutto in quanto hanno aperto? Ci faranno vedere tutti i documenti di Pio XII?». E lo dicono oggi, eh?

Rimane una diffidenza di fondo.

Sì, ristagna una diffidenza di fondo, che ci ha fatto valutare positivamente le preoccupazioni e le ragioni del papa. Questi aveva visto bene, bisognava valutare il pro e il contro, mantenendo però la giusta tradizione. Infatti, il *motu proprio* che ha cambiato il titolo e l'ha fatto diventare «Archivio Apostolico Vaticano», dice la stessa cosa che Archivio Segreto, ma abbiamo tolto quell'aggettivo.

Come è la stessa cosa?

Perché il *domnus apostolicus* nella Chiesa cattolica è solo il papa. Allora, l'Archivio Apostolico è solo l'archivio del papa, che è come dire l'archivio segreto, che voleva dire privato, del papa. Ma ormai quel *secretum* latino era scivolato nella vulgata come se fosse stato l'Archivio dei misteri più inquietanti: segretissimo, riservatissimo. Quindi questo passaggio è stato necessario, e vedo che oggi, generalmente, per la gente comune niente diceva segreto, niente dice apostolico; per gli studiosi, praticamente... non ci sono grosse difficoltà.

L'Archivio Segreto Vaticano è stato sempre associato ai misteri, alle cose più inconfessabili. E, per essere una sorta di Archivio del Cielo, è circondato piuttosto da un'aura luciferina. Da che cosa nasce questa leggenda nera sulle carte che lei custodisce da venticinque anni? Proteggete effettivamente segreti inconfessabili?

No, questo certamente no. Anzi, si può dire per ironia che l'Archivio Vaticano è uno dei più aperti, perché non ha archivi riservati salvo che per alcune materie che riguardano i dati sensibili personali, come i casi matrimoniali o l'elezione dei vescovi o i conclavi; ma tutto il resto è pubblico: quando il papa apre un pontificato, si apre tutto, e da noi gli studiosi lo vedono, perché ci sono tutti gli inventari di tutti i nostri quattrocentocinquanta fondi dell'Archivio.

Sensibili nel senso che riguardano questioni...

Personali, private. Si tratta di dati di famiglie, di figli e quindi vanno protetti. Almeno quelle degli ultimi centocinquanta-duecento anni; quelli precedenti si possono studiare. Ma la leggenda che si è creata, proprio dato il titolo di Archivio Segreto, nasce anche da alcuni romanzi, pseudoromanzi storici dedicati all'Archivio del papa. E hanno creato nel grande pubblico una diffusa immagine di, appunto, un istituto che in quanto segreto conserva e nasconde le carte, e avrebbe alle proprie dipendenze persone scelte in quanto adatte a mantenere i segreti. Ma non è proprio vero niente. E questa pseudostoria, secondo me, nasce da un romanzo di Jack London del 1907: *Il tallone di ferro,* che non riguarda affatto il Vaticano, riguarda due sorelle; una storia neutra, ma è il primo romanzo che esce anche in America, e che ha un substrato di storia romanzata (devo al dottor Luca Carboni, ufficiale dell'Archivio, questa informazione). Storia non documentata ma romanzata, in cui l'autore interviene a creare dialoghi, situazioni, persone, sfondi storici. Questo modo di far storia che piano piano prende piede nel pubblico, nel popolo, in chi legge questi libri, nel 1963 fece un salto di qualità: dopo che Rolf Hochhuth pubblicò la pièce teatrale *Il Vicario* su Pio XII, e ricamò attorno ai silenzi di Pio XII, e l'opera teatrale divenne poi un libro, e questo diede vita a un filone sfruttato da alcuni romanzieri che scriveranno libri con il Vaticano, il papa e il suo entourage come sfondo.

È difficile pensare che tutto origini da lì.

Non voglio dire questo. Voglio dire che un certo atteggiamento nasce in quegli anni. Vede, Hochhuth era tedesco, e i tedeschi quando vengono a Roma, proprio in ragione della loro lingua e di una loro mentalità, si fidano solo di altri tedeschi. Non cercano contatti con gli italiani, francesi o altri, almeno non immediatamente. In curia c'erano ai tempi di Hochhuth e continuano a esserci diversi tedeschi. Hochhuth parlò con due di questi curiali, uno dei quali era monsignor Alois Hudal, che era un arcivescovo di cui Pio XII si era fidato. Fino a un certo punto era stato rettore del Collegio dell'Anima (dei Tedeschi). Il problema è che era filonazista, e si era permesso di esaltare, addirittura, il nazionalsocialismo di Hitler. Per questo Pio XII lo allontanò da sé e divenne, come si direbbe oggi, una vittima del papa. Quindi gli rimase qualcosa di amaro in bocca, perché passò dall'essere un uomo di fiducia del papa a essere allontanato per il suo pangermanesimo.

Questo suo filonazismo da cosa lo si deduce?

Da alcune sue pubblicazioni. Era filonazista e antisemita. È un personaggio, un ecclesiastico molto discusso. Ovviamente, per le sue idee, che non ha mai rinnegato, venne messo da parte. Ma continuò a vivere a Roma. E quando Hochhuth arriva nella capitale italiana, va proprio da lui perché era tedesco, perché conosceva la curia e il papa. E lui assai probabilmente gli parlò male di Pio XII (sono meccanismi psicologici di base).

Sta dicendo che la costruzione dell'immagine negativa di Pio XII viene alimentata dalla cerchia filonazista della curia?

Nasce dal risentimento contro Pio XII di un paio di tedeschi curiali; perché c'era anche un altro monsignore che lavorava alla Segreteria di Stato (Bruno Wüstenberg), e anche lui potrebbe essere stato uno degli informatori di Hochhuth. L'Archivio di Hochhuth è in Svizzera, oggi. Se si va ad attingere là, da quanto appare si vede che effettivamente questi due ecclesiastici hanno avuto un peso sul suo *Vicario*, e lui ha preso dunque le informazioni da due ecclesiastici che non erano ben visti da Pio XII. Ecco perché le informazioni attinte erano negative. Poi ci ha messo del suo e ha creato questo libro contro Pio XII e contro i suoi silenzi. *Il Vicario* di Hochhuth ha dato il via a una serie di libri che crearono una polemica sempre in quella direzione. Qualcuno parla dell'oro dei nazisti che sarebbe custodito negli Archivi Vaticani, e si fa un romanzo sull'oro dei nazisti.

LA LEGGENDA DELL'ORO DI HITLER

Insomma, nell'Archivio quest'oro non c'è né c'è mai stato?

Mai, è un'assurdità inventata per danneggiarci. È uno dei tanti filoni che dopo Hochhuth, dopo il 1963, si sono sviluppati. Libri che non hanno nessun fondamento storico, ma sono romanzati, come piace ora ad alcuni scrivere la storia.

Sui silenzi di Pio XII, al di là di questa operazione strumentale che lei attribuisce a chi suggerì a Hochhuth la trama del Vicario, *in realtà si dice anche l'opposto. L'ex primo ministro italiano Giulio Andreotti, che di Pio XII era amico, sosteneva che* Il Vicario *era probabilmente una vendetta dell'Urss contro il Vaticano per annacquare l'antisemitismo sovietico. Insomma, le leggende si accavallano...*

Si è anche detto quello, e in effetti pare che le prime mosse per mettere in cattiva luce Pio XII riguardo alla

Shoah e alla guerra fossero proprio venute da Mosca, dai sovietici.

Indipendentemente da questo, però, i silenzi di Pio XII c'erano stati.

I silenzi c'erano stati, senza dubbio, e quelli mostrati nel dopoguerra sono stati più gravi dei silenzi durante il conflitto mondiale. Ma un conto è studiarli, come ha fatto recentemente il professor Andrea Riccardi, un conto è romanzarci sopra e creare tutto un giallo, con personaggi che sono pure invenzioni. Questo filone è durato fino agli anni Settanta del secolo scorso, poi si è un po' spento. Dopo però che nel 1978 morì Giovanni Paolo I, pontefice per soli trentatré giorni, ecco che uscì nel 1984 il libro di David Yallop *In God's Name*, sulla morte del papa. Lì comincia il filone dell'assassinio di Giovanni Paolo I, della morte misteriosa, dei veleni, del Vaticano che nasconde le prove, dell'autopsia non fatta, e tutto il resto. In questo filone di storia romanzata, perché in mano documenti questa gente non ne ha, l'ultima perla, se si può dir così, è quella di Dan Brown, *Angeli e Demoni*. Un libro uscito in inglese nel 2000, in italiano nel 2004, che ha avuto un notevolissimo successo di vendite, pur essendo del tutto assurdo. Quelle narrate sono cose che non hanno nessun senso; però hanno affascinato così tanto il lettore di pseudostoria che ancora oggi si può dire che sussiste un substrato di queste leggende sull'Archivio Vaticano, seppure sempre più evanescenti. Poi, oltre questo, ci sono stati altri libri, come questo che ho davanti, di due studiosi italiani, Rita Monaldi e Francesco Storti, che nel 2002 pubblicarono un saggio con il titolo *Impri-*

matur, per i tipi di Mondadori. Questo libro è un altro costrutto del tutto inventato sullo sfondo dell'Archivio Vaticano, dei suoi documenti.

Prima si era pubblicato anche un altro volume: *L'Archivio Segreto del Vaticano, storie ed enigmi di una raccolta di documenti*, di Maria Luisa Ambrosini. Questa studiosa di Pavia è più seria. Non scrive un romanzo storico, ma proprio un libro dedicato all'Archivio; ne illustra i fondi, lavora qui, con il permesso del prefetto di allora, per mesi e mesi. Quindi è una ricercatrice piuttosto informata. Tuttavia, questo saggio ha creato indirettamente un filone di altri autori che hanno scritto ancora sui «segreti» dell'Archivio. Ma dopo che il Santo Padre ha deciso di cambiare il nome, ripristinando l'antico Archivio Apostolico, non più Segreto, ho ragione di credere che questo filone si sia esaurito.

L'impressione è che lei, forse, si illuda. Il fatto che emergano a intermittenza questi libri dimostra che c'è curiosità, che la cultura del segreto presente in Vaticano affascina e inquieta; e che sulla trasparenza del Vaticano persiste un profondo scetticismo. E magari questo è associato sia a qualche buon motivo, sia anche a un pregiudizio da parte dell'opinione pubblica. È vero che tra le leggende ci sia quella che voi conservereste nell'Archivio la Menorah degli ebrei. Ne ha sentito parlare?

Sì, anche questa leggenda è stata ampiamente romanzata. In uno di questi libri pseudostorici si diceva che non solo avevamo l'oro dei nazisti, ma addirittura anche questo candelabro, la Menorah, che Tito Vespasiano avrebbe asportato dal tempio di Gerusalemme dopo averlo distrutto nel 70 dopo Cristo nella Campagna di Giudea, per punire gli ebrei in rivolta contro Roma. Naturalmente, non si capisce perché Tito avrebbe dovuto dare al papa la Menorah... L'*Archivum* allora non esisteva, il papa avrebbe ereditato questo candelabro sacro che poi, guarda caso, sarebbe finito nell'Archivio Vaticano! Solo che l'Archivio Vaticano è nato nel 1612, il candelabro pare che Tito lo avesse buttato nel Tevere insieme ad altre reliquie che erano state asportate dal tempio di Gerusalemme molti secoli prima.

TRA CHIODI DELLA CROCE, TESCHI DI MARZIANI E «VERITÀ» SU EMANUELA ORLANDI

Lei ha avuto mai la sensazione che qualcuno, nella comunità ebraica ma anche tra i cattolici e tra chi studia queste carte, abbia sospettato che ci fosse qualcosa di vero?

Qualche volta sì, l'ho avuta. Avendo ricevuto in visita nei miei anni di prefettura tanti ambasciatori di Israele presso la Santa Sede con amici loro, con le loro famiglie, qualche volta mi è sembrato di capire che loro credessero che qui ci fosse qualche reliquia ebraica, antica. Ma naturalmente, questo non è mai stato ufficialmente chiesto. Né farlo poteva essere molto ragionevole. Quindi, forse erano credenze dovute anche a questi romanzi che narrano di tutto e di più. Porte scorrevoli, serrature nascoste, cunicoli, non esistono proprio. Né mai sono esistiti.

Un'altra leggenda è che nell'Archivio sarebbero conservati i chiodi della croce di Gesù. Vero o falso?

Lo so che circola una storia incredibile su questa iscrizione sulla croce di Gesù: INRI, *Iesus Nazarenus Rex Iudaeorum,* scritta in greco, ebraico e latino, come narrano i vangeli. Io m'immagino Nostro Signore Gesù Cristo, deposto dalla croce, con Gerusalemme sottosopra, con i Romani che stanno cercando il cadavere di un «risorto»... E qualcuno che vada a staccare l'iscrizione dalla croce per nasconderla e poi tramandarla. È tutto, questo sì, da marziani. Però mi ha un po' impressionato il fatto che a volte si volesse da noi una copia, oppure vedere questa iscrizione, quasi si desse per certo che esistesse. A volte mi è capitato che chiedessero una fotografia, dando per certo che l'iscrizione stava qui. Ora, se uno scrive queste cose, evidentemente conferma che la mente umana è insondabile. Non è vero niente, non ci sono chiodi e nemmeno reliquie. L'Archivio Vaticano non ha alcuna reliquia. Queste, se ci sono, si trovano nelle basiliche di San Pietro, Santa Maria Maggiore, Santa Croce in Gerusalemme: i chiodi della Passione, la corona di spine. Ma mi permetto di dire che spesso sono sedicenti reliquie, perché poi, sulle reliquie c'è da star molto attenti.

Perché è così scettico sulla loro autenticità?

Perché l'origine di queste antichissime reliquie in pratica risale alle Crociate. Ora, noi sappiamo che da Gerusalemme poteva venire qualcosa di vero, ma poteva venire anche qualcosa di inventato e venduto come vero. Quindi bisogna sempre stare molto attenti.

E i teschi dei marziani? È un'altra delle leggende nere che circondano il suo Archivio. Di fronte a storie così, le viene da dire: «Ma come fate a pensare a una cosa del genere?», oppure le giustifica?

Quando uno non vede o non vuole vedere la realtà, non sa, non conosce, può credere che noi nascondiamo di tutto. E la leggenda a cui lei allude risale forse a cinque o sei anni fa, non tanti. Non ricordo in quale giornale, ma non era italiano, qualcuno aveva scritto, e a me è stato poi riportato come una burla, che nell'Archivio Vaticano sarebbero stati trovati nel sottosuolo alcuni teschi dei marziani grigi. Cioè, scrissero che i marziani veramente esistono, che erano sbarcati sulla terra con le loro astronavi in un lontano passato, e che il Vaticano nasconderebbe alcuni teschi dei marziani grigi. Sciocchezze catastrofiche, ma intanto era chiamato ancora in ballo l'allora Archivio Segreto Vaticano. Questo dice proprio come tutto sia possibile nella mente umana.

Dice anche, però, che tipo di immagine avete voi in alcuni settori dell'opinione pubblica. Magari vi sopravvalutano, ma diffidano anche.

Quando un Archivio è «segreto», quando è del papa, viene fuori di tutto. Quindi, le leggende sono antiche, e si inzuppa sempre il pane per crearne di nuove, e tutte possibili. L'ambiente, d'altra parte, lo permette. Il Vaticano è riservato...

Così riservato che si può pensare che nasconda teschi dei marziani...

Sì, ed è una favola che andò sui giornali!

Per parlare di anni più vicini, c'è chi è convinto che abbiate in Archivio un fascicolo che spiegherebbe che cosa è successo a Emanuela Orlandi, la ragazza di quindici anni, cittadina vaticana, scomparsa il 22 giugno del 1983 mentre tornava a casa dopo avere seguito una lezione di musica?

Solo chi non conosce le regole degli Archivi Vaticani può fare una simile ipotesi. Pensi che noi oggi, nel 2023, stiamo ancora in attesa di ricevere alcune parti di documenti ordinari del pontificato di Giovanni Paolo II. Come potrebbero arrivare qui i supposti fascicoli su Emanuela Orlandi? Dico supposti, perché io su questo pietoso caso ne so quanto, e forse meno di lei: e cioè quel che si legge, fra molte contraddizioni, sui giornali. Ma posso dirle con sicurezza che su Emanuela Orlandi noi qui non abbiamo una riga. Del resto, ora si è aperta una procedura al Tribunale Vaticano, a quanto ho letto, e dunque se si troveranno documenti su quel caso, saranno certo consegnati agli inquirenti. Quel che seppi alcuni anni or sono dall'allora archivista della Prima sezione della Segreteria di Stato, monsignor Assunto Scotti, sacerdote da me molto stimato, è che nel loro Archivio vi era solo, come di prassi, una cartella con echi di stampa sul caso che nominavano il Vaticano.

Solo ritagli di giornali? Non avete nessun documento o appunto riservato?

Sì, che io sappia sì. In Archivio Vaticano mai è giunto – né vi sarebbe stata ragione per farlo – alcun documento su quel triste caso.

TRA SPIE VERE E FALSE

Il Vaticano è stato storicamente anche un crocevia di intrighi e di spionaggio. Esiste qualche leggenda legata alla rete di spionaggio, qualcosa che l'ha colpita e che, secondo lei, appunto era una bufala e che riguardava lo spionaggio intorno alla Chiesa?

Posso solo dire che in Archivio ci sono documenti di alcuni che erano, o almeno sono stati sospettati di essere spie. Uno di questi, sotto Benedetto XV, papa della Chiesa, era il famoso Rudolph Gerlach, un tedesco che era molto nelle grazie del papa. Era l'uomo di fiducia del papa. A un certo punto fu processato in Italia, perché la polizia italiana sospettò che fosse una spia dei tedeschi. Si rifugiò in Vaticano, ma il papa fu costretto, poi, quando il processo si imbastì al Tribunale di Roma (siamo nel 1917, se non vado errato), fu costretto, dicevo, a fare in modo che Gerlach si trasferisse in Svizzera, nascosto sotto falso nome, almeno all'inizio; e che potesse evitare il processo di Roma. Ne abbiamo già parlato in un altro capitolo. Fu condannato in contumacia all'ergastolo. Questo era il sospetto su una persona che poteva essere spia. Ma la prova che Gerlach fosse una spia non c'è, perché dai documenti che abbiamo si sa che era molto introdotto nelle corti europee, che era un uomo che aveva una certa cultura...

Era un ecclesiastico o un laico?

Era un sacerdote, che poi però si spretò e si sposò con una protestante, perché poi la sua storia si perde. Dopo che morì Benedetto XV, lui era ancora in Germania.

Abbiamo i documenti, ma sono di inchieste processuali, di lettere. Altro non saprei.

Quindi non è una leggenda?

No, è un fatto appurato con tanto di sentenza.

Possibile che non esista qualche elemento che leghi, ad esempio, nel periodo di Pio XII allo spionaggio nazista in Vaticano?

Con sicurezza, no. Però si diceva che qualche rifugiato tedesco in Vaticano potesse essere anche spia. Ma di spionaggio, però, non c'è minima prova. C'è un fatto: almeno così mi è stato raccontato da alcuni, e io forse ho motivo anche di crederci, che sotto Paolo VI, e dunque diversi anni dopo, quando l'America soprattutto, ma anche la Russia erano interessate a sentire i colloqui privati del papa con gli ambasciatori, fossero state sistemate da qualcuno delle microspie dietro la tappezzeria dello studio privato del papa. Questo è verosimile, però io la prova non l'ho mai avuta, e sono sicuro che non si avrà mai, perché la persona che eventualmente piazzò le microspie, ha fatto poi smontare tutto a tempo debito...

Microspie messe da qualche persona del Vaticano?

Magari messe proprio da personaggi che lavoravano nell'entourage del papa: anche semplici uscieri, ascensoristi, persone delle pulizie, pagati da qualcuno con la complicità di qualcun altro, che forse ha potuto fare in modo che queste microspie venissero sistemate nello studio papale. Potevano essere cimici piuttosto degli americani o dei russi. Mandati proprio per carpire in quel momento che cosa il papa pensasse, cosa dicesse... C'era la Guerra Fredda.

Ma infiltrate in Vaticano, evidentemente? In quale studio erano state messe?

Nello studio privato del papa.

Dunque, era qualcuno che aveva accesso a questo studio privato. Quindi era qualcuno che era stato infiltrato.

O infiltrato o semplicemente ben pagato. Bastava che pagassero un usciere che faceva le pulizie in quello studio per dirgli come e quando sistemare queste microspie, che non dovevano essere molto visibili, ed ecco che l'operazione sarebbe riuscita. Però la prova io non ce l'ho; ho sentito queste voci, che non mi sembrano del tutto inverosimili.

Perché?

Perché evidentemente c'era la Guerra Fredda, e c'era interesse a sapere come si muoveva il Vaticano. Ora, l'unica maniera per saperlo, era avere diretto accesso ai colloqui del papa, perché queste sono cose che non si dicono nei corridoi...

Ma questa è una bella leggenda da inserire nel novero di quelle che avvolgono il Vaticano.

Sì, può darsi che domani si scopra che è una leggenda. Per adesso non è uscito niente di questo. Se ne è parlato, credo, dopo la morte di Paolo VI. Ma così come possibilità... Perché sa, anche questa delle spie è sempre una cosa appetitosa, quindi se non ci sono, s'inventano.

IL MOZZICONE DI SIGARETTA DEL SOVIETICO PODGORNY

Risulta che dopo un'udienza concessa da Paolo VI al presidente sovietico Nikolai Podgorny, fu stilato un breve rapporto nel quale si diceva che il Vaticano aveva anche preso la cicca della sigaretta che Podgorny aveva fumato per analizzare la saliva. Il mozzicone era stato archiviato.

Di questo non so nulla. Ma sono cose che possono accadere, in tutte le cancellerie, non solo in Vaticano. Questo avviene in tutte le corti, si può dire, ma il Vaticano è sempre di mira perché si associa ai segreti e alla riservatezza. E le altre diplomazie sono sempre schierate per capirne gli orientamenti. Cosa pensano i russi si sa, cosa pensano gli americani si sa, ma cosa pensa il papa... non lo si sa. Perché il Vaticano si deve bilanciare proprio per tenere un'equidistanza e mantiene una politica sua, quindi le sue mosse sono più appetitose.

Ma ormai nell'Archivio non c'è più nulla di segreto?

Nulla, tranne alcuni tipi di documenti precisati nella legge del 2005 sugli Archivi della Santa Sede, emanata da san Giovanni Paolo II. Tutto il resto era ed è consultabile.

Quali sono i documenti che rimangono segreti?

Gli atti dei conclavi, i documenti del pontefice e dei cardinali, i processi vescovili, le posizioni sul personale della Santa Sede e le cause matrimoniali, oltre ai documenti indicati come tali dalla Segreteria di Stato. È tutto scritto.

Dell'ultimo Conclave, dunque, non si saprà nulla.

Esistevano già disposizioni riguardanti il segreto del Conclave. E anche la legge sugli Archivi di cui parliamo recepisce queste riserve. I risultati non potranno essere di dominio pubblico. D'altronde, le schede sono state bruciate. Ci saranno forse solo i sommari sui voti dei candidati.

Voi vivete anche di donazioni. La novità del passaggio da segreto ad apostolico le ha favorite o danneggiate?

La mutazione del titolo non ha creato perplessità in nessuno dei nostri benefattori. Per un'altra buona parte, penso che avere tolto ogni minimo sospetto o falsa concezione di segretezza possa anche indirettamente favorire di più le donazioni in diverse nazioni del mondo.

Lei è prefetto dell'ex Archivio Segreto Vaticano da oltre un quarto di secolo. Non soffre una crisi di identità adesso?

Neanche tanto, anche perché ho sempre considerato l'Archivio Segreto nella sua accezione originaria di «privato», senza intenderlo nel senso deteriore che si dà oggi a questo termine. È da quattro secoli che siamo aperti a chi richiedeva copie dei documenti, sia studiosi laici che ecclesiastici. Gli storici sanno bene che intere collezioni di documenti papali dei secoli XVII-XIX (penso, ad esempio, ai *Bullaria* dei vari ordini religiosi, ma anche agli *Annales* di Cesare Baronio sulla storia della Chiesa), così come singole monografie sui papi e sul papato, non sarebbero state possibili senza l'aiuto prestato nei secoli ai diversi ricercatori dall'Archivio Segreto Vaticano.

Neanche un po' di nostalgia come custode di tanti segreti? Lei è identificato con l'Archivio Segreto.

Come studioso e come prefetto non ho mai avvertito la necessità di giustificare il titolo di Archivio Segreto. E quando ne sono stato richiesto in conferenze, lezioni, articoli, ho sempre potuto spiegare agevolmente che quel «secretum» voleva solo dire «privato». Non è mai stato l'Archivio dello Stato pontificio prima, dello Stato vaticano poi. È solo l'Archivio privato del papa, sottoposto in tutto alla sua esclusiva giurisdizione. Tuttavia, capisco bene che forse appartengo a una generazione per la quale il latino parla ancora, e il latino non è una lingua facilmente equivocabile. Ora, nella contingenza moderna comprendo pure le giuste osservazioni di papa Francesco legate al bisogno di avvicinare l'istituzione anche al sentire comune.

Non teme le critiche? Prima gliele facevano come prefetto dell'Archivio Segreto, ora magari gliele faranno per avere accettato questa novità.

Il papa ha deciso, e io, come tutti, devo non solo obbedire, ma collaborare.

Scusi, ma non rischia di essere un'operazione gattopardesca? Si cambia il nome dell'Archivio Segreto ma tutto rimane come prima.

Capisco che un simile sospetto possa venire in mente alle persone comuni. Tuttavia, conoscendo lo stile del papa, così diretto e attento alla sensibilità dei nostri tempi, questo sospetto non ha motivo di sussistere.

Secondo Lei, tra quattrocento anni magari l'Archivio tornerà a chiamarsi Segreto, se esisterà ancora?

Non penso proprio. Questa decisione avvicina le due istituzioni «parenti» della Biblioteca e dell'Archivio Vaticano. E segna una svolta storica di grande peso: soprattutto simbolicamente.

LA SCELTA DI LEONE XIII DI APRIRE L'ARCHIVIO SEGRETO FU OBBLIGATA

La prima svolta si ebbe con l'apertura dell'Archivio Segreto agli studiosi, verso la fine del XIX secolo. Fu una mossa molto abile e lungimirante da parte di papa Leone XIII, non crede? Erano passati solo pochi decenni da quando Napoleone aveva razziato e trasferito a Parigi l'intero Archivio Vaticano.

Fu una scelta lungimirante ma obbligata, bisogna dirlo chiaramente. Ormai gli storici lo sanno, almeno quelli più addentro a questi problemi. Sanno che c'è stato un momento in cui il pericolo di una alienazione, di un sequestro addirittura del nostro Archivio Vaticano è diventato incombente. E successe sotto Leone XIII, quando verso il 1879 il nuovo Stato italiano, che è nato come sappiamo nel 1861, fece costruire l'Archivio di Stato di Roma. In quel momento, la politica sia italiana, sia soprattutto tedesca, dell'allora impero prussiano, si rese conto che avere a Roma l'Archivio dello Stato italiano era poca cosa. Lo Stato italiano era giovane, quindi incamerava poco del vecchio Stato della Chiesa. A meno che non fosse stato aperto anche l'Archivio del papa, che era quello a cui i governi, gli studiosi dei vari Paesi europei miravano. Questo è il motivo, io l'ho anche scritto, per cui il papa Leone XIII fu indotto ad aprire. Era stata ventilata l'idea, che arrivò fino a lui, di porre un aut-aut: o l'Archivio Vaticano si apriva all'esterno, o veniva inglobato nell'Archivio di Stato di Roma. Il pericolo era gravissimo. Quindi, il gesto di Leone XIII, che giustamente viene celebrato come magnanimo, in realtà, se si va a scavare, era indotto dalle potenze europee, almeno due, che volevano l'apertura delle ricche fonti di questo Archivio in maniera imprescindibile.

Quindi l'apertura dell'Archivio agli studiosi fu il male minore scelto dalla Chiesa per evitare che l'Archivio fosse inglobato in quello italiano.

Quantomeno in quello italiano; poi ci sarebbe forse stata, di questo però non sono sicuro, un'ipotesi di trasferirlo certamente a Roma, non più in Vaticano, e metterlo sotto una tutela internazionale che poteva assicurarne l'obiettività. Ma non sarebbe stato più l'Archivio del papa, perché in quel modo sarebbe stato sequestrato. Soprattutto la Germania positivista vedeva un grosso ostacolo nel fatto che l'Archivio Vaticano rimaneva precluso agli studiosi laici. Mentre si aprivano i nuovi Archivi nazionali, la scienza storica cominciava a costruire le glorie nazionali, e non aver accesso a queste nostre fonti, che sono di gran lunga le più interessanti per la storia delle nazioni, almeno per i secoli medievali e moderni, è chiaro che sarebbe stato un *vulnus*; quindi, le pressioni furono molte e il papa capì che ormai era giunto il momento di assecondare quest'aria di liberalità verso le fonti storiche. E a gennaio del 1881 aprì agli studiosi il suo Archivio. Anche se occorre dire che non era proprio una vera apertura nuova, perché nel passato, a cominciare dal Seicento (sono stati pubblicati due volumi e anche un mio saggio sull'argomento), si dava accesso all'Archivio del papa a molti studiosi che chiedevano copie di documenti, di potere venire a vedere, a consultare le carte. Si dava accesso, ma erano pochi studiosi, privilegiati, diciamo così. La grande massa di ricercatori non ha potuto mai entrare. Fino al 1881. Dopo il 1881, invece, avviene un'apertura *erga omnes* senza discriminazioni, senza preconcetti. Chi ne ha titolo scientifico entra, può studiare tutto quello che è messo a disposizione secondo le varie aperture che ciascun papa ha fatto.

Durante il nazismo non ci furono pericoli del genere?

Per fortuna no. Cioè, bisogna tener conto che l'Archivio chiuse durante la guerra, almeno dal 1942-43 e in parte anche nel '44; gli studiosi che prima erano ammessi non lo furono più perché c'era la guerra. Salvo alcuni casi urgenti, per così dire. Che il Vaticano temesse una possibile invasione, questo si sa, perché le SS circolavano fuori da piazza San Pietro. Ci sarebbe voluto poco. Pio XII temette una invasione, ma si credette fino alla fine che non sarebbe stato compiuto un passo così sciagurato. Qui in Archivio si aveva la coscienza, a quanto vedo io, perché le testimonianze non sono tante... si aveva la paura, questo sì. D'altra parte, c'era anche la coscienza di non poter far nulla, perché il patrimonio era così vasto e indifeso.

Non c'erano precauzioni che si potessero prendere?

Non c'erano precauzioni che si potessero prendere, no perché, se i nazisti fossero riusciti a penetrare in Vaticano, sarebbero arrivati prima o poi anche qui, dove erano arrivati solo i Lanzichenecchi di Carlo V nel 1527, che entrarono e lasciarono varie scritte che abbiamo ancora oggi sulle pareti di alcuni nostri ambienti, in alcuni affreschi della Torre dei Venti e in altri posti; ma danni ai documenti grazie a Dio, anche in quel caso, non ce ne furono.

Che scritte lasciarono?

Mah, i nomi delle persone, sa come fanno, le firme, le date... Anche lì regnava l'impotenza davanti a quell'aggressione. Se anche fosse stata decisa un'invasione, qui avrebbero potuto fare quello che volevano. Con un Archivio disposto su cinque o sei piani in diversi luoghi, in camere diverse, come avrebbero potuto difenderli?

Si è parlato anche, in anni più recenti, di un tentativo, ad esempio di una comunità religiosa come i Mormoni, di inserirsi nell'Archivio e fotografare tutti i documenti possibili. Lei su questo ha avuto voci?

Sotto di me, cioè da quando io lavoro qui, ormai sono quarantaquattro anni, no. I Mormoni, però, mi sembra di sapere che avessero già visto diversi archivi ecclesiastici. Erano interessati solo ai registri matrimoniali, però. Perché i Mormoni fanno incetta di informazioni su matrimoni, famiglie, la «razza» e altri motivi che mi sfuggono. E hanno poi stampato, addirittura con stampanti americane che allora in Italia credo non esistessero ancora, già quelle collegate ai computer che avevano il laser, stampe a puntini, decine di libri di censimenti matrimoniali. Ma l'Archivio Segreto Vaticano non compare in questi libri; piuttosto altri archivi. Qui da noi, no. Anche perché sarebbe stato quasi impossibile. Dove sarebbero andati a trovare queste notizie? Nell'archivio del Vicariato di Roma lo capisco, perché ha i libri di tutte le parrocchie, quindi registri di battesimi, di matrimoni, di stato delle anime, dei morti... Là, difatti hanno tentato i Mormoni; ma qui da noi no. I documenti nostri sono pontifici in senso stretto, o diplomatici, ad alto livello; non ci sono veri e propri registri di battesimi o matrimoni: avrebbero faticato moltissimo a trovare qualche notizia. Quindi da noi l'invasione dei Mormoni non c'è stata.

Non avete ricevuto pressioni o anche semplici sollecitazioni a fare presto dall'esterno neanche quando si è cominciato a parlare dell'apertura dell'archivio sugli anni di Pio XII?

C'è stata qualche pressione, sì, sotto Giovanni Paolo II, quando stavamo già, si può dire, avviando il programma per la futura apertura degli archivi di Pio XII. Era ancora da venire, però si poteva pensare che ormai fosse da preventivare. E in quegli anni (dodici, tredici anni fa), da parte di ebrei, sia americani, sia europei, sia di Israele, ci furono sollecitazioni. Ho dovuto ricevere parecchie volte ambasciatori di Israele, almeno quattro, che si sono succeduti, e dopo di loro diversi studiosi ebrei di diverse nazioni che sono venuti per chiedere a che punto fosse la preparazione dei documenti di Pio XII e quando sarebbero stati aperti alla consultazione.

LE OFFERTE RIFIUTATE DI FACOLTOSI EBREI AMERICANI

Era una domanda comprensibile, soprattutto da parte di un popolo che è stato la principale vittima della Shoah.

Sì, assolutamente. L'unico aspetto che mi ha lasciato un poco di perplessità è che a volte mi è parso di cogliere, al di là di un'insistenza che capisco e ritengo giustificata, anche un'ombra di pregiudizio. Lei sa che per tanto tempo c'è stato il giallo sul «perché il Vaticano non apre»; le pressioni erano tante. E allora alcuni ebrei, anche molto facoltosi, soprattutto americani, si sono offerti di contribuire con somme notevoli per aiutarci a pagare il personale, per spronare l'Archivio Vaticano ad aprire prima, affrettando le ricerche. Ma io ho sempre rifiutato, anche se quel denaro ci sarebbe servito tanto.

Ha rifiutato perché? Non teme di avere alimentato i sospetti?

In realtà ho rifiutato per un principio professionale: cioè, io non posso accelerare il lavoro di inventario e il riordino dei documenti da parte di persone esterne. Perché non hanno compiuto il giuramento che facciamo noi interni. Il problema principale era il personale che avremmo dovuto prendere dall'esterno. Ce lo avrebbero dato insieme con i soldi, e questo non era possibile. Chi avrebbe garantito sulla obiettività e la riservatezza di tali esterni?

Quante persone in più erano previste?

Quelle che avessimo ritenuto necessarie, anche cento persone, pur di accelerare quell'apertura. Ma noi abbiamo sempre tenuto fermo, con l'accordo della Segreteria di Stato, il principio che a governare gli Archivi nostri siamo noi. Per questo abbiamo rifiutato anche i contributi finanziari.

Gli Archivi nostri li governiamo noi, prepariamo noi il materiale, prepariamo le persone ed esse rendono conto del loro operare, e tutto è sotto il controllo dei superiori. Si aprirà – rispondevo molte volte – quando riterremo il lavoro finito e ben fatto...

Di quali anni stiamo parlando?

Degli anni tra il 1990 e il 2010, più o meno.

Queste offerte sono andate avanti per oltre dieci anni?

Anche di più, ma non da parte di tutti, intendiamoci, solo di alcuni. E si è sempre trattato, voglio precisarlo, di persone private, mai di governi.

Può spiegare meglio? Lei diceva: «Noi vogliamo persone che abbiano fatto il giuramento». Cos'è questo giuramento?

Quando un archivista lavora in un Archivio come il nostro fa un giuramento di fedeltà al papa e alla Chiesa cattolica, cioè giura di credere in quello in cui crede la Chiesa cattolica e di voler lavorare qui per servire il papa e la Chiesa. Questo dice che ciascuno di noi è abbastanza cosciente che bisogna fare tutto con obbiettività, non nascondere nulla, collaborare sempre con un superiore che può dirti sì o no, e non privilegiare nulla a discrezione o a interesse di parte. Ad esempio, anche a me il papa può dire, in pura ipotesi: «Lei ha messo mano in una cosa che in questo momento non desidero, si fermi lì», e io devo obbedire.

È capitato?

No, grazie a Dio no.

Significa che le persone che avreste dovuto assumere non potevano garantire di giurare?

In parte si trattava di questo. Ma soprattutto erano esterni, probabilmente sarebbero venuti dall'America o non so da dove. La capisco, questa offerta; la capivo anche al momento; per gli ebrei il problema della Shoah era e rimane giustamente molto vivo, lo sentono sulla carne. E le garantisco che lo è da tempo anche per noi. Lo Stato di Israele non è antichissimo, come sappiamo, e allora cercavano qui una parte della loro memoria, e la più tragica. E dovevano cercarla presto. Ma gli Archivi non soggiacciono a queste logiche politiche, devono avere i loro tempi, devono procedere con il lavoro scientifico che valga per tutti, condotto in modo serio, senza che nessuno intervenga e tenti di ingerirsi.

Fu una richiesta diretta che le fu fatta?

Sono venuti per sapere come procedeva il lavoro, cosa pensavamo, cosa si trovava. Erano comprensibilmente molto curiosi, soprattutto negli anni Duemila. A mano a mano che si rendevano conto della difficoltà di procedere di fronte a un materiale sterminato, hanno offerto anche questa collaborazione che io non ho mai accettato. Come ho detto, i lavori vanno fatti dall'interno, da persone preparate che rendano conto di tutto, numerino tutto, controllino i fascicoli, i protocolli, giustifichino le eventuali mancanze, per evitare che poi succedano gialli.

Il contributo finanziario sarebbe stato consistente?

Per noi sì, nell'ordine di centinaia di migliaia di dollari, sì. Ma gli ebrei, quando è stato spiegato loro il motivo, hanno capito che c'erano delle ragioni per cui non era possibile che un lavoro del genere venisse affidato a truppe di giovani esterni senza grande esperienza. Andava fatto da archivisti competenti che vagliassero tutto. Hanno capito e hanno sempre accolto le mie osservazioni con molto rispetto. E abbiamo proseguito.

Quanti archivisti avete messo a lavorare su Pio XII?

Su Pio XII per lo meno sei o sette, per vent'anni. Quindici anni di sicuro, ma forse anche venti. Perché ci stiamo lavorando dal 1990.

Dopo l'apertura degli archivi ha più avuto contatti con queste istituzioni e persone?

No, sono spariti tutti. Anche perché è successo un fenomeno strano: verso gli anni 1990-2010 le pressioni su di noi erano tantissime. Tuttavia, Giovanni Paolo II volle che in certo modo si rispondesse a quelle esigenze aprendo alcuni fondi «speciali» dell'Archivio che avessero potuto servire alla ricerca sulla Seconda guerra. Così fu aperto anzitempo, nel 2004, il grande fondo sui prigionieri di guerra (2349 unità, distribuite in 556 buste, 108 registri, 1685 scatole, con circa due milioni e mezzo di schede), perché era un fondo autonomo (1939-47) e dunque si poteva aprire, anche se per sé cadeva ancora nel periodo «chiuso»; e un anno prima (2003) era stato aperto anche l'archivio della nunziatura di monsignor Eugenio Pacelli a Berlino (1922-29). Il papa l'ha voluta aprire con anticipo proprio perché interessava il periodo immediatamente prebellico. Quando si è avuto sentore che noi eravamo abbastanza vicini all'apertura di tutto il pontificato di Pio XII, le visite degli ebrei si sono rarefatte. E la cosa mi ha un po' sorpreso.

Lei come se lo spiega?

La spiegazione più ovvia è: si fanno pressioni finché c'è un interesse mediatico forte; quando questo viene a scemare, la storia non interessa più come prima. Perché ora che si sono aperte le carte di Pio XII abbiamo tutto a disposizione. Eppure, queste grandi folle di studiosi io non le ho viste.

Forse anche perché c'è stato il Covid a frenare e limitare le presenze.

Può darsi; ora magari riprenderanno di più, insomma vedremo come andranno le cose. Ma vedo che ci sono alcune degne persone, anche da parte ebraica (non voglio adesso far nomi, sarebbe indelicato) che prescindono dagli Archivi. C'è stato un personaggio di rilievo che nel 2022, a Roma, in una pubblica presentazione di un libro, ha detto che gli Archivi possono aprire le loro fonti, che gli studiosi fanno bene a scrivere libri, ma che il giudizio su Pio XII, da parte ebraica, non cambia. Allora, se questo è vero, e purtroppo è stato detto da persona autorevole, allora vuol dire che qui non si cerca, che il giudizio è già scritto, è già stato dato e non può essere cambiato. Questo mi sembra antiscientifico, quantomeno.

C'è stato da parte del Vaticano un tentativo di indirizzare l'Archivio sulla pubblicazione e sulla diffusione delle carte su Pio XII? Un tentativo di filtrarle?

Non è mai stato fatto alcun tentativo, devo essere molto onesto. Poi certo ci sono stati privati, non il Vaticano ma privati studiosi che volevano avere lo scoop in anticipo, e hanno cercato di farsi raccomandare per ottenere qualche carta in anticipo. Ma né io, né i miei colleghi abbiamo ceduto a queste richieste. Noi non entriamo nel merito degli studi; fai la ricerca storica, che dura anni, se lo studioso è serio, vieni, vedi e poi pubblichi ciò che credi. Sarà la critica degli storici a valutare poi le opere. Intanto altri vogliono tagliare traguardi facili quanto effimeri: vogliono uno o due documenti e ci imbastiscono un libro che crollerà inevitabilmente dopo una o due settimane. Una cosa che si dice, e che è stata detta anche di recente in una presentazione dell'ultimo libro del professor Andrea Riccardi, *La guerra del silenzio* su Pio XII, in mia presenza, è che «se monsignor Pagano avesse aperto gli archivi per tempo... se il Vaticano avesse aperto gli archivi di Pio XII subito dopo la guerra, forse la leggenda nera di questo papa non sarebbe nata».

Secondo lei è un'osservazione pertinente?

È da rigettarsi assolutamente. Non so se sarebbe nata la leggenda nera o no; io non lo posso sapere. So solo una cosa: se noi avessimo aperto l'archivio di Pio XII subito, come dicono questi storici, diciamo attorno al 1946-48, avrebbero avuto, questi storici di Pio XII, il venti per cento, forse, dei documenti che hanno oggi. Perché in quel momento non erano ancora state radunate le moltissime carte. I documenti del papa erano dispersi in tutti gli uffici della Segreteria di Stato, in due sezioni. Nelle Congregazioni non si era pronti ad aprire niente di Pio XII, quindi che venivano a fare nel 1958-60, che cosa avrebbero trovato? Avrebbero trovato delle briciole! Per fare una operazione scientifica, gli archivi hanno bisogno di tempo. Prima di tutto è necessario essere un po' lontani dai fatti, e questo alcuni storici moderni non lo digeriscono: vogliono parlare di storia dell'altro ieri. Non si può. Non si può, perché per parlare di storia e sapere bene come siano andate le cose, forse bisogna aspettare di avere davanti almeno la grande massa dei documenti interessati, e da diversi uffici, e con strumenti di ricerca, con studi preparatori. Altrimenti che cosa si sarebbe trovato?

UNA FONDAZIONE AMERICANA PER FINANZIARE L'ARCHIVIO APOSTOLICO

Lei fa venire in mente quanto diceva Zhou Enlai, capo del governo di Pechino, quando gli chiesero che cosa pensasse della Rivoluzione francese, e lui rispose: «È troppo presto per poterne parlare». Riteneva di non potere ancora esprimere un giudizio storico perché erano passati «solo» centocinquant'anni.

Ecco, e lei immagini sul nazismo e su Pio XII che è dell'altro ieri, per dire. Quindi, gli archivi hanno bisogno di tempo, non per nascondere, tutt'altro! È proprio per radunare, per numerare, per sceverare le posizioni che sono state mischiate. Lei vedrà, quando sarà completato l'inventario delle carte di Pio XII, quanti pasticci sono stati combinati su queste carte. Un po' andavano in un ufficio, un po' andavano in un altro, qualcuno ci scriveva sopra, qualcuno se le perdeva in ufficio. Ci sono voluti vent'anni per radunare tutto questo materiale, versarlo, esaminarlo, fare gli inventari... E questo lavoro, nel 1950, non sarebbe stato possibile. Quindi che cosa si poteva fare? Cosa avrebbero trovato questi storici che vogliono tutto e subito? Non è così che si fa la storia, bisogna aspettare il tempo necessario.

Certi libri che sono stati scritti nel passato oggi non stanno più in piedi, per il fatto che conosciamo tante altre fonti che allora non avevamo, fisicamente.

Secondo lei perché c'è stata questa pressione di alcuni esponenti del mondo ebraico proprio negli anni che ha citato? Non era giustificata una certa impazienza in vista della possibile apertura degli archivi di Pio XII?

Adesso non saprei dire se quelle pressioni, quella fretta che alcuni esponenti dell'ebraismo avevano fosse dovuta alla pressione dell'opinione pubblica oppure anche ai loro circoli colti, che cercavano queste fonti da analizzare. Però, ci potrebbe essere stata anche la volontà di entrare nell'Archivio Segreto in qualche maniera, e trovare quelle che loro supponevano prove contro Pio XII e i suoi silenzi: soprattutto per fermarne la causa di beatificazione. La causa è stata istruita, ma non so a che punto sia.

Chi l'ha istruita?

I Gesuiti, che furono i postulatori di Pio XII perché hanno servito tanto il papa. L'ultimo grande propugnatore di questa causa, padre Peter Gumpel è morto nel 2022. E dunque forse la postulazione gesuitica è più debole in questo momento. D'altra parte, si è appena aperto l'archivio sul pontificato di Pacelli, quindi lasciamo che gli storici lavorino; quando verrà il momento sarà la Chiesa a decidere come trattare la causa di beatificazione. Non devono essere né gli ebrei, né i francesi, né gli italiani, né i tedeschi a dire che cosa si può fare. Benedetto XVI e papa Francesco hanno camminato su questa linea di condotta: stiamo a vedere i risultati obbiettivi che tutti possono trovare e pubblicare, poi verrà il momento in cui il Santo Padre, chiunque sia, deciderà se andare avanti o no con la beatificazione.

Quando lei ha rifiutato sia l'offerta di aiuto finanziario, sia l'inserimento di una serie di ricercatori esterni, la reazione qual è stata?

Devo dire che i miei interlocutori, tutti, l'hanno compresa. E l'hanno accolta con rispetto.

È vero che tra i principali oppositori dell'aggettivo «segreto» ci fossero alcuni vostri benefattori statunitensi? E può spiegare qual è il rapporto che voi avete con la fondazione americana nata di recente per finanziare i vostri progetti?

No, queste difficoltà erano preesistenti. Perché la fondazione americana *Treasures of History*, che abbiamo creato negli Stati Uniti, è stata registrata il primo giugno del 2020. E non è qualcosa di segreto. Abbiamo parlato della fondazione sul numero di novembre del 2021 del «Notiziario dell'Archivio Apostolico Vaticano». *Treasures of History* si dedica alla raccolta di fondi per l'Archivio Apostolico Vaticano, ed è composta da prelati e laici statunitensi. Ci ha già aiutato finanziariamente, e speriamo ancora di più in futuro. Ma la questione era precedente. Alcuni ambienti degli Stati

Uniti, benefattori e non solo, che finanziano anche le diocesi e la Santa Sede per quel che possono, facevano un po' di difficoltà su questo titolo. Perché negli Stati Uniti, «segreto» non viene capito. Si pensa d'istinto a un archivio proprio esclusivo, privato, e allora, naturalmente, i finanziatori dicevano: «Ma noi siamo ben contenti di sostenere un'istituzione che compie ricerche ad alto livello, a patto però che sia aperta al pubblico». Finanziare un qualcosa che resta privato, segreto, insomma seminava molti dubbi...

Ma c'era qualche sentore di scandali nel periodo in cui c'è stata questa pressione?

No, è nata prima di questo grande chiasso degli scandali. Non è che avessero paura di scandali, no, dava fastidio questo termine. Soprattutto dopo i romanzi di Dan Brown, come ho detto. Specchi, porte che si chiudevano su meandri bui... tutto inventato, non c'è niente di vero, però in America molti lo credevano possibile.

E questa fondazione ha qualche membro ecclesiastico?

Certo. La Conferenza episcopale americana ha designato alcuni arcivescovi come membri. Ci ha molto aiutato il cardinale Seán O'Malley di Boston, e come referenti ci sono sia laici, che sono la maggior parte, sia alcuni arcivescovi americani.

Chi ha promosso l'iniziativa?

È stata promossa da noi, attraverso monsignor Larry Spiteri che lavorava alla Biblioteca Vaticana e oggi è uditore di Rota, che molto ci ha aiutato e ci aiuta. È un grande benefattore, si può dire, nostro: ha fatto da tramite perché questa fondazione nascesse. E conosce bene le legislazioni dei vari Stati americani; lui è di origini maltesi, ma ha la cittadinanza americana. La fondazione ha sede in Georgia, e chiede la rendicontazione fino all'ultimo spillo di quello che si spende e che essa sostiene economicamente. Non ammettono, giustamente, che venga dichiarata una cosa per un'altra. Ma non è mai accaduto.

A questo punto è risolto il problema del finanziamento dell'Archivio?

Questo problema c'è da sempre e ci sarà sempre. L'Archivio costa alla Santa Sede, soprattutto per il personale, perché il budget per il personale... noi siamo oggi sessanta dipendenti; lei capisce, con i pensionamenti di chi è andato via, gli stipendi, le pensioni... qui si tratta di una cifra alta, ogni mese. Questo è il costo maggiore. Perché poi l'amministrazione, la gestione ordinaria, le spese d'archivio correnti non sono tante. Noi abbiamo un bilancio che è circa metà di quello di una università americana, quindi assai ridotto, ma gli stipendi pesano sul bilancio, è inevitabile. E la Santa Sede su questo punto, oltre allo sforzo che compie non può fare. Anzi, penso che saranno fatti forse tagli in futuro, perché in queste situazioni finanziarie ci fanno capire che non potremo crescere, in quanto a personale; forse bisognerà decrescere di qualche unità. Ma comunque, oltre questo la Santa Sede non può andare. Per il resto servono finanziatori esterni: chiari, puliti, ben identificati, che abbiano finalità buone, non a scopo di lucro né a scopo di pubblicità, questo no, ma a scopo culturale unicamente. E che finanzino progetti scientifici e anche strutturali.

Oltre gli americani chi vi finanzia?

Come istituzioni, nessuna. Come donatori occasionali, sì. Abbiamo ad esempio una associazione degli Amici dell'Archivio Vaticano a Bamberg, in Germania. Fu fondata quando il prefetto era un tedesco, padre Josef Metzler. Ho visitato la sede, conosco il direttore. E questi sono decine di laici, cattolici, che raccolgono ogni anno trenta, quaranta, cinquantamila marchi, oggi euro. E poi ce li offrono. Quando viene qualche visita speciale di imprenditori in Archivio, si ricevono donazioni. Ecco, sono tutte donazioni un po' occasionali. Fissa, come donazione cospicua, c'è solo quella della fondazione statunitense.

Quant'è rispetto al budget totale?

Dipende, secondo i progetti. Noi dobbiamo presentare un progetto o due a semestre. La fondazione riceve donazioni dai soci o dagli aderenti, mette in banca il denaro, e secondo quello che c'è in banca, secondo le finalità, si attinge per i progetti.

Capitolo XV
Il sangue della storia

«PERCHÉ HO ACCETTATO DI PARLARE»

Eccellenza, dopo molte insistenze lei ha accettato di raccontare e raccontarsi in questo libro. È la prima volta che il custode degli Archivi Vaticani, della memoria, di segreti conservati da secoli, accetta di condividerli, almeno in parte. Perché?

Dopo la sua proposta, una volta che ho visto l'interesse, ho pensato che forse alla gente che sa poco di queste cose interesserà conoscere l'opinione se non altro di uno che le carte della storia un po' le ha studiate. Ho accettato perché il mio mandato sta per scadere e questa era un'occasione buona sia per lei, per conoscere quello che succede, sia per me, per riflettere sul mio passato qui. Posso dire che questo percorso a ritroso è stato utile anche per me: mi ha consentito di rivedere un poco, passo dopo passo, questi decenni di esperienza e di vita. Non abbiamo detto tutto, è chiaro, ma abbiamo detto abbastanza, se non molto, compatibilmente con i tempi e la lunghezza di un libro-intervista. Per questo ho accettato volentieri; perché può essere utile domani, se ancora si leggeranno i libri, vedere cosa si è fatto, come si pensava di farlo, e come si è proceduto in un quarto di secolo a dirigere questo Archivio Vaticano.

Lei pensa che sarà interpretato anche come un atto di trasparenza rispetto a una tradizione vaticana che è connotata da una cultura del segreto molto forte?

Più che di trasparenza, termine che a me non piace, perché trasparenti, forse, le persone come tali più o meno lo sono sempre state, almeno per chi sapeva «leggerle», è un atto di fiducia nella conoscenza storica che può servire ad altri, provenendo da parte di chi ha vissuto i fatti e li racconta come li ha vissuti. Certo, è sempre un'interpretazione personale, quindi ci saranno magari lettori che non condivideranno, o considereranno forse azzardati certi giudizi, o poco maturi certi altri. Però è sempre la voce di chi ha vissuto questa esperienza.

Secondo lei, l'Archivio di oggi le assomiglia un po' dopo venticinque anni?

Credo di sì. Confesso che sono molto soddisfatto, anche se non dovrei dirlo io. A me somiglia l'Archivio di oggi perché riflette lo sforzo costante di fare meglio, di non accontentarsi mai, di continuare a ricercare e a studiare e a pubblicare le sue fonti. Sotto questo punto di vista è veramente cresciuto tanto, grazie ai miei collaboratori, grazie all'appoggio che ho sempre avuto dai superiori, come ho già detto, e al fatto che ho potuto cambiare piano piano il personale, qualificarlo. Oggi mi rendo conto che se anche, per paradosso, dovessi ammalarmi, subire un'operazione come è già capitato, e stare assente un mese dall'Archivio, non succederebbe nulla: perché le persone che sono ai posti cruciali nelle segreterie, nelle sale di studio, nell'amministrazione, negli uffici, sono talmente competenti e brave, coscienziose, che il lavoro andrebbe avanti bene e, quando tornassi, troverei il lavoro svolto esattamente come avrei voluto che fosse. Al punto che i miei segretari, che lei conosce, hanno imparato così bene il mio stile, bontà loro, che non occorre più che io detti una lettera o dica troppo. Perché, se conoscono la mia volontà, loro sono in grado di scrivere la lettera secondo la mia mente e io non correggo quasi mai neanche una virgola. Forse all'inizio sono stato troppo martellante con loro. Ma guardandomi indietro, vedendo i risultati, mi permetto di dire che sono molto contento del lavoro e del percorso fatti con tutto il personale dell'Archivio.

José Saramago, premio Nobel per la letteratura, portoghese, sosteneva che il caos è un ordine da decifrare. Questo Archivio, secondo lei, è il tentativo di dare ordine al caos della storia con le lenti della Chiesa?

Questa è una domanda molto difficile, alla quale non saprei rispondere con un giudizio netto. Gli archivi, in verità, sono tante volte caotici perché nascono da tante amministrazioni, tanti uffici, si compongono di una miriade di fonti. E poi confluiscono al centro, in un istituto centrale, com'è il nostro, quindi se non sono governati bene, se non sono sistemati bene, se non sono descritti bene, possono ingenerare caos.

Intende dire che invece di arginarlo lo moltiplicano?

Esattamente, rischiano di alimentarlo e moltiplicarlo perché, se non sono ordinati bene, i documenti si spargono in mille rivoli e poi lo studioso, lo storico non capisce più quale sia il rivolo originale e quali siano quelli secondari, perché non sono stati governati secondo il metodo storico che noi usiamo. Quanto all'ordine che il nostro Archivio rispecchia, non credo sia una visione della storia della Chiesa, questo no. Perché rispecchia semplicemente la vita della Chiesa, o se vogliamo della Santa Sede e delle strutture della curia romana, il governo centrale della Chiesa. Quello che deve essere chiaro è che qui, in questi faldoni, in questa massa di documenti, non c'è tutta la storia della Chiesa: c'è la parte governata dal papato che è comunque il capo di un corpo. La parte delle diocesi, dei vescovi, delle abbazie, conventi, delle associazioni cattoliche, dei movimenti, dei fedeli, della pietà popolare, questo sta tutto negli archivi diocesani e in quelli delle rispettive organizzazioni. L'Archivio Vaticano conserva quello che inerisce al governo centrale della Chiesa: le direttive, l'applicazione delle idee dei pontefici, che cambiano molto nel tempo. E questo è rispecchiato fedelmente nel nostro Archivio, che ha permesso a molti storici, con i nostri stessi documenti, di contestare oppure rimarcare anche le contraddizioni del papato.

UNO SCARTO TRA VERITÀ UFFICIALI E REALTÀ

Vuole dire che la storia filtrata attraverso l'Archivio del papa a volte è diversa da quella ufficiale?

Certamente, a volte è diversa, sì. Ufficialmente si dicono tante cose, poi in realtà, se si vanno a prendere le fonti che stanno da noi, che rimandano a un determinato pontefice e ai suoi collaboratori, si vede che le sfaccettature di un fatto erano molto diverse, anche molto lontane dalla vulgata popolare. Basti citare l'ultimo fondo che abbiamo reso pubblico, quello del pontificato di Pio XII. I silenzi di Pio XII, che fanno ancora tanto chiasso, rapportati alle nostre fonti che sono state rese consultabili di recente, mostrano tutti i limiti e l'imbarazzo del papa nel parlare in quei frangenti. E assumono una visione diversa da quella offerta nel *Vicario* di Hochhuth, che ha voluto accreditare sbrigativamente quello di Pio XII come un silenzio vigliacco. Non fu così, non fu affatto vigliacco, fu un silenzio tormentatissimo e cosciente. E d'altra parte fu una scelta legata alle difficoltà storiche del momento.

Tra i papi che lei ha potuto studiare attraverso l'Archivio, qual è quello che l'ha colpita più positivamente, naturalmente inquadrato nella sua epoca?

Sono tanti, perché per fortuna io ho dovuto affrontare papi diversissimi. Quando insegnavo Diplomatica Pontificia nella nostra scuola vaticana, e ho insegnato per tanti anni, affrontavo i papati cruciali del Medioevo, che sono una cosa. Poi dopo, nelle ricerche storiche che ho dovuto compiere anche per i miei studi, ho affrontato il grande problema del papato nell'età rinascimentale e moderna, quindi l'Inquisizione, che ho approfondito in modo particolare. E lì ho conosciuto papi di diversa stoffa. E andando avanti nella storia, attraverso i secoli, ho dovuto incontrare pontefici di tutte le epoche: dall'epoca illuminista, alle rivoluzioni, all'inizio del Novecento, per arrivare fino a Pio XII. Direi che nessuno mi ha colpito in modo molto rimarchevole, particolare. Ciascuno ha avuto le sue caratteristiche. E si nota, in questo lungo percorso attraverso i secoli – del resto gli storici lo sanno bene –, una maturazione anche della stessa visione della Chiesa, dei suoi concetti basilari.

Maturazione in che senso? Da parte della Chiesa o dei suoi interlocutori?

Forse di entrambi. Se io penso alla lotta per le investiture con Enrico V e Callisto II, penso a uno scontro forte, importante e anche crudele. Siamo nel XII secolo, nel 1122, col Concordato di Worms per la fine della lotta per le investiture che fece spargere tanto sangue e in cui si credeva che il papato fosse posto da Dio a governare il mondo; e che l'imperatore fosse soggetto al papa, e tutti i re soggetti a lui. Basta ricordare il pellegrinaggio a Canossa dell'imperatore Enrico IV che andò dall'allora papa Gregorio VII nel 1077 per chiedere la revoca della sua scomunica. Se si parte da questa concezione e si arriva, lungo la storia, a maturazioni, rivoluzioni, ecclesiologie nuove, concili, che sono la storia vissuta dalla Chiesa, si giunge ai papi della fine dell'Ottocento, Leone XIII. Fino ai pontefici del Novecento, in cui questa maturazione, questa visione della Chiesa costantiniana, diciamo assolutista, è del tutto tramontata. Io adesso non so, onestamente, se questa visione sia tramontata per volontà dei papi o perché costretti da una società che cristiana non era più. Penso più alla seconda ipotesi. Tuttavia, il Signore guida la storia anche attraverso gli eventi e scrive dritto su righe storte.

Quindi penso che questa visione moderna del papato, che purifica i dati della fede e della dottrina, tende allo sviluppo delle civiltà e alla mutua concordia fra i popoli e alla pace, frutto di tante encicliche, sia un dato positivo.

Secondo lei, oggi, in questa nuova visione, in questa maturazione, è diminuita o è aumentata l'autorità della Chiesa nel mondo?

Direi che da un punto di vista politico è diminuita, nessun dubbio. E dal punto di vista morale, temo, pure. È molto, molto diminuita. Però il papato resta sempre una cattedra alta. Nella visione di tante ideologie, che poi hanno fatto il loro tempo, e tra tante istituzioni e realtà moderne attuali che presto faranno il loro tempo, la Chiesa ha mantenuto una voce *super partes*. Almeno si è sforzata di mantenerla. E dunque resta ancora una cattedra a cui anche gli atei guardano con rispetto, e se non altro con interesse. Non è mai scontato o «volgare» ciò che dice il papa, non è mai scontato l'insegnamento dei pastori della Chiesa. Ci possono essere contraddizioni, conflitti, cedimenti, tradimenti, come ci sono stati, però è sempre quella luce che Cristo ha voluto che la sua Chiesa portasse. Non ha costituito una società perfetta per sé stessa, ma ha voluto che la luce fosse messa in alto perché facesse luce a quelli della casa, e non sotto il letto. Negli interventi dei papi lungo i secoli io scorgo sempre o, meglio, quasi sempre, quella luce evangelica. Però, bisogna dirlo, ci sono stati pontefici e momenti storici che hanno oscurato quella luce. Come abbia fatto, ad esempio, Gregorio XIII, appresa la strage degli Ugonotti nella famosa notte di San Bartolomeo, tra il 23 e il 24 agosto 1572, a recarsi in cappella per ringraziare Dio della vittoria dei cattolici contro i protestanti ugonotti, come racconta von Pastor, lo sa solo Dio! Ne furono uccisi tra i tremila e i cinquemila!

PERCHÉ L'AUTORITÀ MORALE DELLA CHIESA È DIMINUITA

Quanto hanno inciso su questa perdita di autorità e autorevolezza anche morale gli scandali della pedofilia? Non hanno intaccato in profondità la credibilità della Chiesa cattolica rispetto a molte famiglie, a molti governi, ma soprattutto alle giovani generazioni?

Eh, questo è un problema che io posso affrontare con lei da sacerdote, da vescovo. Quindi non parlo più dal punto di vista documentario, parlo dal punto di vista sacerdotale, e in questo caso devo basarmi su quanto leggo, su quanto vedo e su quanto alcune volte si riflette tra noi sacerdoti e vescovi. Effettivamente il nostro popolo è stato spaventato da questo fenomeno senz'altro reale, drammatico e doloroso, ma in qualche caso anche ingigantito, secondo me, della pedofilia. Perché si parla di migliaia e migliaia di casi, decine di migliaia in Francia o in Spagna o in Belgio, o in Portogallo. Insomma... non parliamo poi di quelli negli Stati Uniti. Ma io dico: siamo stati tutti giovani, e siamo stati tutti noi preti nei seminari. Io ho fatto il mio studentato, il noviziato eccetera, sia a Roma sia a Milano, eravamo negli anni 1968-70. E le dico, francamente, che in tutta la mia vita fino a oggi, e sono stato in convento tanti anni, non ho mai sentito un caso di pedofilia o di tentativi di abusi che si sarebbero saputi.

Forse è stato solo fortunato, non crede? Il fenomeno è stato provato e si è dimostrato esteso, almeno in alcune realtà.

O sono stato fortunato, oppure i numeri sono decisamente esagerati. Comunque sia, il fenomeno, fosse anche un caso solo, è deprecabilissimo, proprio perché, come ha detto anche papa Benedetto XVI, viene da chi? Da sacerdoti, che quindi dovrebbero, come missione, fare il contrario e non arrendersi a questi peccati della carne che sono sempre vergognosi. E quando poi sono commessi su bambini e minorenni, assumono il contorno del crimine più odioso. E come tali vanno chiamati, affrontati e puniti. Questo purtroppo ha influenzato moltissimo i fedeli. Ma io, come ho già detto forse altrove, vedo qui anche la volontà di una certa parte della società di attaccare con molta facilità la Chiesa, perché più questa diventa debole, per mancanza di clero, mancanza di fedeli, mancanza di strutture, più questa è attaccabile. E non è dubbio che oggi assistiamo a un concentramento di attacchi che hanno lo scopo di far parlare poco la Chiesa e possibilmente zittirla sotto il peso di una sua autocoscienza che si vorrebbe, tout court, criminale.

Qual è oggi il pericolo maggiore che vede per la Chiesa? La divisione, la marginalità, l'essere troppo mondana...

Questo sì. Io ho riflettuto a lungo su questo fenomeno, che già Paolo VI aveva visto bene dopo il Concilio. Nella Chiesa è entrato troppo il cosiddetto «mondo». Ora Gesù, nel Vangelo di Giovanni, dice agli apostoli e quindi ai loro successori: «Voi siete nel mondo, ma non siete del mondo». E poi, nella cosiddetta preghiera sacerdotale, Gesù aggiunge una frase sinistra: «Io non prego per il mondo, ma per coloro che mi hai dato». Il mondo, nella concezione dell'evangelista Giovanni, è il *saeculum,* che è la potenza politica intrisa di male: quello che Massimo Cacciari aveva definito, da filosofo, «il secolo di Satana». Quando si parla delle tentazioni di Gesù è scritto che Satana gli mostrò i regni della terra.

Questa concezione o spirito del mondo, che è un'altra cosa dalla Chiesa di Gesù, quella dei fedeli, è entrata troppo nella Chiesa cattolica di ieri e di oggi, specie dopo il Concilio Vaticano II, a causa di false interpretazioni; ne ha pervaso le strutture, corrotto la disciplina, ha reso tutto più ibrido, ha influenzato molto anche gli stessi pastori, vescovi che, a mio modo di vedere, hanno perso un poco l'orizzonte. Era facile che negli anni Settanta-Ottanta-Novanta del secolo scorso, e tanto più oggi, un seminarista uscisse la sera, andasse in qualche famiglia a cena, tornasse in seminario o in convento dal cinema alle due di notte. Questo ai miei tempi, e non ho l'età di Matusalemme, era inconcepibile. E dovrebbe rimanere inconcepibile. Perché la vita del chierico è ordinata essa stessa da certe regole che non consentono questi sconfinamenti verso il secolarismo.

UN NUOVO PATER NOSTER CONTROVERSO

Non le piace il modo in cui il Concilio Vaticano II ha aperto le porte alla modernità, o questi cedimenti prescindono da quanto è stato deciso in quell'occasione?

Credo semplicemente che, vedendo quanto è accaduto, si debba fare estrema attenzione ed evitare di confondere l'identità e la missione sacerdotale. I laici facciano i laici, hanno la famiglia, hanno i loro affetti, hanno le loro consuetudini sociali, noi dobbiamo fare i sacerdoti. A un certo punto dovremmo limitarci al nostro compito che non dovrebbe consentire tutta questa secolarizzazione. Inorridisco se mi dicono che un prete ha un vestito firmato! Quando vedo preti indossare anelli alle dita per scimmiottare gli sposati, attardarsi in ritrovi di società, addirittura andare ai centri benessere, verrebbe da dire, con il santo curato d'Ars, che, se curassero la loro anima quanto il loro corpo, sarebbero diversi. Mi pare che «il mondo» sia entrato troppo nella Chiesa.

Non pensa di essere un'eccezione?

No, come me si comportano tante brave persone, tanti bravi ecclesiastici che conosco. Certo non facciamo chiasso, mentre chi va in giro magari parla, è amico di qualcuno che conta e fa più chiasso di noi. È un fatto, mi ripeto, che in effetti la Chiesa si è fatta fagocitare troppo dal mondo, dalle strutture del mondo, dalla mentalità del mondo: quella che Gesù non riteneva la mentalità propria.

Lei cosa pensa dei cambiamenti di toni – qualcuno dice perfino dottrinali – intervenuti negli ultimi anni, l'aggiornamento delle preghiere come il Pater noster, *questa scelta di rivolgersi ai fratelli e alle sorelle...*

Lei sfonda una porta aperta. Io sono, forse, in buona compagnia o forse in minima compagnia, scarsa o nutrita non lo so, ma del tutto perplesso e contrario, per quel che vale la mia opinione, a questo modo di procedere. Tuttavia, è il pensiero di qualcuno che conosce un poco di storia e che studia, e che pensa e che vede i precedenti. Ad esempio: a me ha fatto un grande dispiacere, mi ha dato un'amarezza che resta, il cambiamento deciso dalla Conferenza Episcopale Italiana del *Padre nostro* in lingua italiana, che è un'assurdità.

Che cosa le è dispiaciuto? Il cambiamento della formulazione quando si dice, nella preghiera, Non ci indurre in tentazione?

Mi è dispiaciuto il modo in cui è stato cambiato il *Padre nostro*, e anche i termini del cambiamento deliberato. Anzitutto il modo. Era fino a ieri saggia norma nella Chiesa, e speriamo che torni a esserlo in futuro, che, quando si trattava di ostacoli o di difficoltà che si possono incontrare riguardo al testo della Sacra Scrittura, sia greco-latino, sia anche nelle lingue volgari, e che possono causare sconcerto nei fedeli, che prima di *cambiare* bisognasse sempre *spiegare*. Che il passo del *Padre nostro* «non ci indurre in tentazione», così tradotto già nelle prime versioni in lingua italiana, e tradotto ottimamente dal testo latino, fin dal XVI secolo, creasse qualche difficoltà al senso comune dei fedeli che lo recitavano, è cosa scontata.

Davvero ritiene che sia scontato? Crede che da tempo ci si ponesse e si ponga un problema di interpretazione di quell'espressione?

Già il cardinale Roberto Bellarmino nel suo *Catechismo* del 1597 (si noti la data) rilevava che c'erano difficoltà a comprendere quel passo. Ma si guardò bene, e con lui Clemente VIII, dal cambiarlo. Prese a spiegarlo. Cito un passo da una recente riedizione del *Catechismo*: «Non intendo bene quelle parole, *non c'indurre in tentazione*; perciocché pare che voglia dire che Dio suol *indurre* gli uomini *in tentazione*, e noi lo preghiamo che non lo faccia. *Indurre in tentazione* o sia tentare al male, o sia far cadere in peccato, è proprio del demonio, e non appartiene in conto veruno a Dio, il quale ha in odio grandemente il peccato». Ma secondo il modo di parlare della Scrittura Santa, quando si parla di Dio, *indurre in tentazione* non vuol dir altro se non permettere che uno sia tentato o sia vinto dalla tentazione. Più chiaro di così. Spiegato così il testo, non occorreva alcun cambiamento, anche in italiano. Per la Sacra Scrittura la Chiesa ha avuto sempre una venerazione, la definisce Parola di Dio. E se è di Dio, come possiamo noi cambiarla? Studiarla, comprenderla, ma non cambiarla.

E ancora sulla questione di metodo io mi pongo in questo caso una domanda: chi ha operato questo sventurato cambiamento, almeno tale a mio modo di vedere e con il dovuto rispetto, ha studiato le fonti? Si è reso conto della incoerenza scritturale del cambiamento rispetto al passo dei vangeli sinottici di Matteo, Marco e Luca? Credo si sia perso il senso genuino del testo latino: «L'oro è saggiato dalla fiamma, per vedere se è puro o no; gli uomini, per vedere se sono probi, se sono buoni, devono essere saggiati dalla tentazione» (Evagrio Pontico, monaco del IV secolo). Ma la tentazione non è voluta da Dio per dannare, osserva Bellarmino, o per mettere in difficoltà. Serve per vedere se tu sai stare in piedi o no su un terreno che è franoso; ecco cos'era la *temptatio*, la tentazione.

Ma mi lasci fare un'ultima considerazione, un poco amara, ed è sempre relativa al *modo* con cui si interviene sulla Bibbia. Anche ai tempi di Galileo, lo abbiamo già visto, quando lo scienziato pisano nella celebre *Lettera a Cristina di Lorena* chiamava in causa diversi passi della Sacra Scrittura che apparivano a lui, scienziato e cattolico, ormai opporsi al nuovo sistema copernicano, e tali erano in verità, né papa Paolo V, né ancora Bellarmino, né la Santa Sede osarono toccare quei passi che avevano un senso letterale antiscientifico. Cosa si fece? Non *cambiare*, ma *spiegare*. Preso atto, seppure forse tardivamente, delle ragioni di Galileo, i teologi e gli esegeti ripensarono la dottrina dell'ispirazione dei libri sacri, pur di non toccare quel testo stabilito e sacro. Erravano gli scriventi, non lo Spirito Santo ispiratore della Scrittura.

Siamo proprio certi che questo cambio delle parole del *Pater*, per fortuna solo nella lingua italiana, sia un progresso? Io, per mio conto, continuo a dire il *Pater* in latino, così sorpasso a piè pari quel brutto cambiamento.

Scusi monsignor Pagano: se la Cei ha deciso questo cambiamento lessicale, c'è da credere che il papa l'abbia avallata, no?

Penso di sì, penso che sia stata avallata, chissà com'è stata giustificata, motivata. Io non sono nessuno, ovviamente, ma torno a ripetere che esprimo solo il mio parere personalissimo, perché mi è lecito esprimere un parere. E da studioso non posso ammettere una traduzione del genere perché tradisce il senso originale dell'antica orazione insegnataci da Gesù.

FRATELLI E SORELLE? SU QUESTA STRADA TRA UN PO' PROTESTERÀ LA COMUNITÀ LGBT

E sulla scelta di rivolgersi ai «fratelli e alle sorelle»? In questa estensione della platea a cui ci si rivolge includendo esplicitamente le donne non vede il segno di una maturazione della Chiesa rispetto al problema femminile? Oppure anche questa novità la lascia perplesso?

Secondo me è un altro cedimento, e questa volta c'è stato da parte dei papi. Penso che il primo a parlare di «fratelli e sorelle» sia stato Giovanni Paolo I, seguito poi dai suoi successori. Ma anche qui è la moda del mondo che entra nella Chiesa. Il sentire del mondo, ora già molto complicato dal punto di vista sessuale, con la crescita del femminismo e con tutti i fenomeni che lei conosce molto meglio di me, avrà fatto credere al papa che ora non bastasse più quel *fratres*, fratelli, che in latino è sempre stato usato in modo onnicomprensivo dalla Chiesa fin dal suo sorgere.

Quando è stata introdotta l'espressione «fratelli e sorelle», io sono rimasto e sono perplesso. Quando celebro messa io dico sempre «fratelli» (il che è consentito), perché da secoli e secoli, dai tempi di Gesù, *fratres* ha incluso anche tutte le donne, sempre. Altrimenti arriveremmo all'assurdo di dire che la Chiesa ha estromesso le donne per venti secoli, quando le donne erano le maggiori frequentatrici delle chiese; quindi, un assurdo. Nei *fratres* siamo inclusi tutti, perché *fratres* è il genere umano. Aver distinto adesso «fratelli e sorelle», cedendo pericolosamente alla caratterizzazione sessuale e non più sociale, non potrà impedire domani, sotto l'influsso di certe ideologie, io le chiamo ideologie, sessuali del momento, di aggiungere una terza, quarta, quinta classe. Non basterà più «fratelli e sorelle», perché il movimento Lgbt, o non so come si chiami, già protesta. Alla lettera enciclica di papa Francesco *Fratelli tutti* lei sa che ci sono state femministe o donne che hanno detto «no, doveva dire fratelli e sorelle». Ora, se non è chiaro che nei *fratelli* ci siamo tutti, tutto il genere umano, siamo messi male. Non la finiamo più con le distinzioni di sesso. Un domani non basterà più «fratelli e sorelle», perché lei sa che con la teoria del *gender*, la sessualità diviene fluida, come dicono, e ci sarà chi non si sentirà né fratello, né sorella. Allora?

Allora lei capisce che la Chiesa da lume che deve illuminare è diventata essa stessa cedevole su certi punti troppo, troppo populistici, mi pare di poter dire sommessamente. Che lo dica il mondo, che lo dicano i professori, lo dicano i governi: «Fratelli, sorelle; amici, amiche; ascoltatori, ascoltatrici» e via discorrendo, è un fatto. Ma la Chiesa no. Deve salvare la luce di Cristo che guarda a una umanità più profonda e più alta.

«Fratelli» e basta; stare lì, stare fermi. Un domani sarebbe stato riconosciuto alla Chiesa di aver tenuto la barra dritta per non cadere in questa ideologia che discrimina, per paradosso, proprio adesso. Discrimina, perché c'è chi si riconosce nei fratelli, chi si riconosce nelle sorelle, ma c'è chi non si riconosce né nell'uno né nell'altro. E vorrebbe fare parte di qualche genere sessuale specifico, per cui io penso che anche qui sia entrato troppo il mondo nella Chiesa. Si tratta per fortuna solo di cose minime, di linguaggio, ma hanno un peso.

Un'altra domanda su un tema divisivo: lei pensa che la rinuncia di un papa, la strada che ha aperto Benedetto XVI sia destinata a diventare una prassi nella Chiesa cattolica?

Eh, questa è una domanda che si son posti in tanti. E anch'io me la pongo, ma è difficile dire se sarà una prassi o no. È un fatto purtroppo... o per fortuna, si può dire, anche legato all'allungarsi della vita, alle aspettative di vita delle persone, per cui una volta i papi, salvo rarissime eccezioni, Leone XIII, Pio IX, morivano tutti all'età della media delle popolazioni, quindi non so, settanta-settantacinque-settantotto anni massimo. Era raro che superassero gli ottant'anni. Oggi, le cure grazie a Dio sono molto aumentate, sono migliori, la vita si prolunga; quindi, anche un papa ha una prospettiva di vita più lunga. Ora, questo è assodato: la longevità di oggi non si può coniugare con tutti gli impegni che deve assolvere un pontefice, soprattutto ai tempi nostri. E questo è un grave problema. Perché nelle altre epoche il papa celebrava poco, potevano fare benissimo i vescovi, i cardinali, il papa interveniva poco in pubblico e lavorava nel suo studio. Oggi interviene in tantissime cerimonie, c'è gente che viene a Roma solo per vedere il papa; quindi, è evidente che la quantità di lavoro è superiore. Allora finché possono reggere le forze, si va avanti. Ma quando le forze non reggono più, qui si pone il problema. Come risolverlo io non lo so, non saprei.

Comunque, è un trauma per la Chiesa.

È una difficoltà, eh sì, è innegabile.

Prefetto, lei è stato immerso per quasi mezzo secolo tra i segreti del mondo protetti e conservati nei sotterranei vaticani: uno dei luoghi considerati più inaccessibili e misteriosi, nonostante il cambio lessicale deciso da Francesco nel 2019. Dallo studio di queste carte, di questa umanità, delle lotte di potere, delle azioni buone e spaventose nelle quali si è imbattuto, che cosa ha imparato? Che idea si è fatto della storia del mondo in questi secoli? Quale Chiesa cattolica e quale umanità ne emergono?

Se lei mi chiede cosa io pensi della storia, tengo sempre da parte e salvo la Provvidenza di Dio, che è un altro campo, perché lì entrano la teologia, la fede. Stando al campo meramente storico, cioè delle vicende umane come noi le studiamo, come sono andate, o presumiamo che siano andate, devo rifarmi a un racconto di Ernesto Buonaiuti: l'eretico, modernista, che però era un uomo molto colto. Ernesto Buonaiuti, da giovane prete, aveva avuto come professore un altro sacerdote, però opposto a lui quanto a cultura, del tutto reazionario, conservatore, che era monsignor Umberto Benigni, di cui abbiamo parlato in un altro capitolo. Ricorda? Era il fondatore del *Sodalitium Pianum*, una società di spie per scoprire proprio i modernisti: una società approvata da Pio X.

LA STORIA? A VOLTE SOMIGLIA A «UN CONATO DI VOMITO»

Sì, il professore del modernista Buonaiuti era il capo di un centro di spionaggio vaticano creato dal papa per snidare i modernisti...

Esattamente. Però, Buonaiuti questo non lo sapeva. E quindi un giorno, narra lui nel suo libro *Pellegrino di Roma*, che raccoglie le sue memorie, un giorno, dice, si affianca a questo vecchio professore, e cioè monsignor Benigni. E Buonaiuti racconta: «Un giorno che dopo la lezione io accompagnai, come mi era divenuto consueto fare, il Benigni verso la sua dimora, e prendendo lo spunto dall'argomento che egli aveva poco prima trattato dalla cattedra [...] il Benigni fissandomi in viso con le sue pupille nerissime, in atto di sarcastico disdegno per i miei voli di speranza e di ottimismo, scandì con la sua lieve balbuzie questo tremendo aforisma: "Mio buon amico, credete proprio voi che gli uomini siano capaci di qualche cosa di bene nel mondo? La storia è un continuo e disperato conato di vomito, e per questa umanità non ci vuol altro che l'Inquisizione". Rimasi esterrefatto».

Io questa frase l'ho letta, l'ho riletta, un grande conato di vomito... però mi ha sempre impressionato. Adesso mi chiedo, possiamo dare del tutto torto a monsignor Benigni? Perché, se uno analizza la storia, i massacri continui, le guerre, i delitti di ogni genere, la vita di un confinante sacrificata per un terreno, i fratricidi, guerre di religione, guerre di potere, spartizioni di territori, ammazzamenti, processi, condanne, commercio della droga che fa più danni di molte guerre... io dico, per paradosso: ma è proprio vero che la terra sia verde? È verde perché c'è l'erba, ma sotto c'è sangue. Tanto sangue.

Lei non vede un progresso dell'umanità?

Sostanzialmente no. O meglio, bisogna intendersi. Se si parla di progresso tecnico, certamente, è inevitabile. Abbiamo l'aereo, adesso, non ci si muove né col carretto né col vapore. La tecnica. Come oggi sarebbe l'informatica, che viene ritenuta l'alba delle già sentite «magnifiche sorti e progressive» leopardiane: basta a sé stessa? Un blackout elettrico e perdiamo ogni memoria. La tecnica è avanzata, e forse anche in ambiti che sembrano metter l'uomo da parte o renderlo quantomeno dipendente dalla macchina. E già vediamo i dubbi spaventosi legati all'utilizzo della cosiddetta intelligenza artificiale, pur con i suoi vantaggi. Ma sostanzialmente il progresso morale non lo vedo troppo. Siamo ancora, lo vediamo anche oggi, con le guerre, con le armi, la voglia di uccidere, di usare la forza, di vincere con la forza; la voglia di far fuori chi la pensa diversamente, non elevarsi mai al di sopra della cintola, come direbbe Dante, cioè mirare a qualcosa di più alto. Chi si sforza di pensare, almeno, a una società più giusta, più equanime, in cui vi sia una partecipazione di tutti al bene comune? E perché tanti potenti non sanno cosa sia il servizio e l'abnegazione per gli altri – vetta altissima del vivere – e sono piegati al consenso, alla carriera? Sembra di stare ancora all'*Homo homini lupus*, è triste dirlo. Su questo aspetto io, messa da parte la Provvidenza di Dio perché, se il Signore tollera tutte queste sciagure, avrà una finalità per salvare questa povera umanità, perché si è incarnato per essa, resto perplesso.

Non le piace il tempo in cui viviamo, sembra di capire...

A parte questo disegno divino, che per me è imperscrutabile, cioè dipende da una volontà che non è la nostra, da tempi che non sono i nostri, da un modo di vedere l'uomo che non è il nostro, se devo giudicare semplicemente dalle vicende umane come le incontro negli archivi, come le vedo riflesse nei documenti, come le vedo vissute anche oggi, beh, magari non direi che la storia sia un grande conato di vomito *sempre*, ma uno stimolo allo stomaco qualche volta si avverte.

Indice analitico

Indice

Finito di stampare nel gennaio 2024
presso Rotolito SpA, Pioltello (Milano)